Josef H. Reichholf

Einhorn
Phönix
Drache

Woher unsere Fabeltiere kommen

S. Fischer

2. Auflage Juli 2012
© 2012 S. Fischer Verlag GmbH, Frankfurt am Main
Satz: pagina GmbH, Tübingen
Druck und Bindung: GGP Media GmbH, Pößneck
Printed in Germany
ISBN 978-3-10-062948-7

Inhalt

Vorwort

Von den Fabeltieren geht eine merkwürdige Faszination aus. Sie sind so »fabelhaft«, dass man sie, gäbe es sie nicht, erfinden müsste. Doch lässt sich etwas erfinden, für das es kein Vorbild gibt? Und warum hielten sich die Fabeltiere über Jahrtausende, obwohl sich die Zeiten doch wahrlich stark geändert haben? Was macht ihren Reiz aus? Welchen Eigenschaften verdanken sie ihre Beständigkeit bei allen Änderungen, die sie durchmachten, weil die Zeiten anders geworden waren? Sie blieben sie selbst, diese Wesen, die sich irgendwo zwischen Realität und Fiktion bewegen. Sie blieben, was sie von Anfang an waren: Lebendige Wesen mit besonderen Eigenschaften. Aus intensiver Beschäftigung mit ihnen kam ich zu dem Schluss, dass es sie gegeben hat. Einhorn, Phönix und Drache existierten. Sie waren nicht frei erfunden worden. Ausgestorben sind sie auch nicht. Sie leben immer noch. Das ist die Kernaussage dieses Buches. Mündliche Überlieferung, Übersetzungsfehler und absichtliche Veränderungen entstellten die realen Vorbilder jedoch mit der Zeit so sehr, dass aus wirklichen Lebewesen Fabelwesen wurden. Das Fabulieren liegt dem Menschen. Übertreibungen und Fehleinschätzungen machen sich selbständig. Sie verdichten sich zu Geschichten, die mit der Zeit und nach vielfältigen Abwandlungen so unglaubwürdig klingen, dass man sie als Aberglaube abtut. Und belächelt. Doch wir, die wir uns für »wissend« halten, lassen uns gegenwärtig

kaum weniger vormachen als die Menschen früherer Zeiten.
Bei ihrem einst so eng begrenzten Horizont mussten sie das
glauben, was ihnen andere erzählten. Sie hatten im Gegensatz zu uns keine Möglichkeit, das Vernommene kritisch zu
überprüfen. Doch auch wir zeichnen uns nicht gerade durch
vorsichtig kritische Distanz zu den »Nachrichten« aus. Wir
pflegen sie zu glauben, weil sie aus modernen technischen
Kanälen kommen. Hinter diesen, an der Quelle der Nachrichten, befinden sich aber auch Menschen mit begrenzter
Urteilskraft. Höchst selektiv wählen sie Informationen, die
»nachrichtenwürdig« erscheinen und folglich »nachrichten-
gerecht«, d. h. Interesse erweckend, zurechtgemacht werden
müssen. In jeder Nachricht steckt ein mehr oder minder um-
fangreiches Maß an Fabuliertem. Den gänzlich objektiven
Bericht gibt es nicht. Objektiv sind nur die Ereignisse. Was
darüber berichtet wird, ist subjektiv. Halten wir uns das stets
vor Augen, wenn wir uns mit Phänomenen befassen (wollen), die unglaubwürdig, ja unmöglich erscheinen. Die Grenzen des Möglichen setzt die Natur, nicht der Mensch mit
seinen Vorstellungen. In diesem Sinne wollte ich die Fabeltiere nicht einfach in zoologisch-besserwisserischer Manier
als »unmöglich« abtun. Ich versuchte, sie zu hinterfragen.

Für alles gibt es eine natürliche Erklärung. Von diesem
Grundsatz ging ich aus, als ich vor gut einem Jahrzehnt begann, mich näher mit Fabeltieren zu befassen. Da ihnen Eigenschaften und Funktionen von Tieren zugeschrieben werden, gehören die Fabeltiere selbst dann zum Bereich der
Zoologie, wenn es sie in Wirklichkeit gar nicht gibt und nie
gegeben haben sollte. Ich bin Zoologe. Also fühle ich mich
berechtigt, auf meine zoologische Weise die Spurensuche
nach ihnen zu betreiben, wie das Historiker und Volkskund-
ler, Psychologen, Philosophen und andere auf ihre je eigene
Weise tun. Jede Betrachtungsweise hat ihre Berechtigung.
Keine bedarf der Lizenz einer anderen. Um die Fakten, so

es solche gibt, kommt allerdings keine Forschungsrichtung herum. Enthält ein Fabelwesen Eigenschaften eines Tieres oder solche von mehreren, voneinander verschiedenen Tieren, ist deren gründliche Berücksichtigung bei der Suche nach dem Ursprung unabdingbar. Nur reine Spekulationen können sich davon ausnehmen, was diesen allerdings nicht unbedingt zum Vorteil gereicht. Da die Vorstellungen von Fabeltieren aus vergangenen Zeiten stammen, müssen auch die historischen Verhältnisse so weit wie möglich berücksichtigt werden. Vieles empfanden die Menschen früher ganz anders, als wir es in unserer Zeit zu sehen pflegen. Verlässliche Angaben über Tiere, die nicht allgemein bekannt sind, gibt es erst seit zwei bis drei Jahrhunderten. Manche Arten hatten allerdings die Naturforscher der Antike schon trefflich beschrieben. Ihr Wissen geriet weitgehend in Vergessenheit. Zur Wiederentdeckung und Auslegung ihrer Schriften kam es erst über ein Jahrtausend später in der Renaissance. Nicht alles wurde verstanden, weil die Übersetzer, die ja vornehmlich in Klöstern tätig waren, mit den Tieren, Pflanzen und den Umständen der ihnen fern liegenden Gegenden sowie mit den historischen Gegebenheiten nicht vertraut waren. Umso mehr fügte der Aberglaube hinzu oder passte an, ganz nach Bedarf. Vom Mittelalter bis in die frühe Neuzeit war den Interessierten der Zugang zu den alten Schriften in doppelter Weise verwehrt. Sie kamen an die Pergamente und an die Bücher nicht heran, weil es diese nur in manchen Klöstern gab, wo sie weitestgehend unzugänglich gehalten wurden. Und die meisten Menschen, die sich selbst aus eigenen Beobachtungen gute Kenntnisse über Tiere und Pflanzen angeeignet hatten, konnten gar nicht lesen. Vieles, was sie sahen, verstanden sie nicht, weil ihnen die entsprechende Bildung fehlte. Erzähler und Erzählungen machten in der Bevölkerung die Runde. Mit jeder Wiederholung kamen Aus-

schmückungen hinzu. Es wurde weggelassen, was gerade
unwichtig erschien. Geschichten wurden, mit Moral unterlegt, zu Fabeln. Nicht einmal unsere Zeit mit den so großartigen technischen Möglichkeiten schafft bekanntlich die
inhaltsgetreue Weitergabe und Verbreitung von Informationen.

Die meisten Menschen sind allerdings gar nicht so sehr
auf zutreffende Information und Wissen erpicht. Das Geheimnisvolle erregt sie mehr. Die Illusion reizt. Die Wirklichkeit allein genügt nicht. Sie ist entweder zu banal und daher
langweilig geworden, oder zu nüchtern, zu fordernd, so dass
man lieber nichts damit zu tun hat. Man klinkt sich immer
wieder aus ihr aus, um sie besser ertragen zu können. Doch
ganz verlassen kann man die Wirklichkeit auch nicht. Jede
Illusion braucht einen realen Hintergrund. Nur damit wird
sie zur guten Illusion. Science-Fiction-Autoren wissen das.
Ihre Figuren tragen menschliche Züge, positive wie negative.
Auch die verrücktesten Ausgeburten menschlicher Phantasie erfüllen Grundkategorien wie »gut / schön / edel« und ihre Gegenstücke »böse / schrecklich / verderblich«. Wo nichts
Menschliches vorhanden ist, werden keine Emotionen ge-
weckt. Erdbeben, Tsunamis oder Vulkanausbrüche bleiben
Naturereignisse, solange sie keine Menschen und Tiere zugrunde richten. Erst unsere Anteilnahme macht sie zu Kata-
strophen. In allem, was uns bewegt, steckt das Menschliche.
Das gilt auch für die Fabeltiere. Das ist die zweite Grund-
annahme, der ich folge.

Die Faszination, die von Drachen, Einhörnern, Phönixen
und anderen Fabelwesen ausgeht, enthüllt bei genauerer Betrachtung wesentliche Aspekte unserer Menschennatur. Wir
werden weit mehr von Gefühlen als von der Vernunft ge-
steuert. Das Geheimnisvolle lockt uns viel stärker als das
Entdeckte und Aufgeklärte. In der Forschung ist das nicht
anders. Im Wesentlichen bereits Bekanntes genauer zu be-

legen wird als langweilige Routinearbeit empfunden. Die Widerlegung einer gängigen Deutung ist schon reizvoller. Richtig spannend ist hingegen das Unbekannte, das Rätselhafte. Gewiss war das auch der tiefere Grund dafür, dass mich die Fabeltiere reizten. Ich wollte wissen, was in ihnen steckt oder hinter ihnen verborgen ist. Welches Tier, so fragte ich mich, mag das Vorbild für das Einhorn oder für den Phönix gewesen sein? Und weshalb wurden gerade diese Tiere zu Fabeltieren? Haben/hatten sie besondere Qualitäten? Was dichteten ihnen die Menschen darüber hinaus an? Sicher gab es gute Gründe dafür, dass sich das Fabelhafte entwickelte und ausgebreitet hat; dass es Jahrhunderte oder Jahrtausende überdauerte und schließlich bis zur Unkenntlichkeit des Anfangs mutierte. Auch diese besonderen Gründe wollte ich suchen.

Der Phönix

Sich *wie ein Phönix aus der Asche* zu erheben ist zum vielfach gebrauchten, geradezu geflügelten Wort geworden. Bekanntlich verbrannte dieser mythische Vogel und entstand danach neu, noch schöner als vorher, aus seiner eigenen Asche. Daher steht der Phönix symbolhaft für Wiedergeburt und Überwindung des verloren Geglaubten.

Der Ursprung des Phönix

Sein Name ist altgriechischen Ursprungs. *Phoinix* bedeutete flammendes Rot. Der Mythos des Phönix reichte jedoch weit über Griechenland und den östlichen Mittelmeerraum hinaus. Altägyptisch hieß der Phönix *benu*. Das bedeutete der Wiedergeborene oder der Erstgeborene (Sohn). Benu erschien selten, in der Regel nach langer Abwesenheit, die Jahrhunderte dauerte, verbrannte nach seiner Ankunft in der Glut der aufgehenden Sonne und stand verjüngt aus seiner Asche wieder auf. Herodot, der bedeutendste Geschichtsschreiber der Hellenen, führte diesen Mythos in die Welt der Alten Griechen ein. Die Asche des Phönix hielt man für die Asche der Göttin Osiris. Der damals bereits sagenhafte Phönix sollte der Überlieferung zufolge ein weit höheres Lebens-

alter als die Menschen erreicht haben. Erst gegen Ende seines
Lebens, nach mehreren hundert Jahren, baute er ein Nest.
Er setzte sich darauf, bebrütete das Ei und verbrannte danach. Die Asche formte sich zu einem Kegel. Das Ei blieb
erhalten, und der junge Phönix schlüpfte daraus. Antike griechische und römische Autoren stellten den Phönix-Mythos
jedoch nicht einheitlich, sondern in unterschiedlichen Versionen dar. Sie bezeichneten den Vogel als rot oder goldrot.
Das Ei, so hieß es, wurde aus den Resten der Leiche des
Vaters geformt. Benu trug es dem altägyptischen Sonnengott
Rā zu Ehren nach Heliopolis, der sagenhaften »Sonnen-
stadt« (*helios* = Sonne, *polis* = Stadt) am Nil, wo es im Tempel feierlich begraben wurde.

Ein dem Phönix ähnliches Fabelwesen gab es auch im
Alten Persien und in China. In der altpersischen Mythologie
hieß der Wundervogel *simurg(h)*. Das war abgeleitet vom
Avestischen *mərəγō saēnō* (Der Vogel Saēna). Der Simurgh
ist aber ein zusammengesetzter Vogel, der Eigenschaften
mehrerer Arten in sich vereint und mit diesen zum ›König
der Vögel‹ erhoben worden war. Er trägt neben der Schönheit des Phönix die Eigenschaften von Falken und von Löwen. Dem Phönix ähnlicher und ohne Beimischung von Löwen ist die geographisch viel weiter entfernte chinesische
Version, der *feng huang*. Darstellungen davon zeigen Verbindungen mit dem Pfau. Aus den Abänderungen lässt sich
schließen, dass der Mythos vom Phönix in Ägypten entstand und sich von dort aus nach Osten, nicht aber nen-
nenswert nach Westen verbreitete. Benu und seine altgrie-
chische Version Phönix sind zweifellos einheitlicher und
damit vielleicht realistischer geformt als Simurgh und Feng
Huang.

Die Suche nach dem Ursprung des Phönix hat somit in
Ägypten zu beginnen und zwar in vorrömischer Zeit. Seine
Eigenschaften weisen den Weg. Er war / ist ein Vogel, das

steht fest. Der altpersischen Version wurden Attribute des
Löwen erst nachträglich hinzugefügt. Der Phönix kam als
sonderbare Erscheinung in großen Zeitabständen von irgendwoher. Es gab ihn nirgendwo dauerhaft im ganzen
ägyptisch-hellenischen Raum und auch später nicht im Weltreich Roms. Wäre er in der mediterranen Welt permanent
ansässig gewesen, rankten sich gewiss nicht so viele Geheim-
nisse um ihn. Der Informationsfluss war zumindest zur Zeit
der Römer gut genug. Doch diese kannten ihn nicht. Sie
übernahmen den Phönix von den griechischen Historikern
und Naturforschern, ohne ihm einen eigenen römischen Namen zu geben. Unbekannt war der Wundervogel auch im
gesamten übrigen europäischen Raum. Die Germanen hatten keinen Namen für ihn und wohl auch keine Kenntnisse
davon; das spätere christliche Abendland bediente sich der
altgriechischen Bezeichnung. Nach Osten hin, nach Asien,
veränderte sich die Gestalt des Phönix mit zunehmender Entfernung vom östlichen Mittelmeerraum. Versatzstücke anderer Vogelarten wurden seinem Bild hinzugefügt.

Den historischen Befunden zufolge kann der Phönix nur
von irgendwo aus den Regionen südlich von Altägypten gekommen sein. Vielleicht stammte er aus dem sagenhaften
Land Kusch oder aus dessen weiterer Umgebung. Das Land
Kusch wurde im 18. Regierungsjahr des Pharao Sesostris I.
erstmals konkret erwähnt, war aber schon lange vorher als
Goldland bekannt. Kusch hieß das Land bei den Ägyptern.
Sie meinten damit einen Teil des sich weiter nilaufwärts in
der Ferne des unbekannten Afrika verlierenden Nubiens.
Die Blütezeit des Reichs von Kusch fiel in die Zeit von etwa
750 bis 300 vor unserer Zeitrechnung. Danach verlagerte
sich das Zentrum von der Stadt Napata nach Meroë. Tausend Jahre vorher war das untere Nubien zwischen dem 1.
und dem 2. Nilkatarakt bereits von den Ägyptern der Zeit
des Mittleren Reichs erobert worden. Es bestanden also alte

Kenntnisse über dieses Übergangsgebiet zum tropischen Afrika; Kenntnisse, die vor Zeiten gewonnen und wieder geschwunden waren. Im Neuen Reich zwischen 1550 und 1080 v. Chr. reichte das Einflussgebiet der Ägypter bis zum 5. Katarakt und umfasste damit einen Großteil des antiken Nubiens, also des heutigen Sudan. Im Jahre 525 v. Chr. versuchte der Perserkönig Kambyses II., Sohn des Kyros II., ganz Ägypten zu erobern. Das gelang ihm zwar nicht, aber zumindest zeitweise setzten sich die Perser in Oberägypten fest. Dabei können sie die Verehrung des sagenhaften Vogels Benu kennengelernt und nach Persien gebracht haben. Da man ihn dort nicht kannte, nahm er schnell veränderte Züge an. Die Perser kombinierten ihn mit den geläufigen heraldischen Attributen der Falken.

Lassen wir den chinesischen Feng Huang vorerst beiseite und konzentrieren wir uns nach dieser geographischen Einkreisung auf den Phönix selbst. Offenbar kam er im gesamten Raum der Alten Ägypter, Perser und Griechen nicht beständig vor. Nur Altägypten suchte er in recht vage bestimmten, sicherlich der Zahl der Jahre nach übertrieben großen Zeitabständen immer wieder auf. Gekommen sein konnte der Phönix somit nur aus den unbekannten Gebieten des tropischen Afrika. Die Arabische Halbinsel passt nicht als Herkunftsregion, weil der Benu / Phönix von dort aus viel eher an den Persischen Golf und zu den altbabylonischen Reichen geflogen wäre als über das Rote Meer nach Ägypten. Dieses und seine Umgebung taucht in der Überlieferung nirgendwo als Herkunftsgebiet des Phönix auf. Dieser Raum gehörte jedoch zur bekannten Welt, Afrika südlich von Nubien aber nicht. Dort lebten die ›Aethiops‹, wie sie von den Griechen genannt wurden, die Menschen mit den verbrannten Gesichtern, die Schwarzafrikaner. Arabien zählte nicht dazu.

Der Vogel war schön; so wunderschön, dass es in der ganzen mediterranen Welt keinen schöneren gegeben hat. In Persien und dahinter im Fernen Osten, in China, verschmolz er mit den dort am meisten geschätzten und schönsten Vögeln, den Falken und Pfauen, zu Chimären. Er war flammend rot. Das drücken sein griechischer Name Phönix und das Bild vom Feuer, das ihn verzehrt, eindeutig aus. Feuerrot, richtig flammend rot, muss er gewesen sein. Gewiss handelte es sich um einen großen Vogel. Sonst wäre bei Sonnenaufgang nicht der »brennende« Eindruck zustande gekommen. Rote Singvögel, richtig intensiv rote wie den Roten Kardinal Nordamerikas, gibt es in der ostmediterranen, nordafrikanischen Region nicht. Sie wären zudem wegen ihrer Kleinheit nicht für wert genug befunden worden.

Der einzige große und tatsächlich partiell flammend rote Vogel ist der Flamingo. Zwei Arten gibt es davon in Afrika, den Rosaflamingo *Phoenicopterus ruber* und den deutlich kleineren Zwergflamingo *Phoeniconaias minor*. Zu ihnen, die nachfolgend nur Flamingo genannt werden, wenn eine Unterteilung in die beiden Arten nicht nötig erscheint, passen (fast) alle übrigen Angaben zum Phönix. Seine Besonderheiten sind auch ihre. Sie kommen unregelmäßig, oft erst nach langer Abwesenheit wieder, zu den salzigen Küstenlagunen ans Mittelmeer. Sie bauen Kegelnester aus Schlamm möglichst fernab von festem Land. Nach Ende einer Brutperiode bleiben zahlreiche Skelette und Federn von toten Jungen und gestorbenen Altvögeln in der Brutkolonie zurück. Die anfänglich grauen Jungen werden auf größere Entfernung erst sichtbar, wenn sie ihr rotes Gefieder bekommen haben. Die Altvögel fliegen viel bei Sonnenauf- und -untergang. Ihr Gefieder trägt partienweise, vor allem im Armteil der Flügel ein außerordentlich intensives Rot, das weithin leuchtet. »Flammenvögel« hat man sie treffend genannt. Ihre Brutplätze zu finden war bis in die zweite Hälfte des 20. Jahrhundert hinein sehr schwierig. Der briti-

sche Ornithologe Leslie Brown suchte viele Jahre lang danach im Großen Afrikanischen Grabenbruch von den Seen
Äthiopiens bis nach Tansania. Beim Versuch, eine Brutkolonie auf einem Salzsee in Ostafrika zu erreichen, wäre er
beinahe ums Leben gekommen. Er blieb im zähen Salz-
schlamm stecken und konnte sich nur mit größter Anstrengung wieder ans feste Ufer zurückschleppen.

Für die Menschen der Antike müssen solche Vögel mehr
als nur ein Rätsel gewesen sein. Sie suchten die heißesten
und gefährlichsten Orte auf, die Menschen aus guten Gründen mieden. Sie schienen in der Tageshitze, die über den
Salzpfannen waberte, zu verbrennen. Dabei züngelte ihr
Rot flammenartig empor. Konnte man später, im Winter,
die Brutstätten erreichen, weil die Vögel weggezogen waren
und monatelange Trockenheit den Schlickboden begehbar
fest gemacht hatte, fand man die stumpf kegelförmigen
Nester aus grauem Schlamm, der dabei war zu zerfallen
und der Asche ähnelte. Vertrocknete, von der Sonne ausge-
dörrte Kadaver von alten und jungen Flamingos lagen ver-
streut zwischen den Nesthügeln. Was lag näher, als die
flammenartigen Verzerrungen durch die wabernde Luft mit
Feuer gleichzusetzen, das diese Phönix-Vögel verbrannt und
zu Asche gemacht hatte? Unverbrannte Reste, die zweifellos
von diesen Vögeln stammten, lagen noch herum. Auch
manches unbefruchtete Ei war sicherlich übrig geblieben.
Man hatte es zum Tempel nach Heliopolis getragen und
dort feierlich beigesetzt, um die Wiedergeburt von Benu zu
ermöglichen. Wie es Herodot berichtete.

Heliopolis, die sagenhafte, wohl im Bereich des heutigen
Kairo gelegene Stadt am Nil war in altägyptischer Zeit dem
Nildelta näher als heute. Der schlammreiche Fluss schiebt
sein Delta unablässig ins Meer hinaus. Der griechische Ge-
schichtsschreiber Herodot führte drei Mündungsarme des
Nils an, die es im 5. und 6. vorchristlichem Jahrhundert ge-

geben hatte. Sie spalteten den Hauptlauf des Nils bei der Stadt Katadupa, also unweit von Heliopolis. Das Delta, das damals tatsächlich dreieckig-deltaförmig ausgebildet war und dem griechischen Buchstaben Delta als Vorbild gedient hatte, lag demnach nur etwa 25 Kilometer vor Heliopolis. In der ganzen Region waren Flamingos am ehesten im Nildelta zu erwarten. Dort gab es flache Lagunen mit hoher Salzkonzentration.

Die Biologie von Flamingo und Phönix

Flamingos sind merkwürdige Vögel. Unter den lebenden Vögeln kann man sie für die extremsten Spezialisten halten. Ihre Körperform lässt sie größer wirken, als sie sind. Der Rosaflamingo wiegt nämlich nur zwei bis etwas über vier, der kleinere Zwergflamingo eineinhalb bis zwei Kilogramm. Ihr verhältnismäßig kleiner Körper wird von extrem langen, dünnen Beinen getragen. Damit erreichen sie die halbe Körperhöhe eines Menschen. Recken Rosaflamingos den langen Hals, können sie einem stehenden Menschen in die Augen schauen. Wozu so lange Beine, fragt man unwillkürlich, wenn auch der Hals entsprechend lang werden muss, um den Schnabel wieder hinab ins Wasser zu bringen? Wären kürzere Beine, die nicht so kompliziert abgeknickt werden müssen, damit sich die Vögel überhaupt zum Brüten niederlassen können, nicht bequemer? Auch wenn das so scheinen mag, ist es doch nicht so. Flamingos suchen in flachem Wasser nach Nahrung. Sie tun dies auf eine absonderliche, jedoch hocheffiziente Weise. Ihr kurzer Schnabel knickt in der Mitte so ab, dass der vordere Teil des Oberschnabels nach unten gerichtet ins Wasser eintaucht und gegebenenfalls die

Bodenoberfläche berührt. Der Oberschnabel ist unbeweglich mit dem Schädel verwachsen. Der Unterschnabel kann hingegen wie bei allen Vögeln bewegt werden. Beim Flamingo reicht es, diesen etwas anzuheben. Im spaltförmigen Raum, der sich dabei bildet, führt die fleischige Zunge nun pumpende Bewegungen durch. Wasser strömt von den Seiten her ein und wird mit der Zunge wieder hinausgepresst. Die feinen Lamellen an den Schnabelseiten halten mit reusenartig wirkenden, haarartigen Gebilden zurück, was das Wasser an kleinen Organismen enthält und zur Reusenfeinheit passt. Es sind dies beim Rosaflamingo vornehmlich Salinenkrebschen (*Artemia salina*), aber auch die Larven von Zuckmücken, die in den obersten Schichten des Bodenschlamms leben. Der noch stärker spezialisierte, mit einem feineren Sieb an den Schnabelseiten ausgestattete Zwergflamingo filtert winzige Blaualgen (eigentlich Cyanobakterien der Gattung *Spirulina*) aus dem Wasser und ernährt sich fast ausschließlich davon.

Da manche Enten, wie die Löffelente (*Anas clypeata*), das Flachwasser ganz ähnlich durchschnattern, zeigt der Vergleich mit ihnen die Vorteilhaftigkeit des Flamingo-Körperbaus. Die Enten müssen sich sehr flach ausstrecken, um den Schnabel richtig in Position zu bringen. Mit seitlichen Bewegungen von Kopf und Hals versuchen sie, das seichte, nahrungsreiche Wasser mit dem Schnabel durchzuseihen. Den Flamingos hingegen ermöglicht die Kombination von langen Beinen und langem Hals bequem stehend ein lang anhaltendes Pumpen. Die unbewegliche Oberseite des Schnabels weist nach unten wie die Unterseite eines rechtwinklig gebogenen Löffels. Der bewegliche Unterschnabel gibt der Zunge den Freiraum zu ihrer saugenden Pumpbewegung. Löffler, reiherartige Stelzvögel der Gattung *Platalea*, entwickelten an der Spitze ihres langen Schnabels eine flache, löffelartige Verbreiterung. Auch sie wirkt bei weitem nicht so

gut wie der Flamingoschnabel, eignet sich aber zum Fang
kleiner Fische und Krebse. Solches Getier kann der Flamingo allerdings nicht fangen. Seine Spezialisierung verschafft
ihm die nach gegenwärtigem Wissen bestmögliche Nutzung
der Kleinkrebse und Blaualgen extrem flacher und sehr salz-
haltiger Gewässer. Diese entstehen – und vergehen – natürlicherweise vor allem an tropischen und subtropischen
Flussmündungen. Beständiger, aber noch seltener, sind flache Salzseen des Binnenlandes. Lagunen und Flachseen gibt
es auf allen Kontinenten. Flamingos kommen nur an solchen
vor, die bestimmte Salzkonzentrationen enthalten. Darin
kommt es zu den ergiebigen Massenentwicklungen ihrer
Hauptnahrung, den Salinenkrebschen bzw. Blaualgen. Und
ergiebig müssen diese wirklich sein, sonst können die Weibchen nicht genügend Reserven im Körper ansammeln, die
ihnen die Entwicklung der Eier und das Brüten ermöglichen.
    Die Nahrung ist es also, die Vorkommen und Häufigkeit
der Flamingos bestimmt. Als man Ersatzfutter künstlich zusammenzustellen gelernt hatte, war die Haltung von Flamingos in Zoologischen Gärten kein Problem mehr. Sie
brüten seither durchaus erfolgreich und bereitwillig. Besondere Flachgewässer brauchen sie gar nicht. Sie bekommen
ihr Futter in flachen Trögen. Das reicht. Damit und mit
dem Zusammensein in der Gruppe sind sie zufrieden. In der
freien Natur gibt es Flamingos an Europas Küsten jedoch
nur an sehr wenigen Stellen. Die bekanntesten, von Rosaflamingos am regelmäßigsten aufgesuchten Gebiete sind die
Camargue im Mündungsdelta der Rhône und die Marismas
der Guadalquivirmündung in Andalusien. Seit die Flamingos weitgehend geschützt sind, gibt es einige weitere Vorkommen an anderen Küstenlagunen am Mittelmeer. Am si-
chersten zu finden sind sie im Sommer jedoch an größeren
Salinen. Wo der Mensch künstliche Flachgewässer zur Salz-
gewinnung geschaffen hat, stellen sich die Flamingos fast

mit Sicherheit ein, sobald das Wasser die richtige Salzkonzentration angenommen hat. Dann kommt es darin zur
Massenvermehrung von Salinenkrebschen. Starke, die Ver-
dunstung fördernde Sonneneinstrahlung und wenigstens für
einige Monate beständige Flachgewässer sind die einfachen,
aber von Natur aus nur zeitweise und sehr lokal auftreten-
den Vorbedingungen für das Leben der Flamingos.
Danach müssen sie immer wieder suchen. Über ganze
Kontinente fliegen sie, um die nahrungsreichen, flachen
Salzgewässer zu finden. Nicht einmal in den Tropen, wo das
ganze Jahr über die Sonne mehr oder minder gleichmäßig
intensiv strahlt, sind die Lebensbedingungen an den Küstenlagunen beständig. Das Wasser kann zu brackig sein, weil
viel Süßwasser hineingekommen ist oder die Salzkonzentration liegt zu hoch. Dann kristallisiert Salz an den Beinen
der Flamingos aus. Sie bekommen Salzringe, die immer
schwerer und letztlich tödlich werden, wenn sie nicht mehr
auffliegen können. Besonders schlimm trifft zu hoher Salzgehalt die Jungen, weil diese nicht wie die Altvögel zwischendurch Gewässer mit geringerem Salzgehalt oder mit
Süßwasser aufsuchen können, um die Kruste loszuwerden.
Zu Tausenden kamen deswegen noch nicht flugfähige Fla-
mingojunge 1962 auf dem Magadisee in Kenia um. Zehntausende wurden von Vogelschützern eingefangen, vom Salz
befreit und vor dem sicheren Tod bewahrt. Es war dies eine
der größten Rettungsaktionen für Vögel. Ist der Salzgehalt
zu gering, gefährdet das zwar die Flamingos und ihre Jungen
nicht, aber es unterbleibt die Massenentwicklung der Salinenkrebschen. Dann reicht der Ertrag der Nahrungssuche
nicht zum Brüten und zur Versorgung der Jungen. Erfolgrei-
ches Brüten setzt einen hohen Überschuss an Nahrung im
Gewässer voraus. Die Flamingos füttern ihre Jungen nämlich nicht mit den Salinenkrebschen oder Blaualgen, die sie
selbst aufnehmen, sondern mit einer Flüssigkeit, die wie Blut

aussieht. Sie wird, ähnlich wie die Kropfmilch der Tauben,
von einem besonderen Drüsengewebe im unteren Schlund-
bereich, dem Ösophagus, erzeugt und flüssig den Jungen
verabreicht. Dieser Nahrungsbrei enthält acht bis neun Prozent Eiweiß und etwa 15 Prozent Fett. Rund drei Viertel
macht das Wasser aus. Damit erhalten die Jungen nicht nur
das, was sie an Nährstoffen zum Wachsen brauchen, sondern auch genügend Wasser, ohne das sie in der Hitze, die
über ihren Brutplätzen herrscht, in kürzester Zeit verdursten
würden. Die Lufttemperatur an den Brutplätzen übersteigt
häufig 50 Grad Celsius! Aber die Schlammnester ziehen in
dieser Hitze Bodenfeuchtigkeit nach oben. Deren Verduns-
tung kühlt den Bereich, auf dem der Flamingo brütet oder
das Junge sitzt, auf angenehme 30 bis 35 Grad herunter.
Dennoch bleiben eine entsprechend reichhaltige Nahrung
und regelmäßige Versorgung der Jungen mit Wasser uner-
lässlich. Dieses ist in der blutartigen Kropfmilch enthalten,
die beide Eltern dem Jungvogel bringen. Als scheinbares
»Tränken der Jungen mit dem eigenen Blut« taucht es im
Mittelalter in Zusammenhang mit dem Pelikan auf. Ich
komme darauf zurück.

Ihre Schlammnester errichten die Flamingos auf flachen
Inseln möglichst fernab vom Ufer. Dafür gibt es gewichtige
Gründe. Der erste hängt mit der Natur der salzigen Flachge-
wässer zusammen, der zweite mit dem Schutzbedürfnis der
wehrlosen Vögel. Nur ganz bestimmte Stellen sind für die
Anlage der Nester geeignet. Der Schlamm muss dafür mör-
telartig zäh sein. Die Flamingos ziehen diesen mit dem
Schnabel zu sich heran und häufen ihn auf, bis das kegelför-
mige Gebilde entsteht und im günstigsten Fall von einem
Wassergraben mit etwa 20 Zentimeter Tiefe umgeben ist.
Das Schlammnest wird so hoch gemacht, dass es bei stärke-
rem Wind, der das Wasser verschiebt, nicht mehr überflutet
wird. In die Mulde, die oben in den Kegel gedrückt wird,

legt das Weibchen ein einziges Ei. Beide Partner bebrüten es
rund vier Wochen lang abwechselnd. Das Ei ist recht groß.
Beim Rosaflamingo wiegt es 140, beim Zwergflamingo
115 Gramm. Das Junge wird nach dem Schlüpfen alle 45
bis 90 Minuten, später einmal am Tag und insgesamt rund
zehn Wochen lang gefüttert. Es benötigt bis zu 60 Gramm
Nahrung pro Tag, erheblich mehr aber an Wasser. Im Alter
von etwa sechs Wochen fangen die jungen, noch grau gefie-
derten Flamingos an, im Flachwasser selbständig nach Nahrung zu suchen. Sie sind mit ihren stumpfen Schnäbeln und
den langen dünnen Beinen Feinden gegenüber völlig wehr-
los. Wie die Erwachsenen auch. Deshalb wählen die Flamingos nur solche Flachgewässer zur Anlage ihrer Brutkoloni-
en, an die möglichst keine Feinde hingelangen. Je länger der
Weg über zähen, heißen Schlick, desto sicherer sind die
Brutkolonien vor Bodenfeinden, wie Schakalen oder Füch-
sen. Schreiseeadler und andere große Greifvögel versuchen
zwar immer wieder, die Brutkolonien zu erreichen und Beute zu machen. Vielleicht hält aber die wabernde, die Kontu-
ren verzerrende oder ganz auflösende Hitze auch Luftfeinde
fern. Bedrohung durch Feinde ist auf jeden Fall der zweite
entscheidende Faktor für die Wahl des Nistplatzes. Ein weiterer ergibt sich von selbst aus der Masse der Vögel. Je mehr
gleichzeitig brüten, desto geringer wird das Risiko für den
einzelnen Flamingo, einem Adler zum Opfer zu fallen. Die
kleinen Arten von Flamingos brüten deshalb fast nur gleichzeitig in Großkolonien. Der große Rosaflamingo probiert
es, wie sein südamerikanisches Gegenstück, der Chileflamingo, mitunter auch in kleineren Gruppen von bis zu
50 Vögeln, zum Beispiel auf so entlegenen, feindfreien Inseln, wie den Galapagos-Inseln im Pazifik. Was an Besonderheiten dem Phönix zugeschrieben worden war, ist also
in der Lebensweise der Flamingos enthalten.

Die Unstetigkeit der Flamingos

Flamingos brüten gegenwärtig so gut wie alljährlich in der Camargue in Südfrankreich. Seit 1914 wird auf sie geachtet und ihr Brüten genau registriert. Bis 1969 nisteten sie unregelmäßig; durchschnittlich in jedem zweiten Jahr. Die künstlichen Salinen und der Schutz vor Störungen kamen den Flamingos zugute. Salinen bieten konstante Verhältnisse, die es so von Natur aus nicht gäbe. Starke Regenfälle füllen und verdünnen die Lagunen, anhaltende Trockenperioden bringen sie zum Verschwinden oder lassen die Salzkonzentrationen zu hoch ansteigen. Überschwemmungen können ganz plötzlich die ansonsten günstigen Flachseen im Landesinnern für längere Zeit aussüßen. Es reichen geringfügige Schwankungen des Wasserstandes, um einen Salzsee oder eine Lagune zum Brüten geeignet oder ungeeignet werden zu lassen. Die Flamingos sind darauf eingestellt. Es gibt global nur zwei Regionen, in denen dauerhaft ziemlich günstige Verhältnisse herrschen. Es sind dies Salare, Salzseen, auf der Hochfläche der Anden in Südperu, Bolivien und Nordchile sowie mehrere Seen im Großen Afrikanischen Grabenbruch, dem Rift Valley. Die Salzseen im Rift Valley sind für die eurasiatischen und afrikanischen Flamingos mit Abstand die wichtigsten. Bis über eine Million Zwergflamingos und Tausende von Rosaflamingos sammeln sich am berühmtesten aller Flamingo-Seen, am Nakurusee in Kenia. Ich komme darauf zurück.

Auf der Andenhochfläche leben dank der besonderen Beständigkeit der Salare sogar drei verschiedene Arten von Flamingos, der Anden- *Phoenicoparrus andinus*, der kleinere James- oder Punaflamingo *Phoenicoparrus jamesi* und der dem altweltlichen Rosaflamingo recht ähnliche, etwas rötere Chileflamingo *Phoenicopterus chilensis*. Dieser kommt auch im westlichen Küstenbereich Südamerikas und östlich der

Anden in Argentinien und Südbrasilien vor, während die beiden anderen Arten beständig oben auf der Andenhochfläche in Höhen zwischen 3700 und 4700 Metern über dem Meeresspiegel bleiben und zeitweise bis in knapp 5000 Metern Höhe leben können. Flamingos sind also keineswegs »tropische« Vögel, wie man ihrem Äußeren nach meinen könnte, sondern durchaus in der Lage, in den nachts recht kalten Höhen der Andenhochfläche zu bleiben und auch erfolgreich zu brüten. Dort gibt es allerdings das Hitzeflimmern bei weitem nicht so ausgeprägt wie in Afrika und Südasien, so dass die Andenflamingos offenbar für die Indios keinen Anlass gegeben haben, Fabelwesen aus ihnen zu machen. Sie bleiben zudem meist an Ort und Stelle. Weiter herum streift lediglich der Chileflamingo, dessen Artstatus strittig ist. Bis in die 1990er Jahre hinein hat man ihn als Unterart des altweltlichen Rosaflamingos betrachtet, der in Afrika, Südeuropa und Südwestasien vorkommt und Großer Flamingo genannt worden war. Aller Wahrscheinlichkeit nach stammt er auch von diesem ab. Irgendwann überflogen Gruppen altweltlicher Rosaflamingos, getragen vom stetigen Nordostpassat, den Atlantik, erreichten die Karibik und gründeten dort neue Brutkolonien. Im Lauf der Zeiten entwickelten sie jene geringen Unterschiede, die manche für groß genug halten, dem amerikanischen Großflamingo als Chileflamingo den Status einer eigenen Art zuzuteilen. Diese Deutung ist keine bloße Theorie. Die Atlantiküberquerung geschah bei den Flamingos sogar mindestens zweimal. In der Karibik kommt nämlich auch der altweltliche Rosaflamingo vor, der sich von seinen Artgenossen in Afrika nahezu nicht unterscheidet. Eine kleine Gruppe davon lebt auf den Galapagos-Inseln. So gewaltige Fernflüge über den Ozean möchte man den so zerbrechlich wirkenden Flamingos gar nicht zutrauen. Sie erreichen im Flug ohne Rückenwind aber eine Geschwindigkeit von 50 bis 60 Kilometern pro Stunde. Eine

Atlantiküberquerung von der Banc d'Arguin in Westafrika
an der Küste Mauretaniens bis in die Karibik bedeutet eine
Flugstrecke von 5000 Kilometern oder rund 100 Flugstun-
den. Kräftiger Passatwind kann den Zeitaufwand stark ver-
mindern bis nahezu halbieren auf drei Tage und Nächte Flug.
So eine Leistung gelingt den Flamingos im stetigen Wind
übers Meer eher als bei 1000 Kilometer Flugstrecke über
Land in Afrika oder Asien mit wechselnden Winden und
starken Temperaturunterschieden zwischen Tag und Nacht.
Die beträchtlich kleineren, weitgehend weißen Kuhreiher
(*Bubulcus ibis*) schafften den Flug von Afrika nach Südamerika auf eigenen Schwingen Ende der 1920er Jahre. 1930
brüteten sie erstmals in Guyana. Inzwischen sind sie die häufigsten Reiher in Süd- und auch in den tropisch-subtropi-
schen Teilen Nordamerikas. Tausende oder Zehntausende
Jahre früher gelangten die ihnen in der Körpergröße und Gestalt ähnlichen Nachtreiher (*Nycticorax nycticorax*) von
Westafrika nach Amerika. Sie breiteten sich aus, entwickelten aber nur geringe Unterschiede zu ihrer Herkunftsart, so
dass in Amerika gegenwärtig drei Unterarten unterschieden
werden: *Nycticorax nycticorax hoactli* im größten Teil von
Süd- und Nordamerika, *obscurus* von Chile bis Feuerland
und *falklandicus* auf den Malvinas oder Falklandinseln.
Diese Beispiele sind im Zusammenhang mit den Flamingos sehr aufschlussreich. Denn wie oben schon angedeutet,
wird der Rosaflamingo in zwei Unterarten aufgeteilt, von
denen die eine, die Linné vorlag, als er dem Flamingo den
wissenschaftlichen Namen *Phoenicopterus ruber* im Jahre
1758 gegeben hat, nicht aus Europa und Afrika, sondern
aus Mittelamerika kam. Einschließlich des Unterartnamens
heißt sie deswegen vollständig *Phoenicopterus ruber ruber*
Linné, 1758. Der altweltliche Zwilling davon wurde erst
später erkannt und als *Phoenicopterus ruber roseus* von
Pallas 1811 beschrieben. Gut ein Jahrzehnt vorher, 1798,

benannte Geoffroy den afrikanischen Zwergflamingo als *Phoeniconaias minor*. Was sagt uns diese eher verwirrende, scheinbar nur für Zoologen interessante Systematik? Aus ihr geht hervor, dass in der Zeit von Linné, Mitte des 18. Jahrhunderts, die afrikanischen Flamingos in Europa offenbar nicht bekannt waren. Das Exemplar, auf das sich Linné bei der Namensgebung bezogen hatte, stammte von den Bahamas. Im Europa der Zeit der Aufklärung wusste man also nahezu nichts (mehr) von den afrikanischen Flamingos. Der lebende Phönix blieb erstaunlicherweise den Europäern bis ins 19. Jahrhundert verborgen. Es gab ihn nur als Mythos. Als solcher hatte er sich von der lebendigen Wirklichkeit bereits ziemlich weit entfernt. Dass Flamingos an den Küsten Europas brüten, ist offenbar eine vergleichsweise neue Entwicklung. Afrika, der ›Schwarze Kontinent‹, war noch im späten 19. Jahrhundert zu großen Teilen im Innern *terra incognita*, also unbekanntes Land. Die Europäer wussten über Indien und Amerika besser Bescheid als über Afrika südlich der Sahara.

Flamingos in Afrika

Ein Besuch des Nakurusees in Kenia gehört global zu den eindrucksvollsten Naturerlebnissen. Nähert man sich ihm über die höher gelegene Straße, scheint rosafarbener Schaum große Teile der Uferzone zu bedecken. Aus der Nähe wird erkennbar, dass Unmengen von Zwergflamingos dicht an dicht im flachen Wasser stehen. Bewegen sie sich, rollen rote Wogen über das im Licht der äquatorial hoch stehenden Sonne gleißende Wasser. Von der Uferstraße aus differenziert sich das Bild. Höhere, hellere Rosaflamingos begrenzen die

dichteren Massen der dunkleren, leuchtenderen Zwergflamingos zur offenen Wasserfläche hin. Unter diesen sind
Gruppen grauer Vögel von Flamingogestalt zu sehen. Fliegt
ein weißköpfiger Schreiseeadler (*Haliaaetus vocifer*) vorüber, drängeln sich die Massen flügelschlagend zusammen.
Dann scheint sich Feuer auszubreiten. Kommt der Adler näher, erheben sich aus stelzbeinigem Laufschritt heraus Hunderte, Tausende oder Zehntausende Flamingos. In wenigen
Augenblicken werden sie zu einer roten, von schwarzen Flügelspitzen durchsetzten Wolke. Die Menge verwirrt den Angreifer. Oft haben es die Adler jedoch gar nicht auf die Masse
abgesehen. Sie prüfen, ob einzelne, zumal junge, noch grau
befiederte Flamingos zurückbleiben, die sie gezielt angreifen
können. Unter den Hunderttausenden oder Millionen fallen
solche Verluste nicht auf.

Auf dem salzigen Schlick am Ufer kleben Unmengen ro-
saroter, tiefroter und schwarzer Federn. Kleine, noch flau-
mige Federchen mit zarter Rosatönung sammeln Kinder
und Jugendliche. Sie kommen von der nahe gelegenen Mis-
sion in Nakuru. Broschen oder Gestecke werden aus den
Flamingofedern gefertigt und im Souvenirshop verkauft.
Die dunkelroten Federn sind am begehrtesten. Das Schauspiel, das den Besuchern am Nakurusee geboten wird, ist
grandios. Aber die Fotos, die davon gemacht werden, ent-
täuschen hinterher zumeist. Nur Könner bringen es fertig,
das Flamingowunder wirklich eindrucksvoll festzuhalten.
Es sind der Vögel einfach zu viele. Ihre Masse wirkt als
Ganzes. Der Bildausschnitt gibt den Gesamteindruck nicht
gebührend wieder. Das Rot leuchtet intensiver, wenn man
es mit den eigenen Augen sieht, als später auf dem Bild.
Von den Safaribussen aus, die sich entlang der Uferstraße
aneinanderreihen, wird unablässig fotografiert und gefilmt.
Erst Bewegung macht die Flamingos richtig schön. Vom festen Ufer bis zu den Flamingos hinaus erstreckt sich ein brei-

ter Streifen von schmutzig grauem Schlick. Er bekommt eine schwärzlich-scharfe Grenze, wo das Wasser anfängt. Ist dieses tief genug geworden, beginnt die Wand aus Zigtausenden blutroter Beine und roter Vogelleiber. Dünne Hälse züngeln daraus empor, winden sich und verschwinden wieder. Es folgen rosa Partien, denen Köpfe und Hälse zu fehlen scheinen. Diese Flamingos schlafen. Sie tun das tagsüber ausgiebig. Nachts sind sie oft aktiver auf Nahrungssuche als am Tag. Sie brauchen beim Gründeln nichts zu sehen. Sie spüren das Wasser, seine Tiefe und seinen Gehalt an Blaualgen. Je ergiebiger der See ist, desto mehr Zeit können sich die Flamingos zum Ruhen gönnen. Die Nahrung ist so hochwertig, dass 50 oder 60 Gramm am Tag genügen, den Bedarf pro Vogel zu decken. In manchen Jahren wird die Kraftbrühe im Nakurusee so dick, dass die Zwergflamingos das Wachstum der Blaualgen sogar befördern, weil sie Licht in den obersten Wasserschichten schaffen, die sie hauptsächlich durchfiltern. Unter den Scharen der intensiv roten Zwergflamingos zeichnen sich auch immer wieder Gruppen grau befiederter Jungvögel ab. Sie sind zwar schon voll flugfähig, aber noch deutlich kleiner als die Altvögel.

Eine Gruppe Pelikane nahe der Mündung des Baches, der dem Salzsee bescheidene Mengen Süßwasser zuführt und die Verdunstungsverluste der weiten Seefläche ausgleicht, empfinden die von der Fülle an Rot überwältigten Augen als willkommene Abwechslung. Mancher Tourist sucht, fast verlegen, alsbald nach den im Uferwald unter den hohen Akazien lebenden Netzgiraffen. Ferngläser von Ornithologen werden auf kleine Watvögel am Ufer gerichtet. Sie kommen als Wintergäste aus Nordeuropa und Nordasien zu den Seen im Rift Valley. Viele Besucher verweilen am See viel zu kurz. Das eindrucksvollste Schauspiel entwickelt sich gegen Abend, wenn Zehntausende auffliegen, sich zu langen Ketten formieren und der untergehenden Sonne entgegenstreben. Blutrot gegen Glutrot – ein unvergleichlicher Anblick. Kaum minder eindrucksvoll als die Flüge ins Abendrot wird die Szenerie, wenn die Flamingos zu balzen beginnen. Schnatternd recken sie die Hälse, strecken den ganzen Körper und bewegen sich gruppenweise vorwärts, seitwärts und in kleinen Halbkreisen. Wie Flammen lodern die Hälse empor, an deren Spitze das schwarze Ende der blutroten Schnäbel die Richtung angibt. Wabert die Luft, weil es heiß geworden ist über der weiten flachen Mulde, in der der See liegt, entsteht aus einiger Entfernung der Eindruck hochschlagender Feuerzungen eines Steppenbrandes. Die Rufe, die die Flamingos ausstoßen, könnte man aus der Ferne für das Knistern des Feuers halten. So großartig die Kulisse für die Flammenvögel am Nakurusee auch ist, die besondere Wirkung, um die es im Zusammenhang mit dem Phönix geht, kommt nicht zustande. Die zartgrünen Schirme hoher Akazien und die sanften Hügelkuppen, die den Salzsee mit den Flamingos umgeben, passen nicht zu den alten Erzählungen. Diese beziehen sich auf die weithin offenen, tellerflachen Landschaften großer Flussmündungen oder von Salzpfannen im Binnenland. Haben sich Scharen von Flamingos an solchen Orten eingefunden, lodern die Flammenhälse wirklich wie Feuerzungen ins flimmernde Bleigrau der lastenden Hitze vor einem ascheweißen Horizont empor, in dem sich die Ferne verliert.

Solche Salzpfannen sind es, an denen die Flamingos, die großen rosafarbenen wie auch die kleineren röteren Zwergflamingos, vorzugsweise, jedoch sehr unregelmäßig brüten. Erst 1954 ist einer ihrer Brutplätze in Ostafrika entdeckt worden. Vorher wusste man nicht, wohin sie zum Brüten fliegen. Am Nakurusee, ihrem spektakulärsten Aufenthaltsort außerhalb der Brutzeit und für die Nichtbrüter, geschah das, seit Europäer diesen Wundersee entdeckten, jahrzehn-

telang nicht. Er wird offenbar nur ausnahmsweise als Brutplatz gewählt. 1962 brüteten mehr als eine Million Zwergflamingos auf der riesigen Salzpfanne des Magadisees in
Kenia; 1957 stellte sich eine halbe Million auf dem großen
Natronsee in Tansania ein. Als weitere Brutplätze in ganz
ähnlichen Landschaftsformationen wurden der Elmenteita-
see in Kenia und die Etoschapfanne im Norden von Nami-
bia bekannt. Die Rosaflamingos sind flexibler. Sie brüten
durchaus in kleineren Gruppen von 50 bis zu mehreren
Hundert Paaren. An steilufrigen Salzseen, wie dem Bogoriasee (früher Lake Hannington) in Nordkenia, den sie gern
und in großen Mengen aufsuchen, brüten sie nicht. Die Ufer
sind dort zu leicht zugänglich für Feinde. Als Besucher
kommt man am Bogoriasee jedoch an die Zwergflamingos
viel näher heran als am Nakurusee. Man kann ihnen besser
zusehen, was sie tun.

Zwergflamingos am Bogoriasee

Der vergleichsweise kleine, wenig bekannte Bogoriasee liegt
direkt am Rand einer steilen Abbruchkante des Rift Valleys
zwischen dem Nakuru- und dem idyllischen, weitgehend
süßwasserhaltigen Baringosee. Heiße Quellen ergießen stark
salzhaltiges Wasser an mehreren Stellen in diesen See. Um
diese Quellen scharen sich die Zwergflamingos. Von den Pis-
ten am Ufer aus kann man ihnen zusehen, wie sie fast nach
Art eines Balletts in Richtung Quellen vorwärtstrippeln, um
gleich wieder zurückzuweichen. Schwärme erheben sich,
entfalten ihre tiefroten Flügel mit den schwarzen Schwingen,
fliegen von vorn in die hinterste Reihe zurück, von wo aus
sie wieder vorwärtsdrängeln. So rollen im Wasser Wogen

roter Vogelkörper zum Ufer und weichen wie reflektiert davon zurück, während darüber eine zweite Welle wie Flocken von dichtem Schaum auf dem Luftweg zurückflutet. So sieht das Geschehen aus einiger Entfernung aus. Näher gekommen, lässt sich mehr erkennen. Die vorderen Flamingos senken die Schnäbel ins Wasser. Nicht allzu tief, oft nur ein paar Zentimeter; gerade so weit, dass die Augen über Wasser bleiben. Der Unterschnabel bewegt sich intensiv. Die Zunge pumpt. Die Beine werden zwischendurch auffällig weit aus dem Wasser gezogen, so dass ihr Rot noch kräftiger leuchtet. Es sieht so aus als ob das Wasser den Vögeln zu heiß wäre. Tatsächlich ist es sehr heiß. Über 50 Grad maß ich nahe der Quellen, wo es als kleiner Bach zum See hinabläuft. Nur langsam kühlt es auf die knapp 30 Grad des Seewassers ab.

Die Flamingos bewegen sich gegen den Gradienten der Wärme. Sie dringen so weit wie möglich in die über 40 Grad heißen Zonen ein. Dort ist offenbar die Dichte der *Spirulina*-Blaualgen am höchsten. Die heiße Suppe ist die beste Suppe, die ergiebigste! Vielleicht gibt es dort auch besonders viele der kleinen Rädertierchen der Gattung *Brachionus*. Mit ihnen ergänzen die Zwergflamingos ihre Blaualgendiät zu Zeiten, wenn diese nicht so reichlich vorhanden sind. Die Zwergflamingos suchen nicht wie ihre großen Vettern am Grund der flachen Gewässer nach Nahrung, sondern oberflächennah. Ihr Schnabel enthält Luftkammern, die Auftrieb geben, so dass er nicht zu schwer wird beim längeren Durchschnattern des Wassers. Die Kammern bilden zudem einen Hitzeschutz, wenn das Wasser sehr heiß ist. Mit dieser andersartigen Technik und ihrer Spezialisierung auf besonders kleine Nahrung unterscheiden sich die Zwerg- von den Rosaflamingos. Beide Arten können so direkt nebeneinander nach Nahrung suchen, ohne sich Konkurrenz zu machen. Die größere Art bevorzugt Salinenkrebschen und die

Futtersuche in Bodennähe oder auf dem Schlamm. Dazu passt die »Filtergröße« ihrer Schnäbel. Die kleinere Art lebt von den winzigen *Spirulina-* und *Oscillatoria-*»Algen«, die sie mit viel feineren Filtern aus dem Wasser holt. Die Schnabelränder weisen nur Eingänge oder »Poren« von weniger als einem Millimeter Größe auf. Die inneren Filter der feinen Haare lassen allein das Wasser hindurch, denn sie sind nur 0,01 mal 0,05 Millimeter »groß«. Bei so speziellen Ansprüchen ist es klar, dass Zwergflamingos nur unter ganz besonderen Lebensbedingungen vorkommen.

Die flachen, alkalischen Gewässer müssen die richtige Salzkonzentration erreichen, dann entwickeln sich die Cyanobakterien zu jener hohen Dichte, die für die Ernährung dieser Flamingos nötig ist. Und nur wenn die verfügbare Nahrung die Deckung des Grundbedarfs, der rund 60 Gramm pro Vogel und Tag in Anspruch nimmt, übersteigt, können die Zwergflamingos Proteinvorräte im Körper anlegen, die groß genug für eine erfolgreiche Brut sind. Bei der oftmals beträchtlichen Fluktuation der Witterung, insbesondere der Niederschläge, stellen sich so günstige Verhältnisse längst nicht jedes Jahr ein. Es kann mehrere Jahre dauern, bis alles passt. Dann wird das Finden eines Brutplatzes entscheidend. Am besten eignen sich, wie schon ausgeführt, die weiten Salzpfannen, auf denen sich der Horizont verliert. Zu diesen fliegen sie aus Entfernungen von hunderten bis über tausend Kilometern. Und sie gelangen mitunter zu Orten, an denen sie nicht erwartet oder vermutet werden. Brutplätze der afrikanischen Zwergflamingos wurden deshalb erst 1954 entdeckt. Der Nakurusee, ihr wichtigster See, gibt ihnen zwar in vielen Jahren reichlich Nahrung. Zum Brüten ist er aber nicht so recht geeignet. Mit ihren besonderen Ansprüchen zeigen die Massen der Zwergflamingos im Großen, was in kleinerem Maßstab auch für die rund ums Mittelmeer vorkommenden Rosaflamingos gilt: Nahrungsreiche Lagunen gibt es nur an sehr wenigen Stellen, geeignete Brutplätze sind ganz außerordentlich rar. Es waren die Menschen, die mit der Anlage großer Salinen dauerhaft geeignete Nahrungs- und Brutplätze für Flamingos geschaffen haben – in unserer Zeit.

Das Rot der Flamingos

Benu hieß, wie schon ausgeführt, der Flammenvogel bei den Alten Ägyptern. Die Griechen übernahmen diesen Namen nicht. Sie gaben ihm einen eigenen: Phoenix. Linné verwendete diese Bezeichnung, um in Verbindung mit dem griechischen Wort für Flügel (*pteros*) die Gattung der Flamingos mit *Phoenicopterus* zu bezeichnen. Auch weitere Gattungen, die später von Wissenschaftlern festgelegt wurden, enthalten das griechische *phoen-* (*Phoenicoparrus* und *Phoeniconaias*). Die wissenschaftliche Benennung der Flamingos nimmt wie die Alten Griechen Bezug auf das besondere Rot, das Phönix-Rot. Was hat es damit auf sich?

Die chemische Zusammensetzung des Stoffs, der die Flamingos rot macht, ist bekannt. Es handelt sich um einen Farbstoff, der zur Gruppe der Karotinoide gehört. Die Bezeichnung Karotinoide bezieht sich auf das Gelb(rot) der Karotten, die solche Farbstoffe enthalten. Es sind also Pflanzen, die diese Farben entwickeln. Die *Spirulina*-Blaualgen (Cyanobakterien) erzeugen Karotinoide in großen Mengen. Die Bedeutung dieser Farbstoffe besteht darin, das empfindliche Blattgrün (Chlorophyll) vor dem zerstörerischen Licht zu schützen, das auf die Salzseen niederbrennt. Das Blattgrün selbst, das Chlorophyll, hatten ihre fernen Vorfahren, die urzeitlichen Cyanobakterien, bereits vor mehreren

Milliarden Jahren entwickelt. Die Entwicklung von Chlorophyll ist gleichbedeutend mit der Erfindung der Photosynthese. Diese setzt Sauerstoff frei. Daher verdanken wir den
Cyanobakterien den freien Sauerstoff in der Luft. Er ist die
Grundlage unseren und allen tierischen Lebens. Früh schon,
in grauer Vorzeit, wurden frei lebende Cyanobakterien von
anderen Organismen aufgenommen und nicht, wie das Millionen von Jahren lang üblich war, gleich verdaut, sondern
im Innern der Zellen am Leben gehalten. Es entwickelte sich
daraus eine Partnerschaft. Von dieser stammen alle grünen
Pflanzen ab. Die »Körnchen«, die in unserer gesamten
Pflanzenwelt das Blattgrün in sich tragen, sind nämlich sym-
biotische Cyanobakterien. Auch manche Tiere versuchten
sich in der Aufnahme solcher Helfer, wie zum Beispiel der
grüne Süßwasserpolyp (*Chlorohydra viridissima*) und manche Korallentiere. Sie waren aber bei weitem nicht so erfolgreich wie die Vorfahren der Pflanzen mit ihren Blaugrünal-
gen, den Cyanobakterien.

Der Grund, dies zu betonen, liegt in der Lichtempfind-
lichkeit des Blattgrüns. Zu viel oder zu starkes Licht beschä-
digt das große, komplex gebaute und unserem roten Blut-
farbstoff (dem Hämoglobin) sehr ähnliche Molekül. Dort,
wo im Zentrum des Hämoglobins ein Eisenatom sitzt und
das »Rot« des Bluts erzeugt, befindet sich im Chlorophyll
ein Magnesiumatom. Es verursacht die grüne Farbe. Blutrot
und Blattgrün sind einander im Aufbau also sehr ähnlich –
und durchaus ähnlich empfindlich. Auch das in uns und in
den Körpern anderer Tiere vorhandene Blut braucht Lichtschutz. Da es im Körper fließt, reicht das Fell als Schutz. Ist
solches, wie bei uns Menschen, nicht vorhanden und wird
die Haut starkem Licht ausgesetzt, bildet der Körper braune
bis schwarze Schutzstoffe, die Melanine. Sie tönen die Haut
mehr oder weniger dunkel. Ihrer Wirkung entsprechen bei
den Pflanzen und den Cyanobakterien rote oder bräunliche

Farbstoffe. Manche von ihnen eignen sich besonders gut, die sogenannten freien Radikale, die im Stoffwechsel entstehen, aufzunehmen und unschädlich zu machen. Als Antioxidantien verhindern sie, dass freie Radikale lebenswichtige Stoffe angreifen und zerstören. Die Carotine gehören zu dieser Gruppe von Farbstoffen. Ihre Vorstufen, die Carotinoide, schützen insbesondere das Blattgrün und den mit der Photosynthese verbundenen, komplexen Chemismus. In der extremen Umwelt der alkalischen Salzlagunen, in denen das flache Wasser tagsüber häufig auf 40 Grad Celsius und mehr aufgeheizt wird und zudem sehr starker Sonneneinstrahlung ausgesetzt ist, benötigen die Cyanobakterien besonders guten Lichtschutz. Sie erzeugen entsprechend viel Carotinoide. Die Flamingos nehmen diese mit der Nahrung zu sich; die Zwergflamingos direkt aus der *Spirulina*, die Rosaflamingos indirekt mit den Kleinkrebschen. Denn auch die Krebschen, von denen hauptsächlich die Rosaflamingos leben, sammeln Carotinoide in ihren Körperchen an, weil auch sie sich von Cyanobakterien und Mikroalgen ernähren. Die direkt von den Produzenten der Carotinoide, den Cyanobakterien, lebenden Zwergflamingos bekommen größere Mengen Carotinoide ab als die Flamingos, die Kleinkrebse aus der Salzlake filtern. Daher sind die Zwergflamingos am rötesten.

Alle Flamingos nehmen die Carotinoide mit ihrer Nahrung auf. Intensiv farbig werden diese Stoffe erst, nachdem sie in der Leber der Vögel zu Canthaxanthin umgebaut worden sind. Das ist der eigentlich rote Farbstoff. Die Flamingos lagern ihn in den Federn ab, und zwar insbesondere in solchen, die schnell wachsen und wenig oder kein Melanin eingelagert bekommen, weil sie nicht so hart werden müssen. Der schwarze Farbstoff, das Eumelanin, ist notwendig, um den Federn genügend Festigkeit zu geben. Die großen Schwungfedern an Arm und Hand, die im Flug den stärksten Belastungen ausgesetzt werden, sind daher schwarz. Die

Einlagerung des roten Farbstoffs ins Gefieder kommt einer Entsorgung von Überschuss gleich, der sich im Körper angesammelt hat. Der Weg der Ausscheidung führt nicht über Darm und Nieren, die damit nicht belastet werden, sondern über die Haut. Federn sind Hautgebilde, totes Material. Bei der Mauser werden sie abgeworfen und erneuert. Das Übermaß an Carotinoiden belastet so den Stoffwechsel nicht. Sie werden regelmäßig entsorgt, ohne den Abbau im Stoffwechsel in Anspruch zu nehmen. Beträchtliche Mengen der Carotinoide werden zwar vom Körper gebraucht, aber bei weitem nicht so viel, wie mit der Nahrung aufgenommen wird.

Am meisten Carotinoide benötigen die Weibchen. Sie beschicken damit den Dotter ihrer Eier. Deshalb ist dieser (rot)gelb gefärbt. Die Carotinoide schützen den sich entwickelnden Embryo im Ei in vergleichbarer Weise wie das Immunsystem der Mutter den Fötus im Mutterleib. Doch da das Ei nicht mehr mit dem mütterlichen Körper verbunden, sondern ganz auf sich allein gestellt ist, muss es alles enthalten, was eine ungestörte Entwicklung benötigt. Im Ei lebt der Jungvogel in einem abgeschlossenen Universum. Erst mit dem Schlüpfen wird eine Unterstützung durch die Mutter oder beide Eltern, wie bei den Flamingos, möglich. Verlässt das Junge das Ei, tritt es, wie geschildert, in eine zweifellos sehr harte Umwelt ein. Darin herrschen große Hitze, hoher Salzgehalt im Wasser der unmittelbaren Umgebung und massive Infektionsgefahr, weil so viele Artgenossen auf engstem Raum in der Brutkolonie beisammen sind. Sie können einander leicht mit Krankheitserregern anstecken. Als Nahrung erhält das Junge der Flamingos eine blutartige Flüssigkeit, die deshalb blutrot aussieht, weil sie weitere Carotinoide enthält. Solange es noch wächst, werden diese offensichtlich aufgebraucht, denn das Gefieder der Küken bleibt grau, bis sie anfangen, die an Carotinoiden so reiche

Nahrung selbst aufzunehmen. Erst dann kommt allmählich das Übermaß an rotem Farbstoff zustande, der nun ins Gefieder abgelagert wird. Blutrote Schnäbel und Beine, zumindest an den stärker durchbluteten Gelenkbereichen sowie das kräftige Rot an den Flügeln, das bei der Balz präsentiert wird, signalisieren den Partnern den Gesundheitszustand. Darin drücken sich Eignung und Bereitschaft zum Brüten aus. Die Intensität der roten Färbung besagt, dass genügend Proteine für die Fortpflanzung gespeichert sind. Das Schütteln der hoch gereckten, großenteils blutroten Schnäbel vor den Augen der anderen bekräftigt den guten Gesundheitszustand. Gruppe um Gruppe steigert sich nun hinein in die Stimmung, die schließlich die allgemeine Brutbereitschaft auslöst. Das flammende Rot wirkt also tatsächlich und ganz direkt daran mit, dass bald wieder neue Phönixe aus der »Asche« der grauen Salzpfannen aufsteigen.

In Zoologischen Gärten gehaltene Flamingos verblassten nach der Mauser, wenn ihre künstliche Nahrung nicht genügend Carotinoide enthielt. Sie waren in diesem Zustand nicht zum Balzen und Brüten zu bewegen. Der Mangel konnte, wie erkannt wurde, leicht behoben werden. Flamingos lassen sich mit entsprechender Fütterung fast beliebig heller oder dunkler rot einfärben. Ein Rosaflamingo, der jahrelang an den Stauseen am unteren Inn, also in reinem Süßwasser lebte, war schließlich kaum noch von Schwänen zu unterscheiden, wenn er bis zum Bauch im Wasser stand und Kopf und Hals eintauchte. Er überstand die Winter, flog gut und gab keinerlei Anzeichen von schlechter Kondition. Was ihm zum Leben genügte, hätte zur Fortpflanzung jedoch nicht gereicht. Doch auch das prächtigste Rot tut es allein nicht, um bei einem Paar die Bereitschaft zum Brüten auszulösen. Flamingos brauchen die Stimulation durch die Gruppe. Sie führt zur Gleichschaltung der Massen und garantiert so den gelegentlichen Bruterfolg. Sind die Artgenossen noch nicht so weit wie einzelne Paare, warten diese, bis allgemeine Brutstimmung aufgekommen ist. Flamingos sind trotz dieser besonderen Umstände nicht sehr gefährdet. Bruterfolge muss es bei ihnen nicht jedes Jahr geben. Sie leben lange genug; zwei Jahrzehnte und länger. Kommt es zu alljährlichen Bruten, wie in den letzten Jahrzehnten in der Camargue, wächst der Bestand beträchtlich an. Den beiden Flamingoarten Afrikas und Eurasiens geht es gegenwärtig gut. Ihr Überleben ist nicht gefährdet, wie bei so vielen anderen Vogelarten. Ein Fünftel des Artenbestandes der Vögel der Erde steht in den Roten Listen der gefährdeten Arten. Die meisten Großvögel Afrikas sind seltener als die Flamingos. Auch in der Karibik sind ihre Bestände gesichert. Lediglich die beiden Flamingoarten der Andenhochfläche von Peru, Bolivien und Nordchile könnten durch Verschlechterung ihrer Lebensbedingungen und Verluste an Lebensraum in Gefahr geraten, weil sie keine Ausweichmöglichkeiten haben. Sie sind gleichsam Gefangene ihrer Hochfläche in den Anden, vermutlich seit es diese gibt. Ihren Verwandten in Afrika steht hingegen neben Südeuropa auch Asien offen. Davon später mehr. Wenden wir uns nun aber ihren menschlichen Namensvettern zu.

Das Rot der Phönizier

Die Namensähnlichkeit von Phönix und Phönizier ist so groß, dass es, so möchte man meinen, Zusammenhänge geben muss. Haben sie etwas miteinander zu tun? Formal auf jeden Fall. Der griechische Wortstamm ist für beide der gleiche und meint wohl auch das Gleiche. Das rätselhafte Volk der Phönizier siedelte rund ein Jahrtausend vor der

Zeitenwende an den östlichen Küsten des Mittelmeeres. Ihre bedeutendsten Städte waren Byblos, Tyros und Sidon im heutigen Libanon. Sie gelten als ein semitisches Volk. Als ausgeprägte Seefahrer hielten sie sich bemerkenswert unabhängig vom Hinterland. Sie waren und blieben dem Meer zugewandt. Tyros war unter diesen Stadtstaaten in der Zeit zwischen 1000 und 770 v. Chr. die führende Macht. Hauptstadt eines geschlossenen Phönikerreichs wurde es dennoch nicht. Die Phönizier ähnelten darin den Griechen. Auch diesen ging die Eigenständigkeit der Städte, der *Poleis*, über alles. Die Phönizier dehnten ihre Handelsbeziehungen rasch über fast den gesamten Mittelmeerraum bis weit nach Westen aus. Sie kamen ziemlich sicher in den Atlantik und erreichten wahrscheinlich die Kanarischen Inseln. Ihre berühmteste Gründung am westlichen Mittelmeer war Karthago. Den Phöniziern verdanken wir die Urform unseres Alphabets.

Sie selbst benannten sich jeweils nach der Stadt, aus der sie kamen. Sidonier, wenn sie aus Sidon waren, Karthager als Bewohner ihres großen Stützpunktes Karthago. Bei den Römern hießen diese Punier. Doppeldeutig meinte diese Bezeichnung ›die Strafenden‹ wie auch die (von den Römern) zu Bestrafenden. »Ceterum censeo Carthaginem esse delendam« bekräftigte bekanntlich der römische Senator Cato Censorius in seinen Reden 150 v. Chr. die Notwendigkeit der Vernichtung Karthagos vor dem Dritten und entscheidenden Punischen Krieg. Auch wenn dieser Ausspruch historisch nicht wirklich gut gesichert ist, so kann es doch keinen Zweifel geben, was die Römer für ein Ziel verfolgten. Sie wollten sich mit der Zerstörung Karthagos der gefährlichsten, auf zahlreiche Hafenfestungen verteilten Seemacht entledigen und dadurch ungehinderten Zugang zu den hinter Karthago liegenden »Kornkammern« bekommen. Dieser Befund wird bei der abschließenden Betrachtung des

Phönix einen nicht unwesentlichen Baustein für das Mosaik
abgeben, aus dem ein Bild entstehen soll. Und halten wir
fest, dass die Römer die Karthager nicht Phönizier nannten.
Auch bei den Ägyptern ihrer Zeit hießen die Phönizier
nicht so, wie die Griechen sie nannten, sondern ganz anders,
nämlich Fenchu. Eine sprachliche Ähnlichkeit mit der altägyptischen Bezeichnung Benu für den Phönix drängt sich
auf. Möglicherweise täuscht sie. Denn die zu Fenchu ge-
hörige Hieroglyphe der Ägypter wird als »Baumfäller« interpretiert. Durchaus plausibel. Die Phönizier nutzten die
Baumbestände im Libanon, die berühmten Zedern, zur
Herstellung ihrer Schiffe und zum Handel mit Schiffsbau-
holz. Der griechischen Mythologie zufolge war der für die
Phönizier den Namen gebende Phoinix ein Bruder von Europa und Stammvater dieser levantinischen Seefahrer. Mit
der Bezeichnung für Rot verträgt sich diese Deutung durchaus, wie sich gleich zeigen wird. Herodot zufolge waren
die Phönizier vom Persischen Golf (!) über Kanaan an die
levantinische Küste gekommen. Sie errichteten dort ihre
Städte, eroberten aber das Hinterland in keinem nennenswerten Umfang. Sie betätigten sich von ihren neuen, rasch
florierenden Stützpunkten aus nur als Seefahrer. Ihre besonderen nautischen Künste überraschen. Sie sind schwer er-
klärlich für ein Volk, das vorher lange im Inland (Kanaan)
oder, archäologischen Funden zufolge, auf der Halbinsel Sinai gelebt haben soll. Die biblische Genesis stuft den Urva-
ter der Sidonier, Sidon, als Sohn Kanaans ein. Demnach
war Sidon ein Enkel Noahs und Kanaan dessen Sohn
Cham. Dieser Name bedeutete im Phönizischen »rot«. Die
Phönizier waren also sowohl ihrer Herkunft gemäß als
auch in der Bezeichnung der Griechen ganz wie der Phönix
mit Rot verbunden. Sie waren »die roten Seefahrer«.
Die altägyptische Hieroglyphe *Fenchu* enthielt bezeichnenderweise nicht nur die Zeichen für Baum (Blatt, Stamm)

und Baumfällen, sondern daneben eine Schnecke, die über dem Wasser (übers Meer) kriecht. Auf sie kommt es an.

Denn die Phönizier gewannen das für sie bezeichnende Rot aus Purpurschnecken, vorwiegend aus der Echten Purpurschnecke (*Murex* (*Trunculariopsis*) *trunculus*) und dem Brandhorn, auch Herkuleskeule genannt, (*Murex* (*Bolinus*) *brandaris*). Beide Purpurschnecken, die vom Mittelmeer bis in den Atlantik verbreitet sind, hatte Linné 1758 bereits gekannt und wissenschaftlich benannt. Seit der Antike spielt die Purpurfärbung von Stoffen eine besondere Rolle. Sie soll die Phönizier reich gemacht haben. Dieses Rot ist jedoch in der lebenden Schnecke nicht sichtbar. Es tritt auch nicht sogleich auf. Die Schnecke muss erst entsprechend, und zwar verhältnismäßig kompliziert, behandelt werden. Quelle der Färbung ist der gelbliche Schleim einer Drüse in der Mantelhöhle der etwa acht Zentimeter großen Schnecken. Plinius der Ältere beschrieb um etwa 50 n. Chr. die Herstellung in seiner ›Naturgeschichte‹, einem zur damaligen Zeit sehr bekannten und hochgeschätzten Werk. Den lebenden Schnecken, die man vornehmlich in Reusen gefangen hatte, wurde die Drüse entnommen. Nachdem man diese zerquetscht, drei Tage lang in Salz eingelegt und anschließend zehn Tage gekocht hatte, gab man das zu färbende Gewebe in die Brühe, durchtränkte den Stoff und hing ihn dann im Freien zum Trocknen auf. Durch die Einwirkung der Sonne entwickelte sich je nach Grad der Einfärbung ein Spektrum von Grün über Blau und Violett bis hin zum tiefen Rot und dunklem Purpur. Die benötigten Schneckenmengen waren gewaltig: Etwa 8000 Schnecken ergaben ein Gramm an konzentriertem Farbstoff. Diese Menge kostet gegenwärtig etwa 2000 Euro.

Purpur war die teuerste und von den Mächtigen begehrteste Farbe. Der Purpurmantel sollte höchste Macht zum Ausdruck bringen. An der Schwelle zur Neuzeit, im Jahre

1468, führte der Papst den Purpur als Würdezeichen der Kardinäle ein. Von den Purpurschnecken stammte die edle Farbe damals allerdings zumeist nicht mehr. Über ein Jahrtausend lang war ihre Herstellung aus Purpurschnecken in Vergessenheit geraten. Im Oströmischen Reich hielt sich die Verwendung von Purpur am längsten. Byzanz lag der ursprünglichen Quelle einfach weit näher als Rom, das mittelalterliche Zentrum des Heiligen Römischen Reiches. Bereits seit der frühen Neuzeit, verstärkt im 17. und 18. Jahrhundert, lösten andere Farbstoffe wie Indigo den Schneckenpurpur ab. Mit diesem ist Indigo chemisch tatsächlich nahe verwandt. Denn was aus der Schneckendrüse gewonnen wird, stellt eine nur leicht veränderte Form von Indigo (nämlich 6,6 Dibrom-Indigo, so seine chemische Bezeichnung) dar. In den Benzolringen sind nur zwei Wasserstoffatome durch Brom ersetzt. Zwei Umstände, die gewiss nicht nebensächlich sind, erklärt diese Geschichte jedoch nicht: Woher kannten die Phönizier die Gewinnung von Purpurfarbe aus Meeresschnecken und warum wurden sie nicht danach benannt? Purpur hieß nämlich im Altgriechischen *porphyra*, nicht *phoinixos*. Warum hießen dann »die Roten« wie der Phönix und nicht wie der Purpur?

Der Entdeckungsmythos des Purpurs

Die Entdeckung des Purpurs geschah einer altgriechischen Legende nach folgendermaßen: Ein Hund fraß am Strand eine Meeresschnecke. Seine Schnauze verfärbte sich daraufhin rot. Der Hirte hielt das für Blut und wollte es wegwischen, sah aber, dass es eine Farbe war. Sie musste von der Schnecke stammen, die daraufhin näher untersucht wurde.

So entdeckten die Phönizier das Geheimnis des Purpurs, das sie für ihre Zwecke nutzten und sorgfältig hüteten. Die Geschichte klingt zu banal, um glaubhaft zu sein. Meeresschnecken wurden seit uralten Zeiten im Flachwasser gesucht und gegessen. Große Mengen von Muschelschalen und Gehäusen von Meeresschnecken zeugen davon an den Küsten vom Mittelmeer bis zum Nordmeer, wo die Muschelhaufen Kjökkenmöddinger (dänisch für Küchenabfälle) genannt worden waren. Auf der anderen Seite des Atlantiks, in Brasilien, sind sie als Sambaquís bekannt. Die beiden Hauptarten zur Purpurgewinnung, die schon genannte Purpurschnecke und die Herkuleskeule oder das Brandhorn, kommen an den Küsten des Mittelmeeres bis zum Atlantik weit verbreitet vor. Sie leben in wenigen Metern Wassertiefe auf schlickigem, verschlammtem Felsgrund und in Seegraswiesen. Sie sind »räuberisch«, greifen also andere Weichtiere an, bevorzugen aber tote Tiere als Nahrung. Mit Kadavern lassen sie sich in Reusen locken und ködern. Nicht die Schnecken sind also das Problem, sondern die Gewinnung des Stoffes aus ihren Drüsen, der an der Luft und durch Lichteinwirkung zu grüner, blauer und roter bis tief purpurblauer Farbe umschlägt. Sehen wir uns dazu die allerdings nach wie vor recht unklare Herkunft der Phönizier noch etwas genauer an – soweit das geht. Könnten sie doch irgendeine wichtige Beziehung zu den Flamingos gehabt haben?

Falls es zutrifft, dass sie vom Sinaigebiet an die Küste des Libanon gekommen waren, lebten sie, zumindest für längere Zeit, in der direkten Nachbarschaft des Nildeltas. Wie bereits betont, ist es kaum vorstellbar, dass sie aus dem Landesinneren ans Meer gekommen sind und gleich danach oder in kürzester Zeit so hervorragende Seefahrer wurden, dass sie in ihren nautischen Fertigkeiten den Griechen Konkurrenz machten und sie sogar übertrafen. Im Landesinneren hätten sie, wie die Stämme Israels, Hirtennomaden und

Ackerbauern gewesen sein müssen. Die oben skizzierte Vorgeschichte der Phönizier als Semiten aus Kanaan passt überhaupt nicht zu ihrem Verhalten. Sie suchten nach den besten Häfen, nicht nach Acker- oder Weideland. Um das Hinterland kümmerten sie sich, abgesehen von den Zedern zum Bau ihrer Schiffe, nahezu gar nicht. Daraus ist zu schließen, dass sie schon vor ihrer Ankunft am Fuß des Libanon Seefahrer gewesen waren. Herodot meinte, sie wären vom Persischen Golf gekommen, ohne das näher begründen zu können. Ziehen wir diese Möglichkeit in Betracht, wirft sie die Frage auf, welchen Weg die Vorfahren der Phönizier von dort ans Mittelmeer genommen haben könnten. Der direkte Weg hätte durch großenteils wüstenhaftes Gelände geführt, das für Seeleute alles andere als einladend gewesen wäre. Aus oder über Kanaan seien sie ans östliche Mittelmeer gekommen, so die nähere Präzisierung. Im Altertum war Kanaan jedoch kein genauer umrissenes Gebiet. Es grenzte südwestlich an Syrien und reichte an der Küste bis Ägypten. Später, nach den Angriffen der rätselhaften Seevölker, vor allem aber unter römischer Herrschaft, bürgerte sich die Bezeichnung ›Palästina‹ (*Peleset*) für die Region ein. Sie war Ägypten hinreichend nahe gerückt. Somit müssen die Phönizier keineswegs auf dem Landweg vom Persischen Golf ans östliche Mittelmeer gekommen sein. Für Seefahrer weit besser geeignet und plausibler wäre ihre Ausbreitung entlang der Küsten Arabiens hinein ins Rote Meer und von dort über die Suez-Senke zum Mittelmeer gewesen, auch wenn das nach einem großen Umweg aussehen mag. Aus der Suez-Senke an der Halbinsel Sinai gibt es archäologische Funde, die mit den Phöniziern in Verbindung gebracht werden.

Wir erfahren noch mehr, wenn wir uns dem Roten Meer zuwenden. Der Pharao Necho II., der von 610 bis 595 v. Chr., also in phönizischer Zeit regierte, hatte einen Kanal vom Roten Meer zum Mittelmeer bauen wollen. In den vier Jahren Bauzeit von 600 bis Ende 596 v. Chr. ließ sich jedoch das durch den Wadi Tumilat zum Nil führende Bauwerk nicht vollenden. Necho II. starb im Februar 595 v. Chr. Damit erlebte er nicht mehr, was er auch in Auftrag gegeben hatte: die Umschiffung Afrikas durch phönizische Seefahrer. Sie fand zwischen 596 und 594 v. Chr. statt. Bezeichnenderweise nahmen die Phönizier aber nicht den Weg nach Westen. Sie fuhren südwärts durch das Rote Meer, umsegelten Afrika mit dem Passatwind von Osten her und kehrten durch die Säulen des Herkules (Gibraltar) übers Mittelmeer zurück. Das bedeutet, dass die Phönizier das Rote Meer und die angrenzenden Gewässer des Indischen Ozeans sehr wohl schon gekannt hatten, sonst hätten sie diesen Weg wohl kaum genommen, sondern sich zuerst den bekannten nordafrikanischen Küsten entlang bewegt.

Betrachten wir nun den Namen des Roten Meeres. Aller Wahrscheinlichkeit nach hieß es schon im Altertum so. Erste Hinweise gibt es dazu aus Persien. Die iranischen Achaimeniden nannten ein viel größeres, nämlich das aus ihrer Sicht im Süden liegende Meer das Rote Meer. Es umfasste den Persischen Golf und die angrenzenden Teile des in seiner Ausdehnung noch weitestgehend unbekannten Indischen Ozeans. Die Bezeichnung wurde gewählt, weil rot für den Süden stand. Entsprechend erhielt das ›nördliche Meer‹ die Bezeichnung Schwarzes Meer. Herodot benutzte diese Benennung und schrieb vom Roten Meer in Bezug auf den Persischen Golf, das ›arabische Meer‹. Dessen Fortsetzung reichte über das Rote Meer unserer Benennung bis Suez. So die eine der drei Erklärungen zum Namen des Roten Meeres. Die zweite geht von der Landesnatur aus, so wie sie sich auch in der Gegenwart darstellt. Der rote Sandstein, der weite Teile Oberägyptens kennzeichnet, soll Pate gestanden haben für die Benennung. Das (alt)griechische Wort dafür war aber ›Erithrea‹, abgeleitet von *erithros* = rot. Eritrea ist

heute ein eigener Staat zwischen Äthiopien und dem Roten
Meer. Eine dritte Version klingt eher noch unwahrscheinlicher. Sogenannte Blutalgen, Cyanobakterien der Art *Tricho-
desmium erythraeum*, hätten das Wasser dieses schmalen
Meeres zwischen Afrika und der Arabischen Halbinsel immer wieder rot gefärbt und so zur Bezeichnung Rotes Meer
geführt. Diese Variante würde zwar eine Verbindung zu den
Flamingos und zum Phönix herstellen. Aber betrachten wir
noch eine vierte, denn sie vermittelt eine viel direktere Verknüpfung mit den Phöniziern. In vorrömischer Zeit lebte
ungefähr im Gebiet des heutigen Jemen ein Volk, das Himajaren genannt wurde. Es beherrschte den südwestarabischen
Raum. Himajar leitet sich ab von *chumr*. Damit treffen wir
wieder auf den (biblischen) Stammvater *Cham*. Beides heißt
rot. Also gab es »die Roten« damals gegenüber dem Horn
von Afrika in Südwestarabien am Roten Meer, das wohl
mit Fug und Recht nun als ihr Meer bezeichnet werden
kann. Von dort stammt zudem das seit jenen Zeiten bekannte und im »phönizischen Raum« zum Färben von Gesicht
und Händen benutze Henna (von *Lawsonia inermis*). Es
galt als Heilmittel gegen Lepra und verschiedene andere
Hautkrankheiten bis hin zur Behandlung von eiternden Ge-
schwüren. In den arabischen Kulturen sollte es vor dem
»bösen Blick« schützen. Die Phönizier benutzten anscheinend die Farbe der Purpurschnecke ganz ähnlich zum Färben des Gesichts. Waren sie und die anderen, möglicherweise mit ihnen verwandten Völker am Roten Meer deshalb
»die Roten«? Wussten sie um Zusammenhänge, die zum
Kommen und Verschwinden des Phönix führten?

Aller Wahrscheinlichkeit nach waren die Phönizier nicht
übers Land ans östliche Mittelmeer gekommen. Schon vor
ihrem Eintreffen am Fuß des Libanon waren sie Seefahrer.
Wenn sie über das Rote Meer gekommen sein sollten, gelangten sie zwangsläufig zuerst an die Halbinsel Sinai. Diese

wurde, wie oben dargelegt, in jener Zeit dem nicht genau festgelegten Land Kanaan zugerechnet, dessen Name sich auf die semitische Abstammung der Bewohner und nicht auf ein bestimmtes Gebiet bezogen hatte. In nächster Nähe ihres ersten Auftretens am Mittelmeer, im Nildelta oder auf den Salzseen der Senke von Suez, befanden sich sicherlich die am besten geeigneten Plätze für das Brüten von Flamingos und nicht etwa direkt am Süßwasser führenden Nil weiter flussaufwärts in Mittel- oder Oberägypten. Im Nildelta und seiner Umgebung könnte der Mythos des Phönix zustande gekommen sein. Dort gab es die flachen Lagunen mit hohem Salzgehalt. Phönix bedeutet nicht nur *phoinos* (= blutrot). Mit *phonos* = Mord und mit *phoneuo* = töten ist der Begriff mit mehr verbunden als mit einer besonderen Farbe. Im Mythos des Phönix stecken Blut und Feuer, nicht der Purpur allein – wenn überhaupt. Sein *porphyros* benennt die Phönizier nicht. Kamen sie über die Flamingos zum Purpur oder gab es ihr *phoinos* schon vor der Entdeckung der nobelsten aller Farben? Sind die Rätsel von Phönix und Phöniziern miteinander verknüpft? Es gibt die Ansicht, die Phönizier hätten nicht nur Afrika umschifft, sondern sie wären bis nach Amerika hinübergekommen und hätten Kenntnisse aus der altweltlichen Antike in die Neue Welt getragen. Den Bau von Pyramiden zum Beispiel und wie man Jahreszeiten anhand von Sternbildern bestimmt. Man hat angenommen, dass das erst vor wenigen Jahrhunderten ausgestorbene Volk der Guanchen, das auf den Kanarischen Inseln lebte, also direkt am Seeweg nach Südamerika, von den Phöniziern abstammt. Rund 1000 v. Chr. sollen sie dorthin gekommen sein. Wie dem auch sei, für die Flamingos ist die Atlantiküberquerung Tatsache; für die Phönizier bleibt sie Spekulation. Was könnten diese Seefahrer mit den Flamingos zu tun gehabt haben, dass sich ihre Namen so sehr gleichen? Noch sind die Befunde nicht schlüssig genug.

Deutung und Bedeutung des Phönix

Lassen wir die diversen Feststellungen Revue passieren. Wo sind Lücken? Wo gibt es Unstimmigkeiten? Der Phönix kam zur Entstehungszeit seines Mythos in Griechenland nicht vor. Er muss auch in der Folgezeit unbekannt geblieben sein, sonst hätte es Korrekturen und Präzisierungen an seinem Bild gegeben. Kernstück seines Vorkommens war Ägypten. In abgewandelter Form verbreitete er sich in Richtung Persien und darüber hinaus bis China, wo er, wie eingangs bereits angedeutet, Feng Huang genannt wurde. Nach Westen hin kam nichts Vergleichbares zustande. Die Römer hatten keinen Anlass, den Namen ihrer Sprache anzupassen. Nur nach Süden, in die arabisch-ostafrikanische Welt, verweisen die Spuren, die sich aus seinem Namen und den »Roten Völkern« ergeben. Bedeutung hatte der Phönix offenbar nur in Ägypten. Dort wurde sein Ei zur Ermöglichung der Wiedergeburt in den Tempel von Heliopolis gebracht. Diese sagenhafte Stadt lag am Nildelta. Aus Oberägypten gibt es anscheinend keine konkreten Hinweise auf die Bedeutung des Benu.

Aus den klassischen Angaben zu seiner Natur identifizierte ich den Benu beziehungsweise Phönix als Flamingo. Diese Deutung ist nicht neu. Sie liegt auf der Hand. Flamingos passen mit all ihren Eigenschaften bestens. Doch die Interpretation hat Schwächen. Flamingos gibt es rund ums Mittelmeer. Auch wenn sie, wie ausgeführt, gegenwärtig viel regelmäßiger als in früheren Zeiten in dieser Region brüten, können sie nicht wirklich »neu« sein. Waren Flamingos den Römern bekannt? Zweifellos, denn Flamingozungen galten als besonderer Leckerbissen bei den reichen Römern. Flamingos wurden auch als Zeichen von Luxus in den Gärten nobler Römer gehalten. Kaiser Caligula weihte sich am Tag vor seinem Tode durch Besprengen mit Flamingoblut.

Die Römer wussten auch, dass der Flamingo in Afrika vorkam, sich stets am Wasser aufhielt und einen so merkwürdig
geformten Schnabel hatte, dass er nur mit eingetauchtem
Kopf trinken konnte. Einen römischen Namen oder eine Bezeichnung aus Afrika hatte er jedoch nicht. Sie übernahmen
den griechischen Namen mit latinisierter Endung Phoenicopterus. Brutkolonien kannten sie also möglicherweise
doch nicht, so dass ihnen jener Teil der Lebensgeschichte
verborgen blieb, der mit dem Verbrennen und der Wiederauferstehung verbunden ist. Auch im hellenistischen Griechenland gab es wohl, wie auch gegenwärtig, Flamingos an
manchen Küsten, aber ziemlich sicher keine Brutkolonien.
Aristophanes hatte den Vogel als seltenen Küsten- und Seen-
besucher mit schönem roten Gefieder beschrieben und so
treffend *Phoinikopteros* (= phönixfarbener Flügel, Rotflügel) genannt, dass diese Bezeichnung auch in die wissenschaftliche Namensgebung zweieinhalb Jahrtausende später
einging. Heliodorus unterschied (!) den *Phoinikopteros* vom
Phönix und verwies darauf, dass der »Rotflügel« ein Vogel
des Nildeltas sei. Somit kannten die Alten Griechen sehr
wohl den Flamingo.

Es wurde also schon früh spekuliert, dass es sich beim
Phönix um einen anderen Vogel als den Flamingo gehandelt
hatte. Benu glich auf altägyptischen Darstellungen zudem
eher einem Reiher als einem Flamingo. Sein Gefieder konnte auch blau getönt (!) sein und Partien von Gold aufweisen.
Einen Goldfasan (*Chrysolophus pictus*) aus China darin erkennen zu wollen ginge am Kern des Phönix jedoch vorbei.
Keine der übrigen, insbesondere der ihn so bezeichnenden
Eigenschaften des Verbrennens und der Wiederaufersteh-
hung, lässt sich auch nur im Entferntesten mit dem Goldfasan in Verbindung bringen. Dazu passen allemal nur die
Flamingos. Den historischen Berichten zufolge trat der Phönix in sehr großen Zeitabständen auf, die offenbar auf das

ägyptische Sonnenjahr bezogen waren. Wenn er kam, begleiteten ihn viele (andere) Vögel. Auch das langjährige Fernbleiben deutet auf Flamingos. Warum sollte dieser unstete Vogel aber nur in Ägypten so bedeutungsvoll gewesen sein, dass der Mythos vom Phönix entstand, im westlichen Mittelmeerraum aber nicht?

Ich will nun einen Erklärungsversuch anbieten, der die Unstimmigkeiten ausräumt, Verbindungen bis nach China herstellt und einen weiteren Vogel mit in die Betrachtung einbezieht, der bislang offenbar übersehen worden ist. Kurz zusammengefasst lautet die neue Deutung wie folgt:

Die Alten Ägypter kannten den (gewöhnlichen) Flamingo, weil dieser im Nildelta vorkam. Es gab eine Hieroglyphe für ihn, die (purpur)rot bedeutete. Mit Benu meinten die Alten Ägypter ihn also vielleicht doch nicht so direkt, wie es zunächst scheint, sondern einen reiherartigen Großvogel aus Afrika, den es am Nil nicht gab. Die Beschreibungen des Benu passen am besten auf den Kronenkranich (*Balearica pavonina*). Dieser flog vom äthiopischen Hochland nach Unterägypten, wenn es im innertropischen Raum Afrikas extreme Niederschläge gegeben hatte. Mit ihm kamen die feuerroten Zwergflamingos und brüteten auf dafür geeigneten Salzlagunen in den Randbereichen des Nildeltas, wo sie zur Brutzeit die Hitze flammenartig »brennen« ließ. Sie hinterließen »ihre Asche« in Form der Schlammnester mit vereinzelten unbefruchteten Eiern. Massen von Zwergflamingos flogen zu Zeiten weiter bis an die Gestade des Arabischen Meeres am Persischen Golf und zu den Salzpfannen des Rann of Kutch an der Küste zwischen dem heutigen Pakistan und Indien. Sie und / oder Rosaflamingos, die kältere Nächte ertragen, suchten sogar zentralasiatische und westchinesische Salzseen auf, um dort zu brüten. Der Phönix und die Flamingos wurden so zu Zeichen für ganz besondere, sich selten einstellende Witterungsverhältnisse.

Für Kulturen entlang von Flussoasen waren sie von größter Bedeutung. Was die Flut am unteren (ägyptischen) Nil ist, das sind in Süd- und Ostasien die Wasser des Indus und der beiden großen Flüsse Chinas, des Huáng Hé / Hwangho (Gelber Fluss) und des Jangtsekiang. Der Mythos des Phönix ist mit diesen besonderen Witterungskonstellationen und ihren Folgen für die Landwirtschaft verbunden. Betrachten wir diese neue Deutung nun etwas genauer. Mehrfach ist Benu altägyptisch reiherartig dargestellt worden. Goldenes und auch blaues Gefieder wurden betont. Er trat »einzeln« oder als Paar auf. Er war groß, aber nicht überdimensional. Sein Aussehen war »königlich«. Und er kam sehr selten. Diese Angaben passen zum Kronenkranich, einem seltenen Brutvogel der Sumpfgebiete im Hochland von Äthiopien und weiter südwärts im tropischen Afrika. Der strohfarbene, »goldgelbe« Federbusch auf dem oberen Hinterkopf verleiht ihm ein »königliches« Aussehen. Der Schnabel ist kurz, die Wangen sind weiß, und ein roter Kehllappen setzt an der Kehle an. Ein Großteil des Gefieders glänzt blaugrau. Goldgelbe Schmuckfedern überdecken die äußeren Teile des großen weißen Flügelfeldes. Zum Schwanz hin werden sie rotbraun begrenzt. Das Schreiten der Kronenkraniche unterstützt den Eindruck von Würde. Vor allem im Flug geben sie laut klingende Rufe von sich. Sie leben paarweise in flachgründigen Sümpfen und auf offenen Flächen. Damit wären sie, falls sie bis Unterägypten geflogen sind, am ehesten im Delta zu sehen gewesen. Flamingos kannten die Ägypter. Aber auf altägyptischen Wandbildern wurden sie nur selten dargestellt. Darauf wies Joachim Boessneck, einer der besten Kenner der Tierwelt des Alten Ägyptens, nachdrücklich hin: »Flamingos, *Phoenicopterus ruber roseus*, fehlen in den Fang- und Vorführszenen und kommen als Hieroglyphe selten vor. Ihr Verbreitungsgebiet an den Küstenseen des Deltas liegt außerhalb des eigentlichen Zentrums, in dem die Wandbildszenen geschaffen wurden (…) Knochenabfälle vom Flamingo gibt es in größerer Zahl von Tell el-Dab'a« (aus der Zeit von 1800 bis 1500 v. Chr.). Eine Unterscheidung der beiden Flamingoarten ist nirgends ersichtlich. Die zugehörige Hieroglyphe passt jedoch zweifellos viel besser zum großen Rosaflamingo als zum grazileren Zwergflamingo. Dieser hätte durchaus gelegentlich zum Brüten ins Nildelta und noch weiter fliegen können, wenn die Salzseen im ostafrikanischen Grabenbruch durch außergewöhnlich starke Niederschläge zu stark ausgesüßt worden waren.

Dafür gibt es einen ganz konkreten Befund aus unserer Zeit: Zwergflamingos suchen tatsächlich gelegentlich den Rann of Kutch östlich der pakistanischen Stadt Karatschi in Indien auf. Sie können im Flug entlang der Küsten leicht dorthin gelangen. Sie müssen dazu, vom Rift Valley kommend, nur über die Danakil-Senke fliegen und auf der gegenüberliegenden Seite der Südküste der Arabischen Halbinsel folgen. Diese leitet sie direkt über den Persischen Golf zum östlichen Rand des Arabischen Meeres. Wenden sie sich am Roten Meer aber rechtwinklig zum Nordostpassat nordwestwärts, führt sie der Flug zum Nildelta. Auch für die Kronenkraniche wäre der Weg durch das Rift Valley die geeignete Route, aber als Landvögel würden sie größere Flugstrecken übers Meer meiden. Sie können vom äthiopischen Hochland den Blauen Nil zum Niltal folgen oder über das große Sumpfgebiet, den Sudd, auch direkt von Süden her den Weißen Nil entlangfliegen. Außergewöhnlich starke Niederschläge im tropischen Ostafrika wären für beide ansonsten miteinander nicht verbundenen Vogelarten der geeignete Auslöser für die außerordentlich weiten Wanderungen. Wie die starken Niederschläge zustande kommen, dafür bietet das in unserer Zeit entdeckte Phänomen des El Niño eine sehr passende Erklärung.

Ein besonders starker El Niño im Pazifik verursacht von Nordaustralien bis Borneo große Trockenheit. In Ostafrika aber kommt es zu gewaltigen Niederschlägen mit Überschwemmungen. Salzseen süßen aus. Savannen und flache Sümpfe, die Lebensräume der Kronenkraniche, werden überflutet. Der Nil führt nach solchen Regenfällen für ungewöhnlich lange Zeit mehr Wasser als in normalen Jahren. Da das riesige Sumpfgebiet des Sudd im Süden des Sudan, aus dem der Weiße Nil kommt, den Überfluss an Wasser speichert, verursachen die außergewöhnlichen Niederschläge in Ostafrika keine zerstörerischen Überschwemmungen in Ägypten. Sie garantieren vielmehr besonders gute Ernten durch viel Wasser. Das gemeinsame Auftreten der Flammenvögel und des geheimnisvollen Benu sollten die Alten Ägypter daher begrüßt und als besonderes Geschenk (des Himmels) betrachtet haben. Wie lange es dauern würde bis zur Wiederkehr des Benu/Phönix, das wussten sie nicht. Sie konnten es auch nicht berechnen, da die Zeitabstände zur direkten Beobachtung viel zu lang waren. Daher legten sie ihr astronomisches Jahr zugrunde und kamen so auf Hunderte von Jahren. Streichen wir bei den altägyptischen Zahlenangaben eine Null, fügen sich die Angaben in den Rahmen großer El-Niño-Ereignisse. Sehr starke gibt es gegenwärtig in Abständen von etwa 15 Jahren; Super-El-Niños durch Überlagerung der drei- bis siebenjährigen Grundzyklen nach 45 bis 105 Jahren. Genauere Forschungen, etwa an Korallen im Roten Meer, werden zeigen, ob es stark ausgeprägte Folgen solcher langfristiger Schwankungen der Niederschläge gegeben hat. So kam es in den 1970er Jahren zur großen Sahel-Dürre, die rund 20 Jahre andauerte, bis es wieder reichlicher regnete. Zwischen dem Gipfel der Niederschläge in den frühen 1950er Jahren und dem beginnenden Ende der Dürre vor der Jahrtausendwende liegen rund 45 Jahre. Nach Mondzyklen gerechnet, kommen die »Jahrhunderte« zustande, die bis zur Wiederkehr des Benu verstrichen sein sollen. Zwischen den großen El-Niño-Ereignissen stellen sich immer wieder Dürreperioden ein, die viel zu wenig Niederschlag bringen. Und da es dauert, bis die Wassermassen aus Ostafrika nilabwärts bis Unterägypten gelangen, durften die Vögel als sicheres Zeichen dafür gelten, dass besondere Fluten unterwegs waren. Folglich hatten die Alten Ägypter sehr wohl ihre Gründe, den Benu/Phönix besonders zu schätzen und ihn in ihre Mythologie einzubauen. Die anderen von den Winterregen abhängigen Regionen rund um das Mittelmeer waren davon nicht annähernd so betroffen. Die Griechen, die mit den Ägyptern in regem Austausch standen, übernahmen den Mythos und versuchten, ihn auf ihre Weise plausibel darzustellen. Für die Römer bedeutete er nichts. Flamingozungen ließ man sich schmecken, so diese Rarität zu erhalten war. Falls es Brutkolonien der Flamingos an den Küstenlagunen gegeben haben sollte, interessierten diese allenfalls, um an die begehrten Leckerbissen zu kommen. Schon über 3000 Jahre v. Chr. hatten steinzeitliche Menschen in Höhlen an der Küste Iberiens Flamingos gezeichnet; ganz ähnlich wie die San (Buschmänner) das in den Randgebieten der Namib an Felsen taten. Die San kannten die Flamingos von der Küste jenseits der Wüste. Doch dort wie am Mittelmeer taugen die klimatischen Verhältnisse nicht dazu, aus den Ansammlungen nistender Flamingos durch wabernde Luft ein Flammenmeer zu machen. Das Phänomen des Verbrennens und der zurückbleibenden Aschekegel stellt sich unter den klimatischen Bedingungen an den mediterranen Küstenlagunen, wenn überhaupt, eher selten ein. Für die Phönizier ist hingegen anzunehmen, dass sie die Flamingos, auch die Zwergflamingos, sehr wohl gekannt hatten. Vielleicht bemerkten sie, dass diese Vögel ihr besonderes Rot der Nahrung verdanken, die sie aufnehmen. Sie fanden ein flamingo-ähnliches Rot in den Mundöffnungen von Meeresschnecken, die es im küstennahen Flachwasser des Roten Meeres gibt. Sie untersuchten die Schnecken, um die Quelle zu finden, entdeckten die Drüse und kamen so dem Purpur auf die Spur. Es ist sicher kein Zufall, dass auch das Volk der Himajaren, aus dessen Name über Hmyr der Jemen wurde, »die Roten« genannt wurde. Die Danakil-Senke stellt die Drehscheibe dar für die Vögel und auch für die Menschen, die ins Rote Meer fahren und diesem den Namen gegeben haben. Kommt es darin, sicherlich auch bedingt durch ungewöhnliche Niederschläge, zur Massenvermehrung der »Blutalge«, bekräftigt das blutrote Wasser den uralten Zusammenhang.

Die zehn biblischen Plagen Ägyptens

»Und alles Wasser im Strom wurde in Blut verwandelt. Und die Fische im Strom starben, und der Fluss wurde stinkend, so dass die Ägypter das Wasser aus dem Nil nicht trinken konnten« (2. Mose 7, 20–21). So beschreibt das Alte Testament der Bibel die erste der zehn Plagen, die Ägypten heimsuchten. Starke Regenfälle im Hochland von Äthiopien verursachen Abschwemmungen von roter Erde, die das Nilwasser rotbraun färben, aber nicht giftig sind. Doch düngen sie das Wasser für Algen und Cyanobakterien so sehr, dass es zu Massenentwicklungen kommen kann, die im Jargon unserer Zeit »Wasserblüte« genannt werden. Was im 2. Buch Moses berichtet wird, fand im Nildelta statt, also dort, wo die Flamingos hinkommen und Salzwasser des Mittelmeeres ins Delta vordringt. Das sind beste Bedingungen zur Massenvermehrung sogenannter Blutalgen, die das

Wasser rot färben und vergiften, weil sie giftige Stoffwechselprodukte abscheiden. Als »Rote Flut« *(red tide)* sind solche Phänomene von verschiedenen Küsten bekannt. Auf die erste Plage folgten die Frösche. Ihre Kaulquappen entwickeln sich nicht im Salz- oder Brackwasser, sondern ausschließlich im Süßwasser. Da die nährstoffreiche Flut die kleinen »Aufwuchsalgen« begünstigte, die nicht giftig sind, gediehen sie ungleich besser als in Normaljahren und überschwemmten das Land, als sie ihre Umwandlung vom fischähnlichen Stadium zum Fröschchen vollendet hatten. In welch riesigen Mengen sie plötzlich überall an den Ufern sein können, erlebte ich Ende der 1990er Jahre am Neusiedler See auf der ungarischen Seite. Ein warmer Gewitterschauer war gerade niedergegangen. Da sah es plötzlich auf der Straße aus als ob es kleine Frösche regnen würde. Tausende und Abertausende hüpften wie große Tropfen über den Asphalt. Im Nu bildete sich eine schmierige Schicht toter Froschleiber, über die man kaum noch im Schritttempo fahren konnte, ohne ins Schleudern zu geraten. »Froschregen« gab es früher in Mitteleuropa häufig, wo Weidewirtschaft in den Flusstälern betrieben wurde, Tümpel und Teiche und ausreichend Dung vom Vieh vorhanden waren. Das von zahllosen Bewässerungskanälen durchzogene Flusstal des unteren Nils bot sicherlich beste Bedingungen für die Massenentwicklung von Fröschen als Reaktion auf das mit Nährstoffen der ungewöhnlich ergiebigen Nilfluten übermäßig gedüngte Wasser.

Den Fröschen folgten als dritte und vierte Plage außerordentliche Schwärme von Stechmücken und Stechfliegen – aus demselben Grund. Die Larven der Stechmücken entwickeln sich viel schneller als jene der Stechfliegen (Bremsen), so dass die Fliegenplage mit zeitlicher Verzögerung der Mückenplage folgte. Sie lösten als fünfte Plage ein schlimmes Viehsterben aus, hervorgerufen durch Krankheitserreger und auch,

weil Massen von Bremsen und Kriebelmücken das Vieh
wahnsinnig machten. Zwangsläufig wurden dann die Menschen davon ergriffen (sechste Plage).

Es ging weiter. Es regnete nicht mehr nur, sondern es bildeten sich Hagelstürme (siebte Plage), die schwere Verwüstungen auf den Feldern anrichteten. Inzwischen hatten sich
in den so ungewöhnlich bewässerten Halbwüsten in der
Umgebung des Niltals die Wanderheuschrecken vermehrt.
Als achte Plage fraßen sie auf, was der Hagel übrig gelassen
hatte. Derartige Wetterverhältnisse bedingen außergewöhnliche Luftdruckunterschiede. Aus ihnen gehen Stürme hervor; Staubstürme aus der Wüste hin zum Gebiet des plötzlich so niedrig gewordenen Luftdruckes. Die neunte Plage
verdunkelte den Himmel. Drei Tage hielt die Finsternis an.
Moses wusste wohl um die Hintergründe. Er hatte viele Jahre auf der Ostseite des Roten Meeres im Exil gelebt und dort
ganz andere Möglichkeiten, über die Seefahrer, die hinunter
zum Horn von Afrika und noch weiter gefahren waren, die
größeren Zusammenhänge zu erfahren. Er konnte das Geschehen gleichsam vorhersagen, weil es mit zwangsläufiger
Folge abläuft. Der (rote, die Sonne besonders verdunkelnde)
Staub stammte vom Feinstmaterial der roten Nilflut, die ein
Dreivierteljahr vorher den Anfang der Plagen gemacht hatte. Den Abschluss bildete die zehnte Plage mit dem Tod der
»Erstgeburt«, also aller Neugeborenen, die Milch erhielten.
Das deutet auf Vergiftungen hin, die sich in der Folge der
monatelang so widrigen Verhältnisse eingestellt hatten. Die
Milch von Ziegen und Rindern kann giftig werden, wenn
sie Pflanzen verzehren, die Giftstoffe enthalten. In den Hun-
gerzeiten früherer Jahrhunderte lösten in Mitteleuropa Vergiftungen mit Ackerschachtelhalm bei Rindern ein Verhalten aus, das an den Rinderwahn unserer Zeit erinnerte. Es
kann sich aber bei der zehnten ägyptischen Plage auch um
Botulismus-Vergiftungen gehandelt haben. Das Gift der un-

ter sauerstofffreien Bedingungen vornehmlich im Flachwasser (an dem die Tiere trinken) sich entwickelnden Bakterien namens *Clostridium botulinum* gehört zu den stärksten Naturgiften überhaupt. Ohne die Plagen, die im 2. Buch Mose recht genau beschrieben worden sind, im Einzelnen näher diskutieren zu wollen, geht aus dem Geschehen zweifelsfrei hervor, dass außergewöhnliche Niederschläge im Quellgebiet des Nils die Verhältnisse und deren Abläufe zutreffend kennzeichnen.

Gingen diese über dem Hochland von Äthiopien nieder, aus dem der Blaue Nil und der Atbara ihr Wasser erhalten und sich beim heutigen Khartum, der Hauptstadt des Sudan, mit dem aus Ostafrika kommenden Weißen Nil vereinen, stimmen die Folgen mit den dortigen natürlichen Gegebenheiten überein. Anders verhält es sich mit Fluten, die vom Weißen Nil stammen. Dieser entspringt im Einzugsgebiet der großen Seen in Ostafrika. Hauptzubringer ist der Kagera, der in den Viktoriasee fließt. Auch der zweite große, der westlichere Zufluss kommt aus großen Seen, dem Albert- und dem Edwardsee am Ruwenzori-Gebirge. Nachdem sich beide zum »Bergnil« vereint haben, durchströmen die Wassermassen das größte afrikanische Sumpfgebiet, den Sudd. Dieser »Wald aus Papyrus-Röhricht« bremst und reinigt das Wasser. Als Weißer Nil strömt es daraus nordwärts. Er bringt die »guten Wasser«, die lang anhalten und keine bedrohlichen Überschwemmungen verursachen. Die normale Nilflut hingegen stammt hauptsächlich vom Blauen Nil. Geht der Weiße Nil in eine Phase stark erhöhter Wasserführung über, hat es in Ostafrika extrem viel geregnet. Die Flamingos und auch die Kronenkraniche treibt das Zuviel an Frischwasser hinaus in die trockeneren Regionen. Somit beziehen sich die biblischen Plagen auf den Blauen und nicht auf den Weißen Nil. Dessen Vorboten waren zu begrüßen. Verderben brachten sie nicht, im Gegenteil.

Feng Huang, der chinesische Phönix

Ähnlich wie für die Ägypter, die einen Zusammenhang zwischen dem Kommen des Phönix und den Nilfluten erkannten, konnten die Flammenvögel für die Menschen am Indus und an den beiden großen Strömen in China Bedeutung erlangen. Das Phönix-Phänomen greift folgerichtig an der Küste Arabiens vorbei hinüber zur Indusmündung mit den Salzseen des Rann of Kutch und über die zentralasiatischen (Salz)Seen, von denen mehrere längst völlig ausgetrocknet und von der Gobi bedeckt worden sind, bis nach China hinein. Dort verschmolz die Flamingo-Vorlage aber mit dem Pfau zu einem Mischgebilde, dessen Zugehörigkeit sich nicht mehr direkt bestimmen lässt. Der Feng Huang enthält im ersten Teil des Namens (Feng) vielleicht noch einen Anklang an das griechische *phoen*. Und dass er von weit her kam, dieser besondere Vogel, gilt auch für den chinesischen Phönix. Im Aussehen hat er sich allerdings recht weit vom Original entfernt, sofern es tatsächlich einen Zusammenhang gegeben hatte. Neueren Darstellungen zufolge, zum Beispiel in Gestalt der Bronzefigur des Feng Huang im Sommerpalast in Peking, ähnelt er mehr einer Verbindung von Hahn (Kopf) und Pfau (Körper und Schwanz). *Feng* hießen die Männchen, *huang* die Weibchen. Er ist mit dem Feuer verbunden und vom ›Roten Vogel‹ *suzaku* Japans und des *Ju-jak* Koreas aus der (alt)chinesischen Astrologie zu unterscheiden. Der ›Rote Vogel‹ war dem Süden und dem Sommer zugeordnet. Das stimmt mit der altpersisch-arabischen Bezeichnung für das Südmeer überein und weist auf entsprechende Verbindungen hin. Ein rotes Gefieder trägt auch Feng Huang, das zwar, legt man die neueren Darstellungen zugrunde, in einen pfauenartigen Schwanz auslief, aber dennoch nicht direkt mit dem Pfau in Verbindung gebracht werden kann. Der Vogel hat einen langen, dünnen Hals und lange Beine. An seinem Kopf fallen klunkerartige Kehllappen, die länglich geformten Augen und der kurze, nach unten gekrümmte Schnabel auf. Sie passen zum Teil zum Pfau, aber auch zu den Flamingos. Wie der Phönix erreicht der chinesische Feng Huang ein sehr hohes Alter von bis zu 1000 Jahren. Dieses entspricht wiederum dem astronomischen Sonnenjahr der Alten Ägypter. Er stand wie das chinesische Einhorn *Qilin* für Barmherzigkeit und großzügige Hilfe und er war der Kaiserin zugeordnet.

Vereinnahmung durch den christlichen Mythos

Über tausend Jahre lang war der Phönix in Europa so gut wie in Vergessenheit geraten. Für seine Wiedergeburt sorgte die Renaissance. Von christlichen Mönchen wurden die alten Schriften der Griechen, soweit noch vorhanden, hervorgeholt, studiert und interpretiert. Im Phönix fand sich eine perfekte Allegorie zur Auferstehung Jesu, zur Auferstehung des Leibes! Was die alte Fassung der Bibel gar nicht so direkt enthielt, ließ sich mit Hilfe des Phönix präzisieren. Er überwand den Tod, sogar den Flammentod, in dem zu Zeiten der Christenverfolgung so viele Märtyrer ums Leben gekommen waren, durch Wiedergeburt aus der eigenen Asche. Mit der christlichen Umdeutung wurde dem Phönix geradezu eine neue Auferstehung zuteil. »Wie der Phönix aus der Asche!« geriet zum geflügelten Wort. Es hat sich bis in die Gegenwart erhalten. Die Verbindung mit dem Flamingo wurde weiter verstärkt. Spätmittelalterliche Darstellungen zeigen den Phönix, wie er die eigenen Jungen mit seinem Blut nährt. Auf einem Relief am Kloster Banz in Nordbayern kommt die alte Form noch deutlicher zum

Ausdruck. Der Vogel hat dort einen flamingoähnlich kurzen Schnabel. In späteren Darstellungen wechselte man zum bekannteren Pelikan. Der Schnabel wurde nach und nach länger und damit pelikanähnlicher. Aus dem einen Jungvogel, den der Flamingo mit der blutähnlichen Flüssigkeit großzieht, wurden drei bis fünf, was dem Pelikan durchaus entspricht und die vom Blute Christi genährte Gemeinde besser als ein einzelnes Junges symbolisiert. Falsch ist, dass sich der Pelikan in größter Hingabe seine eigene Brust aufreißt, um das Blut zum Fließen zu bringen. Kenntnisse über die Flamingos waren längst verlorengegangen. Auch über Pelikane wussten die Mönche kaum etwas, obgleich diese an mehreren, allerdings sehr unzugänglichen Stellen in weiten Sumpfgebieten in Europa brüteten. Zu Zeiten der Römer, also etwa um die Zeitenwende, gab es Pelikane sogar im Mündungsdelta des Rheins als Brutvögel. Der Griechisch-Orthodoxen Kirche waren sie von mehreren Stellen bekannt, so vom Kleinen Prespasee, vom Axios-Delta und vielleicht auch vom Skutarisee auf dem Balkan. Pelikane brüteten und brüten im Donaudelta und in Andalusien. Gelegentlich gelangten größere Gruppen nach Mittel- und Westeuropa. So flogen zum Beispiel 130 Pelikane am 8. Juli 1768 über die Schweizer Berge zum Bodensee und wasserten bei Lindau. Einer wurde flügellahm geschossen, eingefangen und nach seiner Genesung als lebendiges Schaustück herumgeführt. In Augsburg ist dieser Pelikan auf einer Kupfertafel dargestellt. Verbesserte Kenntnisse präzisierten die Darstellung. Damit rückten die Pelikane aber immer weiter vom Original des unbekannten Phönix ab. Da sie aber weder im Spätmittelalter noch in der Neuzeit im Bereich der Westkirche des Christentums brüteten, bestand kein Anlass, die ihnen zugeschriebene Fütterung der Jungen mit dem eigenen Blut zu korrigieren. Tatsächlich erhalten die Pelikanjungen Fische.

Die Wandlungen

Im Laufe der Zeit machte der Phönix verschiedene Wandlungen durch, die sein Bild und seine Funktion nachhaltig veränderten. Stand er bei den Alten Ägyptern als Benu zunächst für die Wiedergeburt, auch für den Erstgeborenen, in dem sich der Vater wiedergeboren sieht, so mutierte er zunehmend unter dem starken Einfluss der Verbindung mit den Flamingos zum Feuervogel und Künder guter Zeiten am Nil. Weiter ostwärts, im persisch-vorderindischen Raum, ergaben die alten Versionen des Benu keinen Sinn. Das Flamingohafte verstärkte sich, wie auch bei den Griechen der hellenischen Zeit. Aus Benu war Phoinix geworden. Als solcher erreichte er über Zentralasien China. Der Südweg war und ist den Flamingos verschlossen, weil es im Bereich des tropischen Regenwaldes und der Monsunwälder Südostasiens keine Salzseen oder -lagunen gibt. Wohl aber bildet sich quer durch Zentralasien zu Zeiten entsprechender Witterungsverhältnisse eine Reihe von ausgedehnten, flachen Salzgewässern. Sie erstreckt sich vom anatolischen Hochland über die Niederungen am Kaspischen Meer zum Aral- und Balaschsee, den Alakol und den Ubsu-Nur in die Mongolei und die Gobi bis in die Nähe von Peking. Mehrere Salzseen, die in früheren Jahrhunderten noch existierten, sind inzwischen verschwunden. Das Streifgebiet der Rosaflamingos reichte im 20. Jahrhundert nur noch bis zum Tengissee westlich von Karaganda in Kasachstan und in Südasien bis zum Rann of Kutch östlich von Karatschi.

Die Wiederentdeckung des Klassischen Altertums in der europäischen Renaissance mythologisierte den Phönix erst so richtig. Er wurde zur Allegorie Christi für Reinigung, Erneuerung und Wiedergeburt. So wie die Menschen durch das Fegefeuer geläutert glorreich auferstehen können, so hatte sich einst der Phönix aus der Asche erhoben.

Profanes folgte. Eine aufblühende Wüstenstadt in Arizona gab sich bei der Gründung am 4. Mai 1886 den Namen Phoenix. Bezeichnenderweise liegt sie in der Sonora-Wüste am Salt River. Palmen, wie die aus dem vorderasiatisch-nordafrikanischen Wüstensand aufstrebenden, die Oasen anzeigenden und für die Ernährung der Menschen so wichtigen Dattelpalmen, erhielten gemäß alter griechischer Tradition den wissenschaftlichen Gattungsnamen *Phoenix*. Sogar kleine Vögelchen wurden mit dem Namen des Phönix bedacht: *Phoenicurus*, unsere Rotschwänzchen. Das Christentum machte im Mittelalter den Phönix zum Mythos. Ähnlich erging es anderen Fabelwesen. Unstimmigkeiten bei der Übertragung alter Namen führten zu Verwechslungen und Missdeutungen. Unser Eisvogel ist so ein »Fall«. Unpassender könnte er gar nicht heißen.

Eisvogel, Schwan und andere Deutungen

Alcedo atthis, der Eisvogel

Wer über seinen Namen nachgedacht hat, wird sich zwangsläufig fragen, warum er bloß so heißt, der Eisvogel. Eistau-
cher und Eisenten kommen aus dem Hohen Norden, wenn
der Winter sehr kalt wird. Sie mit Eis in Verbindung zu bringen ergibt einen Sinn, vor allem für die Bevölkerung, die Au-
ßergewöhnliches mit besonderen Umständen in Zusammenhang zu bringen versucht. Schneegänse kommen, wenn auch
nicht immer, so doch oft genug mit starken Schneefällen. Der
Volksmund nennt sie so, obgleich sie eigentlich als Saatgänse
und Blässgänse verzeichnet sind. Dass es in Nordamerika
tatsächlich Schneegänse gibt, weiße Gänse mit schwarzen
Flügelspitzen, verursacht keine größere Verwirrung. Aber
Eisvogel! Was soll diese Bezeichnung ausdrücken?

Betrachten wir den Vogel genauer, wird sein Name noch
unverständlicher.

Der Eisvogel ist ein »bunter Vogel«. Seine Bauchseite ist
von der weißen Kehle bis zum Ende des kurzen Schwanzes
rostrot, die Rückenseite einschließlich der Oberseite der
Flügel dagegen blau- bis türkisgrün. Der kräftige, spitze
Schnabel ist etwa so lang wie der Kopf und wirkt daher fast
zu groß für den kleinen Vogel. Mit seinen 16 bis 17 Zentimetern Körperlänge erreicht er nicht einmal die Größe eines
Stars. Von den kurzen roten Beinen und Füßen sieht man
wenig, wenn er sitzt, und nichts, wenn er pfeilschnell wie
ein blauer Blitz mit schrillem Pfiff vorüberfliegt. Dann wirkt

er fast kugelförmig. Vom Schnabelansatz erstreckt sich ein schmales blaugrünes Band zum Rücken. Es beginnt am Unterschnabel und grenzt hinter dem Auge zwei Flecken, einen rostroten und einen weißen, von der leicht gewellt erscheinenden, türkisfarbenen Kopfkappe ab. Jungvögel unterscheiden sich mit deutlich matterem Gefieder von den alten, sehen diesen aber recht ähnlich. Männchen und Weibchen unterscheiden sich äußerlich nur in einer Kleinigkeit: Der Unterschnabel des Männchens ist, abgesehen von der stets dunklen Spitze, bläulichschwarz, beim Weibchen aber rötlich. Da die Eisvögel bei der Balz einander nahe genug kommen, mag dieser kleine Unterschied für sie Bedeutung haben. Wichtiger ist die Übereinstimmung im Gefieder. Sie signalisiert beiden Geschlechtern einfach »Artgenosse«, der vertrieben werden muss. Denn außerhalb der Brutzeit sind die Eisvögel Einzelgänger, die ihr Nahrungsrevier gegen alle Artgenossen verteidigen.

Eisvögel leben an größeren Bächen und Flüssen mit steilen Ufern, an Teichen und Buchten von Seen und Stauseen. Klare, kleinfischreiche Binnengewässer sind ihr Hauptlebensraum. In geringer Zahl suchen sie im Herbst und Winter auch Meeresküsten auf, sofern diese für die Jagd nach Kleinfischen geeignet sind. Unser europäischer Eisvogel kommt von Irland, England, dem äußersten Süden Skandinaviens und den baltischen Staaten bis zu den Flüssen und Küsten Nordwestafrikas und des Vorderen Orients vor. An dieses westliche, ostwärts bis Kasachstan und an das Kaspische Meer reichende Vorkommen schließt sich ein noch viel größeres Areal in Asien an. Es erstreckt sich vom Zweistromland über Indien und Teile Zentralasiens bis Nordostchina und Japan. Ableger davon gibt es in der indonesischen Inselwelt. Ein drittes Großvorkommen reicht vom Südrand der Sahara und vom Hochland Äthiopiens bis zum Kap. Nur die Trockengebiete der Kalahari und der Namib sind mangels geeigneter Gewässer vom Eisvogel nicht besiedelt. Der Vogelzwerg hat damit ein eurasiatisch-afrikanisches Artareal. Es gehört zu den »großen Arealen« in der Vogelwelt. Nirgends aber ist der Eisvogel häufig. Seine Lebensansprüche bedingen seine Seltenheit. Für ihn richtig günstige Gewässer gibt es nur stellen- und zeitweise. Denn das Wasser muss klar sein, weil er auf Sicht fischt, und sehr reich an Kleinfischen, weil seine Flug- und Jagdweise energetisch sehr aufwendig ist. Die Fischchen erbeutet er nämlich meistens aus dem Rüttelflug heraus. Mehr oder weniger senkrecht stürzt er sich ins Wasser auf den Fisch, den er angepeilt hat. Mindestens jeder zweite Fangversuch missglückt. Oft klappen nur wenige Tauchstöße, weil die Sicht nicht gut genug ist. Stundenlang harren die Eisvögel daher auf ihren Sitzwarten am Ufer oder über dem Wasser aus, wenn Kleinfische rar sind. Häufig müssen sie den Platz wechseln, um Beute zu machen. Die Kleinfische verstehen es, so in lockeren Schwärmen zusammenzuhalten, dass es sehr schwer fällt, einen von ihnen ins Visier zu nehmen. Fischchen von Kleinfingerlänge wären die ideale Beute für den Eisvogel. Ihre Häufigkeit wechselt stark, weil es keineswegs in allen Jahren gleich gute Bedingungen für die Fortpflanzung der Fische gibt. Nur wenige Arten, wie die Elritzen (*Phoxinus phoxinus*) und die auch Ukelei genannten Lauben (*Alburnus alburnus*) treten in größerer Zahl gemeinsam auf und das in für den Eisvogel günstigen Körpergrößen. Bei diesen beiden Arten schwankt sie zwischen 8 und 15 Zentimetern. Doch auch Jungfische zahlreicher anderer Fischarten wachsen durch diese, für den Eisvogel ideale Größenklasse. Verlief die Fortpflanzung der Fische gut, gibt es Massen von Nachwuchs und eine gute Zeit für den Eisvogel. Dann gleicht er mit drei Bruten in einem Sommerhalbjahr die Verluste ungünstiger Zeiten rasch wieder aus – sofern geeignete Brutplätze vorhanden sind.

Der Eisvogel nistet in selbst gegrabenen Röhren, die am Ende zu einer Bruthöhle erweitert sind und bis über einen Meter tief in den lehmigen Uferboden reichen. Steilufer mit Abbrüchen, in denen sich Partien von grabfähigem, aber hinreichend festem Material befinden, entstehen von Natur aus an Prallhängen. An begradigten und regulierten Bächen und Flüssen gibt es sie nicht mehr. Unseren Eisvogel trafen in neuerer Zeit zwei große Veränderungen an den Gewässern besonders hart: schwindende Kleinfischbestände und Mangel an Brutplätzen. Gartenteiche, in denen es vor Kleinfischen wimmelt, befriedigen zwar den Appetit des Eisvogels, bieten ihm aber keine Möglichkeit zum Brüten. Der an sich schon nicht häufig vorkommende Eisvogel wurde deshalb im 20. Jahrhundert weithin selten und zum Symbolvogel des Vogelschutzes. Von Zeit zu Zeit versetzt ihm zudem die Natur einen besonderen Schlag. In sehr kalten Wintern frieren die Kleingewässer zu. Offen bleiben, wenn überhaupt, nur die großen Flüsse an Stellen, an denen ihr Wasser schnell genug strömt. Die Ufer der Seen und Stauseen, oft auch die Küsten von Ost- und Nordsee, vereisen bei anhaltend starkem Frost. Dann überleben nur jene wenigen Eisvögel, die rechtzeitig den beschwerlichen und gefährlichen Flug zum Überwintern in mildere Regionen auf sich genommen haben. Der Eiswinter 1962/63 kostete über zwei Dritteln der mittel- und nordwesteuropäischen Eisvögel das Leben. Es dauerte Jahre, bis sich die Bestände von diesen Verlusten allmählich wieder erholten.

So weit die kurze Übersicht zur Lebensweise des Eisvogels. Alles Hervorgehobene wird später bei der Betrachtung der historischen Deutungen wichtig werden. Zunächst aber ist klar: Nach dem Eis – seine größte natürliche Bedrohung – war dieser Vogel gewiss nicht benannt worden. Aber er heißt nun mal Eisvogel. Wie kam er zu diesem Namen? Ein Vergleich mit anderen Sprachen bringt keine Lösung.

Königsfischer (Englisch) und Martinsfischer im romanischen
Sprachbereich lauten (übersetzt) die gängigen Namen für
ihn und seine recht umfangreiche Verwandtschaft. Im Deutschen steht für die ganze Familie auch nur die Mehrzahl
›Eisvögel‹; 92 verschiedene Arten gibt es davon. Sie kommen außer an der Antarktis auf allen Kontinenten vor. Das
drückt aus, wie erfolgreich diese Vogelgruppe ist. Mit Eis
haben jedoch alle Eisvögel nichts zu tun.
So nimmt es nicht wunder, dass sein Name auch anders
gedeutet wurde. Mit Eisen soll er in Verbindung gebracht
worden sein, weil die Oberseite des Eisvogels eisenartig
schimmert. Doch der Altmeister der Erforschung deutscher
Vogelnamen, der Finne Hugo Suolahti, hielt am Zusammenhang mit Eis fest. 1908 schrieb er:»Die deutsche Benennung *Eisvogel* knüpft an sein winterliches Leben ebenso
an wie der Ausdruck *Eisente*. (…) Der Name, der zuerst in
den spätalthochdeutschen Glossen (…) als *isuogel* bezeugt
ist, findet sich sonst noch im Niederländischen *Ijsvogel*; dänisch *isfugl*, schwedisch *isfågel* sind aus dem Deutschen entlehnt.« Nach weiteren Überlegungen kommt Suolahti sogar
zum *Isenbart* (Eisenbart) und verweist auch auf den aus
dem Angelsächsischen stammenden Ausdruck *isarn*. Auf
Schlesisch soll er *Eyßvogel* geheißen haben. Wer die alte
oberdeutsche Bezeichnung *Eiß* für Abszess noch kennt,
könnte eine Verbindung mit den nach faulendem Fisch stinkenden Bruthöhlen des Eisvogels vermuten, hieß doch der
Wiedehopf aus einem ganz ähnlichen Grund ›Stinker‹. Dennoch will all das nicht so recht überzeugen. Denn ›Eisvogel‹
ist zwar auf den Sprachraum des Deutschen und seiner zugehörigen nordgermanischen Sprachen beschränkt, aber
diese Gegebenheit erklärt nicht, weshalb nur darin für den
Vogel eine Verbindung mit Eis oder Eisen zustande gekommen sein sollte, nicht aber im Englischen und in den romanischen Sprachen. »Fischer« passt weitaus besser, weil das

Fangen kleiner Fische für den Eisvogel so bezeichnend ist
wie für den Fischadler das Stoßen nach größeren Fischen.
Sein Blau als ›Königsblau‹ betrachtet, ergibt ›Königsfischer‹
(*kingfisher*) und damit einen wirklich bezeichnenden Namen. Kann das Deutsche, zumal das Althochdeutsche, so
daneben gegriffen haben? Meinte das ›is‹ in *is-uogel* wirklich Eis? Eine ganz andere Erklärung greift viel besser. Sie ergibt
sich aus Namen von Flüssen, wie der Isar, der (französischen) Isère oder der tschechischen Iser (Jizera). Das darin
enthaltene ›Is‹ meinte nicht das Eis, sondern reißendes Wasser. *Isaria rapidus* nannten die Römer die Isar in Unkenntnis,
dass ihr *rapidus* (= reißend, schnell) schon in *Isaria* enthalten
war. Schnell fließendes Wasser führen die Flüsse und die größeren Bäche, deren Strömung Prallhänge mit Steilwänden
schafft. Dort hinein graben die Eisvögel ihre Brutröhren. In
solchen Gewässern laichen viele Arten der Flussfische. Im
klaren Wasser, das frischer ist als das von stehenden oder
träge fließenden Gewässern, entwickelt sich die Fischbrut.
Der Sauerstoffgehalt des Wassers ist hoch; natürlicherweise
zumeist an der von der Wassertemperatur abhängigen Sätti-
gungsgrenze. Dass Lachse, Barben, Äschen, Forellen und andere Fische flussaufwärts ziehen, um in den Oberläufen zu
laichen, hat gute Gründe. Die Fischbrut bietet den Eisvögeln
beste Nahrung. Das wirbelnde Wasser beeinträchtigt die
Sicht der Jungfische nach oben, so dass ein rüttelnder Vogel
nicht so leicht zu entdecken ist wie von einem Stillgewässer
aus. Daher halte ich es für sehr viel wahrscheinlicher, dass
Eisvogel ursprünglich ›Vogel des schnellen / reißenden Wassers‹ bedeutet hatte. Ein gutes halbes Jahrtausend fortschrei-
tender Entwicklung in der Sprache wies ihm einen unpassenden Zusammenhang zu, weil sich sein Name so starr an die
alte Form gebunden hielt. Das ist nicht allzu verwunderlich.
In vielen ländlichen Regionen schafft es die örtliche Bevölke-

rung nicht einmal bei den Menschen, sich von den alten, in der Gegenwart nichts mehr sagenden Namen zu lösen und die richtigen zu verwenden. Zäh hängen diese Namen auf dem Hof und gehen auf die jeweiligen Besitzer über, ob diese das wollen oder nicht. So blieb in meinem Heimatdorf der Name ›Förg‹ für einen Bauernhof erhalten, der vor langer Zeit einem ›Förg‹ (= Schiffsführer in der Innschifffahrt) gehört hatte, obwohl es die Treidel-Schifffahrt längst nicht mehr gab und die Besitzer schon in mehreren Generationen andere Familiennamen trugen. Vor 50 Jahren wusste schon niemand mehr im Dorf, was der alte Name bedeutet hatte. Aber er hielt sich. Dass falsche alte Bezeichnungen schwer auszurotten sind, drücken die Schwierigkeiten aus, die wir mit den Walen haben. Immer wieder werden sie ›Walfische‹ genannt. Es gibt viele solcher Beispiele.

Alkyone und Keyx

Die Benennung ›Eisvogel‹ könnten wir demnach zur Belanglosigkeit zurückstufen. Er heißt eben so. Um eindeutig zu sein, muss ein Namen nicht unbedingt eine bezeichnende Eigenschaft ausdrücken, die dem Träger tatsächlich zukommt. Was für ein Vogel mit ›Eisvogel‹ gemeint ist, wissen wir. Doch da sich mit dieser Bezeichnung noch andere, viel weiter in die Historie zurückreichende Merkwürdigkeiten verbinden, lohnt es sich, weiter nachzuforschen. Der Eisvogel trägt die wissenschaftliche Bezeichnung *Alcedo atthis*. Der Gattungsname *Alcedo* bezieht sich auf die griechische Sagengestalt der *Alkyone*, der Artname *atthis* auf Attika in Griechenland. Linné, zu dessen Zeit, Mitte des 18. Jahrhunderts, der Eisvogel in Südschweden eine Seltenheit war, bezog sich bei der Namensgebung auf diesen Stoff aus der griechischen Mythologie. Der Sage nach waren Alkyone und ihr Gatte König Keyx in Eisvögel verwandelt worden. Wie es dazu kam, erzählt Ovid in den *Metamorphosen*. Alkyone, die Tochter von Enarete und des Windgottes Aiolos, liebte ihren Gatten Keyx auf das Innigste. Dieser musste zur Zeit der Frühwinterstürme zur Insel Klaros segeln, um das dortige Orakel aufzusuchen. Alkyone, die als Tochter des Windgottes die Stürme kannte, versuchte vergeblich, ihn zurückzuhalten. Der befürchtete Sturm kam. Keyx' Schiff wurde zerstört. Er ertrank. Bevor er unterging, rief er ein letztes Mal nach Alkyone. Sie betete indessen zu den Göttern. Ihr Flehen rührte diese so sehr, dass sie Morpheus, den Traumgott, beauftragten, Alkyone die Nachricht zu überbringen. Morpheus nahm die Gestalt von Keyx an, legte sich zur schlafenden Alkyone und flüsterte ihr zu, dass er ums Leben gekommen sei. Da wollte Alkyone auch nicht mehr am Leben bleiben. Sie ging am Morgen zum Strand. Dort sah sie den toten Körper ihres Mannes in den Wellen. Sie stürzte sich von einer Klippe, um sich das Leben zu nehmen, wurde aber wie auf Flügeln zu dem Toten getragen. Die Götter hatten sie in den Vogel *Halcyone* verwandelt. Als sie sich auf ihren Gatten warf, war auch dieser zum Vogel geworden. So waren sie nun doch wieder vereint. Die Götter gewährten ihnen, den *Halcyonen*, im Dezember eine ganze Woche Windstille, in der sie ihr Nest auf dem Meer bauen und die Eier bebrüten konnten. Nachdem die Jungen geschlüpft waren, legten die Winterstürme wieder los und machten das Meer unruhig. Die ›halkyonischen Tage‹ gelten seither als Tage der Erholung in stürmischen Zeiten. Wohltönend und laut klingen die Rufe der *Halcyonen* übers Meer. Und die Vögel werden manchmal mit ihren Jungen gesehen.

So weit die Kurzversion von Keyx und Alkyone. Es gibt

sie in mehr oder weniger ausgeschmückten Versionen, die
hier nicht weiter behandelt werden, weil es um den Hintergrund, den Kern der Geschichte, und ihre ›Moral‹ geht.
Halten wir dazu fest: Der römische Dichter Ovid, genauer
Publius Ovidius Naso, lebte von 43 v. Chr. bis zum Jahre
17 n. Chr. Für seine ›Verwandlungen‹ (*Metamorphosen*) benutzte er vorwiegend Themen und Mythen aus der hellenistischen und vorhellenistischen Zeit. Seine Darstellung ist
also eine Nachdichtung viel älterer Stoffe, die er an die römische Zeit anpasste. Wir können daher keineswegs sicher
sein, um welchen Vogel, um welches Tier es sich ursprünglich gehandelt hatte, für das er den lateinischen Ausdruck
alcedo verwendete. Dem Lateinlexikon gemäß bedeutet *alcedo* Eisvogel und *alcedonia* die Eisvogel-Brutzeit bzw. die
stille Winterszeit. Da es jedoch auch den Ausdruck *alcyon*
im Lateinischen gibt, der gleichfalls Eisvogel bedeuten soll,
stehen merkwürdigerweise zwei ähnliche Namen für ein
und denselben Vogel. Wenn denn tatsächlich nur ein bestimmter Vogel damit gemeint war. Nehmen wir diesen Befund nicht einfach als ›gesichertes Wissen‹, weil es so ›im
Buche steht‹, nämlich im Lateinlexikon, sondern halten wir
die griechische Version *alcyon* von der eher typisch lateinischen *alcedo* versuchsweise voneinander getrennt. Dann
lässt sich letztere in zwei einfache lateinische Wortteile zer-
legen, die getrennt wie auch zusammen einen Sinn ergeben.
Cedo vereint ein Bündel von Bedeutungen, die sich alle auf
die Fortbewegung (»gehen« im weitesten Sinne) beziehen,
und *al* ist Hauptbestandteil des lateinischen Wortes für Flügel *ala*. In Verbindungen mit anderen Wörtern fällt das
zweite ›a‹ häufig weg. Demgemäß würde *al-cedo* einfach
bedeuten, sich auf Flügeln fortbewegen, also fliegen. Die
Schilderung Ovids passt dazu, denn Alkyone stürzt sich ins
Meer, gleitet oder ›fliegt‹ aber irgendwie auf den Körper
ihres toten Gatten. Das ist kein Flug himmelwärts, frei und

wie schwerelos nach Art der meisten Vögel, sondern ein
»schwerer Flug« wie ein letzter Gang zum toten Gatten.
Alcedo beschreibt daher möglicherweise als Sprachbild dieses Hingleiten. Der Eisvogel muss damit überhaupt nicht
gemeint gewesen sein, da nichts an diesem Vogel zum Mythos von Alkyone passt. Betrachten wir nun die griechische Form *(H)alkyon*. Es
ließe sich mit »Meer-Hund« übersetzen. Der erste Wortteil
enthält *(h)alys*, das Meer, der zweite *kyon*, Hund. Daraus
ergibt sich eine ganz andere Bedeutung als Eisvogel. Hätte
(H)al-kyone eine Mittelmeer-Mönchsrobbe (*Monachus monachus*) meinen können? Diese mehr als menschengroßen
Meeressäuger leben an Inseln der Ägäis in mit dem Meer
verbundenen Höhlen, an unzugänglichen Felsklippen und
an einsamen Stränden. Sie rufen laut bellend und klagend
(jaulend). Ihr Schreien ähnelt durchaus den Lautäußerungen
von größeren Hunden. Eine verwandte Art von Robben, der
Seehund, trägt im Deutschen ebenfalls die Verbindung von
Meer (›die See‹) und Hund. Mönchsrobben waren zur hellenistischen Zeit sicherlich viel häufiger als in der Gegenwart,
in der sie vom Aussterben bedroht sind. Es gab noch keine
Jagd mit Gewehren, keine großen Fischfangnetze, in denen
sie ertrinken, und das Meer war nicht überfischt, sondern
eher überreich an Fischen, von denen sich die Robben ernähren. Die Körpergröße der Mönchsrobben würde ungleich besser zum Menschen passen als der winzige Eisvogel.
Ihre klagende, weithin schallende Stimme allemal, während
die Pfiffe des Eisvogels an stillen Gewässern am besten zu
hören sind. Im Rauschen der Brandung des Meeres gehen sie
auch ohne Sturm akustisch unter. Ob die Götter das Klagen
Alkyones gehört hätten, wenn es Eisvogelpfiffe gewesen wären? Mehr noch. Es ist stark zu bezweifeln, dass Ovid die
Mittelmeer-Seehunde, die Mönchsrobben, gekannt oder von
deren Existenz gewusst hat. Es gab sie in der näheren Umge-

bung Roms nicht. *(H)Alkyone* hätte er ohne Kenntnis der Robben aber nicht mit einem römisch-lateinischen Wort benennen können. *Alcedo* hingegen beschreibt, so meine Deutung stimmt, den Vorgang der Verwandlung.

So betrachtet, würden sich verschiedene Einzelteile des Halkyone-Mythos ganz gut zusammenfügen, wenn nicht andere Elemente in der Geschichte der beiden einander in so starker Liebe zugetanen Gatten enthalten wären. Diese Teile weisen die von Göttern gnädig Verwandelten eindeutig als Vögel aus. Der Windgott gewährt dem Paar (1.) die ruhige Zeit der halkyonischen Tage (2.) im Winter (3.), damit es nisten und brüten kann (4.). Und wenn die Jungen (5.) geschlüpft sind, leben die Stürme wieder auf. Gelegentlich (6.), keineswegs regelmäßig, sind dann Keyx und Alkyone als einander zugetanes Paar mit ihren Kindern zu sehen, aber sie bleiben draußen auf dem Meer und kommen nicht an Land. Keines dieser Elemente des Mythos stimmt mit dem Lebensablauf von Mönchsrobben oder von Eisvögeln überein. Mönchsrobben leben gesellig. Allein oder paarweise kommen sie in normalem Zustand nie vor. Als Säugetiere nisten und brüten sie nicht. Ihre Jungen werden vorzugsweise in Höhlen am Meer geboren, und zwar jeweils eines im Herbst. Schwimmen sie im Meer, taucht allenfalls ihr Kopf kurz zum Atmen auf. Eisvögel sind im Winter ausgeprägte Einzelgänger. Alt- und Jungvögel lassen sich zu dieser Jahreszeit ohne leistungsstarke Fernrohre nicht unterscheiden. Sie fliegen auch nicht über dem Meer, sondern fischen in Buchten mit klarem, wenig bewegtem Wasser. Bei ihrer Kleinheit fallen sie eher durch den »blauen Blitz« auf, für den man sie halten könnte, wenn sie vorbeisausen. Sie rufen alles andere als laut und klagend, sondern pfeifen kurz und schrill.

Beide Deutungsmöglichkeiten des Namens scheitern somit an der Natur. Weder der Eisvogel, noch die Mönchsrobbe können im Mythos gemeint gewesen sein. Aber was dann? Bringen wir die Elemente nochmals auf die Reihe und fangen wir mit den halkyonischen Tagen an. Nach den vorausgegangenen, sehr heftigen Spätherbst- oder Frühwinterstürmen (in einem solchen war Keyx ja umgekommen) tritt die windstille Zeit ein, in der sich das Meer beruhigt. Da erscheint auf dem Wasser ein eng zusammenhaltendes Vogelpaar mit (wenigen) Jungen. Diese unterscheiden sich so deutlich vom Elternpaar, dass kein Zweifel besteht, worum es sich handelt. Die Vögel müssen, vom Land aus betrachtet, gut sichtbar (gewesen) sein. Ihre klangvollen, klagenden Rufe tönten weithin. Also waren es Großvögel. Sie sollten auch ungefähr zu den Menschen passen, die in sie verwandelt wurden, und ihr Flug sollte entsprechend schwer, eher abwärts gleitend, gewesen sein, dass er mit ›Gehen auf Flügeln‹ (*al-cedere* ⇒ *alcedo*) lateinisch zu umschreiben gewesen wäre. Schließlich dürfte Ovid diese Vögel nicht gekannt haben, da es keinen eigenen lateinischen Namen für sie gab.

Diese Reihung schränkt die Möglichkeiten sehr stark ein. Der Eisvogel fällt aus. Sturmtaucher, deren Rufe klagend klingen, ebenfalls, weil sonst nichts mit ihnen und ihrer Lebensweise übereinstimmt. Da es sich eher um eine Rarität als um gewöhnliche, allgemein bekannte Vögel gehandelt haben sollte, kann die Suche auf gelegentliche, zur Zeit der Ruhe nach den ersten Stürmen als Wintergäste auftretende Vögel konzentriert werden. Unter diesen gibt es einen Kandidaten, auf den alles passt: Es ist dies der Singschwan (*Cygnus cygnus*). Als Vogelart bringt er sogar noch etwas mit, was bei Ovid nicht angesprochen worden war, aber den Vorgang in besonderer Weise bekräftigt, nämlich das weithin leuchtende weiße Gefieder. Es entspricht dem weißen Kleid der Geläuterten, den von den Göttern Begünstigten, die ihre Trauer überwinden und zu einem neuen Sein aufsteigen konnten.

Singschwäne brüten in der arktischen Tundra, also in jenen Gegenden, die noch hinter den Ländereien der Hyperboräer lagen. Mit Hyperboräer, altgriechisch die Menschen jenseits (*hyper*) des Nordwindes (*boreas*), wurden Völker wie die Skythen und Sarmaten nördlich des Schwarzen Meeres zusammengefasst; Völker am Schwarzen Meer, dem Meer der Nacht(richtung). Selbst diese kannten die Brutgebiete der Schwäne nicht, die an die Küsten des Pontus Euxinus, wie das Schwarze Meer zur Zeit des Klassischen Altertums hieß, zum Überwintern geflogen kamen. Zu Tausenden sammelten sich Sing- und Höckerschwäne (*Cygnus olor*) auf den flachen Meeresbuchten an der Halbinsel Krim und im Asowschen Meer, das damals Palus Maeotis hieß. In diesen Buchten entwickelten sich den Sommer über weitflächig Unterwasserwiesen aus Wasserpflanzen. Die Schwäne beweiden diese den Winter über und ziehen im Frühjahr wieder in ihre Brutgebiete zurück. Die großen Höckerschwäne haben es nicht so weit an die baltischen Seen wie die Singschwäne, die noch weiter nordwärts an die kleinen Gewässer der Waldtundra und der Tundra fliegen, wo sie auch an Land viel Nahrung zu sich nehmen. Beide Arten von Schwänen tragen ein rein weißes Gefieder, aber ihre flüggen Jungen sind im Winter noch fleckiggrau und deutlich kleiner als die Eltern. Der rotschnäbelige Höckerschwan gibt nur ein nasales Knurren von sich, wenn er sich gestört fühlt. Im Englischen heißt er deshalb *mute swan*, der stumme Schwan. Der Singschwan hat einen schwarz-gelben Schnabel. Er ruft sehr laut und klangvoll »klagend«. Singschwäne ziehen häufig familienweise in die Winterquartiere. Diese reichen in Mittel- und Westeuropa nur bis in den Raum um Nord- und Ostsee. Selten fliegen kleine Gruppen von Singschwänen tiefer ins Binnenland, jedoch so gut wie nie über die Alpen. Im Osten zwingen die viel härteren kontinentalen Winter die Schwäne zu Flügen bis zum Schwarzen

und zum Kaspischen Meer. Ausnahmsweise ziehen sie sogar
bis in die Ägäis und im Extremfall bis an den Nil weiter.
Das beweist ein Wandbild, das im Buch von Joachim Boessneck (1988) enthalten und als Bild mit Höckerschwänen,
wohl wegen der gekrümmten Haltung der Hälse, interpretiert worden ist. Boessneck schreibt dazu:»Eine bisher ein-
malige Besonderheit bildet der Fang von Höckerschwänen
Cygnus olor in einem Schlagnetz. Aber Schwäne ziehen nur
ausnahmsweise bis an den Nil nach Süden.« Für dieses ›ausnahmsweise‹ gibt es Gründe.
Schwäne sind sehr schwere Vögel. Singschwäne erreichen
nach Jahren des Alterns ein Gewicht von 8 bis 14 Kilogramm. Höckerschwäne können sogar bis über 20 Kilogramm schwer werden. Sie haben bei diesem Gewicht große
Mühe, sich aus dem Wasser zu erheben. Beim Start laufen
sie mit lautem Geklatsche längere Strecken heftig flügelschlagend über die Wasseroberfläche. Dabei beschleunigen
ihre mit Schwimmhäuten zwischen den Zehen ausgestatteten Füße auf dem Wasser wie Ruderschläge. So eine schwer-
fällige Flugweise kann man durchaus als ein ›Gehen mit
Flügeln‹ charakterisieren und vom üblichen, so schwerelos
wirkenden Vogelflug abgrenzen. Denn man spürt förmlich,
wie anstrengend es für die Schwäne ist, ihre Körper in die
Luft zu bringen. Entsprechend viel Kraft kostet sie der Fern-
flug in die Winterquartiere. Sie dehnen diesen nicht weiter
aus als unbedingt nötig. Dazu kommt es, wenn die nordisch-
kontinentale Kälte außergewöhnlich weit nach Süden vordringt und die Flachküsten auch am Schwarzen Meer mit Eis
bedeckt. Solche Kaltluftvorstöße sind meistens mit schweren
Stürmen verbunden. Ist die Kaltluft eingedrungen, herrscht
für einige Zeit Ruhe, bis sie im östlichen Mittelmeerraum
von wärmeren Luftmassen wieder in Bewegung gesetzt und
mit ihnen gemischt wird. Bei solchen Wetterlagen, wenn der
Nordwind besonders heftig zwischen Kleinasien und dem

griechischen Festland südwärts fegt, geraten Familien von Schwänen bis an die Küsten von Attika. Gibt es Buchten mit Seegras, suchen sie diese auf. Die Stürme treiben viel Schwemmgut zusammen, das auf dem Meer leicht für schwimmende Nester gehalten werden kann. Dieser Eindruck verstärkt sich, wenn die großen weißen Elternvögel mit ihren Jungen ankommen. Niemand konnte in jenen Zeiten wissen, wo die wirklichen Brutgebiete der Schwäne lagen. Nirgendwo in Griechenland und in der umliegenden bekannten Welt gab es Brutvorkommen dieser Vögel. In der Ruhe nach den Stürmen klagten ihre Rufe weithin hörbar übers still gewordene Meer. Und wie ersichtlich, hielten beide Partner einander die Treue. All das gibt eine perfekte Vorlage für den Mythos von Alkyone und Keyx.

Eine Mythologie dieser Art bietet mehr als nur eine ›Moral von der Geschicht‹. Unerklärliches wurde damit erklärt. Der Mythos half, die Wirklichkeit zu verstehen, mit der man ansonsten nichts hätte anfangen können. Was vor sich ging, zu sehen und zu hören war, musste gedeutet werden. Denn Deutung gibt Sicherheit. Das ist in unserer Zeit nicht anders.

Ovid hatte keine Chance, den Mythos zu verstehen, wenn er die Schwäne und das Phänomen der halkyonischen Tage nicht kannte. Aller Wahrscheinlichkeit nach gab es im westlichen Mittelmeerraum zu seiner Zeit keine Schwäne als Wintergäste. Den Singschwänen aus der Tundra reichten die wiesenreichen Niederungen an der Küste Germaniens und im Norden Galliens zum Überwintern. Das Westliche Meer, das Meer der Hesperiden, der Atlantik, mildert die Winterkälte und drängt sie mit warmem Golfstromwasser hinauf in den Norden bis fast zum Polarkreis. Umso weiter dringt sie im Osten südwärts vor. Zudem handelte es sich zur Zeit der Alten Griechen und des Römischen Weltreichs um eine klimatisch sehr warme Periode. In Britannia, im Süden Englands, gedieh Wein. Pelikane brüteten an der Mündung des Rheins. Rund ums Mittelmeer gab es bedeutend höhere Niederschläge als gegenwärtig. Wie schon erwähnt, begann hinter Karthago, im heutigen Tunesien, nicht die Wüste, sondern dort lag die Kornkammer Roms. Umso härter schlugen gelegentlich die Kaltluftvorstöße zu, die die Schwäne von den nördlichen Küsten des Schwarzen Meeres bis in die Ägäis trieben. Man darf davon ausgehen, dass sie von keinen normalen Winterstürmen begleitet wurden, sondern von solchen, denen auch erfahrene Seefahrer, wie Keyx, nicht gewachsen waren.

Zurück zu den Schwänen. Sie hatten einen altgriechischen Namen und dieser lautete *Kyknos*. Die Römer übernahmen diesen und latinisierten ihn auf *Cygnus*. Merkwürdigerweise gab es aber einen ganz anderen römischen Namen für den Schwan, nämlich *olor*. Die wissenschaftliche Bezeichnung *Cygnus olor* für den Höckerschwan stellt also eine Verdopplung zum ›Schwan-Schwan‹ dar. *Olor* ging in zwei verbreitete Redewendungen ein: *Mihi olet* (mir stinkt's) und *pecunia non olet* (Geld stinkt nicht). Beim Geld mutet die Verknüpfung mit stinken zwar unpassend an, denn welches Geld stinkt schon und wer würde es für angebracht halten, daran zu riechen? Aber das Geld der Alten Römer, *pecunia*, war wie bei noch so manchem Hirtennomadenstamm im Afrika unserer Zeit das Vieh. Und dieses stank und stinkt sehr wohl, nur eben nicht, wenn es als Zahlungsmittel benutzt wurde. Dann war es besser, nicht so genau zu riechen oder aber mit besonders kritischer Nase zu beurteilen, ob man ein auffallend stinkendes, also krankes Stück Vieh ausbezahlt bekommen hat. Was soll nun aber das wieder mit den Schwänen zu tun (gehabt) haben?

Schwäne stinken nicht. Wer wie ich öfters einen »umarmt«, aus dem Wasser gehoben und mit einem Aluminiumring der Vogelwarte beringt hat, darf das behaupten, auch wenn die Hose dabei durchaus gelegentlich einen dicken Strahl von »grüner Soße« abbekommen hat, den der Schwan bei dieser Prozedur von sich gab. Gerade solche Schwäne, die gewöhnt sind, sich mit ihrer sehr eindrucksvollen Drohgebärde Hunde und Menschen vom Leibe zu halten, machen sich in die Federn, wenn sie mit sicherem Griff gepackt werden. Das grüne Exkrement sieht nicht gut aus, stinkt aber weit weniger als das, was brütende Entenweibchen auf ihren Gelegen zurücklassen, wenn sie ein vermeintlicher oder tatsächlicher Feind zum Auffliegen veranlasst. Ungleich schlimmer stinken ein paar Tropfen aus dem After einer Ringelnatter, die man in der Hand, aber nicht weit genug von sich weg hält. Ausgeprägte Stinker sind Schwäne sicher nicht, auch wenn die Nasen der Menschen recht unterschiedlich darüber befinden mögen. Dennoch wird ihr Name seit den Zeiten der Römer in diesem Sinne ge- oder missbraucht. Der Blick ins Lateinlexikon weist auf eine große Ähnlichkeit von *olor* = Schwan mit *olus* = Gemüse, Grünzeug hin. Grünzeugverzehrer sind sie wohl, die Schwäne, aber die Gänse und zahlreiche Enten auch. Sollten die Römer den Schwan oder die Schwäne deswegen *olor, olores* genannt haben, weil sie wie die Gänse Gras verzehren? So ganz überzeugend wirkt diese Verbindung auch nicht; viel angemessener wären Namen, die auf ihr rein weißes Gefieder und ihre Größe Bezug nehmen. In den altgermanischen Sprachen ist das so. *Elbiz*, verwandt mit dem Lateinischen *albus* steckt in vielen europäischen Sprachen. *Swan* soll in Verbindung mit ›rauschen, tönen‹ stehen und sich auf das markante Fluggeräusch des Höckerschwans beziehen. Im Althochdeutschen kommt der Ausdruck noch recht selten vor. Es war im Niederdeutschen weiter verbreitet, und von dort kommt wohl auch die Redewendung ›mir schwant etwas‹. Das bedeutet, es raunt oder rauscht, ist aber noch nicht deutlich geworden, worum es sich handelt. Über die Verbindung mit dem lateinischen *olor* geriet ›schwanen‹ in die Doppeldeutigkeit von erahnen und stinken.

Dieser kurze Ausflug in die Sprachen nördlich der Alpen bestätigt einerseits, dass sehr wohl das (große) Weiß der Schwäne namensgebend war. Eine Anbindung an das Stinken lässt sich andererseits nicht finden. Da die Römer zwei ganz verschiedene Namen für den Schwan benutzt hatten, ist es wiederum angebracht, bei den griechischen Wurzeln nachzubohren. Denn die Römer hatten, wie oben ausgeführt, keine beständigen Vorkommen von Schwänen in ihrem Kerngebiet. Sie dürften diese am Niederrhein und in Britannien kennengelernt haben. Vielleicht spielte tatsächlich die »grüne Gemüsesuppe«, die die erbeuteten (Höcker-) Schwäne von sich gaben, bei der Benennung eine Rolle. Für wahrscheinlich halte ich das nicht. Schon gar nicht im Hinblick auf die Tatsache, dass die Doppeldeutigkeit von ›mihi olet‹ ein seit der Antike verbreitetes, geflügeltes Wort ist.

Leda und der Schwan

Setzen wir nun beim *Cygnus/Kyknos* an. Die griechische Mythologie hat dazu eine besonders berühmte Geschichte. Sie handelt von der schönen Dame Leda und ›dem Schwan‹. Leda war die Gattin des spartanischen Königs Tyndareus. Ihre Schönheit reizte Zeus. Als Leda am Berg von einem Adler angegriffen wurde, nahm er die Gestalt eines Schwans an, wehrte den Angreifer ab und schwängerte sie anschließend gleich. In der Nacht schlief sie aber auch mit Tyndareus, ihrem Mann. Damit nahm die Tragödie um Troja ihren Lauf. Denn aus der Verbindung mit Zeus, dem Schwan, gingen die Zwillinge Helena und Polydeukes hervor, von ihrem Mann aber die zweiten Zwillinge Klytaimnestra und Kastor. Helena wurde mit König Menelaos von Sparta vermählt, Klytaimnestra mit dessen Bruder Agamemnon, dem König von Mykene. Nachdem Helena nach Troja entführt worden war, führte Agamemnon die Griechen gegen Troja, um Helena zurückzubringen. Die Folge war der Trojanische Krieg. Wegen der Verbindung mit dem Schwan soll Leda die Kinder allerdings nicht direkt geboren haben, sondern »Eier«, die sie an (oder in?) ihrem Bauch ausbrütete. Einer abgewandelten Version zufolge stammte das (Kuckucks)Ei, das Leda untergeschoben worden war, von der Rachegöttin Nemesis. Sie wäre demnach nur die Milchmutter (Amme) der schönen Helena gewesen. Bilder von der Verbindung Ledas mit dem Schwan entstanden in der Renaissance. Leonardo da Vinci hatte 1503/05 eine stehende Leda gemalt, der sich ein Schwan intim nähert. Von Michelangelo Buonarroti (1529/30) stammt die wohl berühmteste Version der liegenden Leda, die gerade von einem Schwan bestiegen wird. In einem frühen Werk kopierte Peter Paul Rubens das Motiv. Einen weithin bekannt gewordenen Stich schuf Nicolaus Beatrizet. Dieser enthält auch die in anderen alten Quellen erwähnten Zwillinge Kastor und Pollux sowie ein zerbrochenes Ei. Aus der griechischen Antike stammt eine athenische Statue, die Leda zeigt. Aus der Römerzeit ist eine Wandmalerei mit diesem Motiv aus Pompeji erhalten geblieben. Filarete schuf 1433/45 eine Darstellung davon auf der Bronzetür des Petersdoms in Rom und gab damit den Auftakt für die Beschäftigung mit diesem antiken Mythos in der Renaissance. Viele Maler nutzten ihn bis in die Gegenwart.

Dass in einer Zeit, in der sexuelle Vorgänge für die öffentliche Darstellung tabu waren, das Motiv der Leda mit dem Schwan eine große Attraktivität entwickelte, versteht sich von selbst. Es war in der Renaissance ohnehin Mode geworden, auf die »alten Zeiten« des Klassischen Altertums zurückzugreifen, um aus ihnen in der unsicheren Gegenwart neue Orientierung zu schöpfen. Renaissance meinte ja die Erneuerung, die Wiederauferstehung, nach den Seuchenzügen der Pest und den Unwetterkatastrophen, die große Teile Europas seit Mitte des 14. Jahrhunderts heimgesucht hatten. In der bislang unangefochten wegweisenden christlichen Kirche gärte es. Die Geistlichkeit war gespalten zwischen Traditionalisten, die Prunk ansammelten und in Saus und Braus lebten, und den Erneuerern, die zu Bescheidenheit und Buße mahnten. Flagellanten, Menschen, die sich selbst geißelten, zogen durch die Städte, gefolgt oder angeführt von Bettelmönchen, die das Primat der Armut vorleben wollten. Der von der Pest verursachte Menschenmangel traf vor allem die Kirche, denn sie war mit Abstand der größte Grundbesitzer. Arbeitskräfte waren gefragt, aber schwer zu bekommen in dieser Zeit und teuer. Weite Ländereien verödeten. Der während des Hochmittelalters zurückgedrängte Wald breitete sich wieder aus. Da die Kirche den Gläubigen nicht mehr in der früher gewohnten Weise Halt und Hoffnung geben konnte, wurde manch Althergebrachtes bezweifelt. Die Neuzeit wuchs heran. Mit dem Rückgriff auf das Klassische Altertum, das nun schon rund eineinhalb Jahrtausende lang Vergangenheit war, kamen verschollene Kenntnisse zutage. Und andere Sitten. Bei den Alten ging es offenbar anders zu als in der Gegenwart, vor allem bei den Alten Griechen. Ihre Mythologie steckte voller verborgener, gleichwohl aber als menschentypisch zu erkennender Vorgänge. Manches ließ sich direkt übertragen, weil es leicht nachzuvollziehen war, anderes nicht, weil das aktuelle Vorbild fehlte. Oder auch, weil es gar nicht direkt so benannt werden durfte, wie es gemeint war. Im Hellenismus wurde zwar vieles sehr offen behandelt, aber nicht alles; vor allem nicht alles, was die Königshäuser und die Noblen betraf.

Da bediente man sich verdeckter Phrasen und allegorischer Schilderungen. Um eine Allegorie handelte es sich möglicherweise bei der Vereinigung von Leda mit dem Schwan. Dass dieser gar nicht direkt gemeint gewesen sein konnte, ergibt sich eigentlich ganz von selbst aus den Umständen der Geschehnisse und der Tatsache, dass unsere heutigen Vorstellungen davon gar nicht den alten Quellen entstammen, sondern der Renaissance und den in dieser Zeit geschaffenen Bildern. Denn Schwäne waren, wie schon ausgeführt, in hellenistischer Zeit höchst seltene Wintergäste in Griechenland, zumal in der weit südlich gelegenen Region um Athen und Sparta. Die Menschen, denen das Geschehen zwischen Leda und dem Schwan vorgetragen wurde, hätten mit dem Vogel Schwan wenig anfangen können. Auch zwischen dem Trojanischen Krieg und der Fertigung des Wandbildes in Pompeji mit der Darstellung von Leda war bereits mehr als ein Jahrtausend vergangen. Für die Römer war Troja ein Mythos fast so wie für uns. Der »Schwan«, wie er nun einschränkend bezeichnet werden soll, beschützte Leda am Berg (1.) vor dem Angriff eines Adlers (2.). Doch Schwäne fliegen nicht auf Bergeshöhen und sie schützen auch nicht vor Adlern. Ihr Lebensbereich ist das Wasser. Auf diesem und sonst nirgendwo können sie durchaus mit ihren Drohgebärden und Flügelschlägen Feinde (von ihren Jungen) abwehren, denen sie an Land ganz und gar nicht gewachsen wären. Der einzige Feind, den Schwäne zu fürchten haben, ist der (See)Adler.

Aristophanes beschreibt in seiner Allegorie *Vögel* eigentlich alle Vogelarten ganz zutreffend. Schwäne kommen darin nicht direkt vor, sondern lediglich in Umschreibungen oder eingefügt durch unzutreffende Übersetzungen aus dem Altgriechischen. So heißt es (nach Gesang mit Flötenbegleitung der Nachtigall): »Und Schwäne stimmten – tiotio tiotio tiotix – Lieder mit an und jauchzen laut, mit den Flügeln schlagend zum Preis des Apollon – tiotio tiotix!« Schwäne singen nicht, auch nicht flügelschlagend. Wenig später wendet sich ein Priester im selben Stück an den »pythischen und delischen Schwan«. Aristophanes muss nicht näher erläutern, was er damit meint: Die Orakel der Seherin Pythia in Delphi und des Apollon auf Delos, eines zur Zeit des Attischen Bundes besonders geschätzten Orakels. Weder zu Delphi, noch zur winzigen, sehr trockenen Insel Delos mitten in der Ägäis passt der Schwan. Das einzig Passende zur Geschichte ist die Tatsache, dass das Schwanenmännchen wie auch die Erpel seiner kleineren Verwandtschaft der Entenvögel einen Penis hat. Schwäne und Enten können sich deshalb auf dem Wasser paaren (3.). Dabei fasst das Männchen das Weibchen mit dem Schnabel am Hinterkopf und drückt es möglichst flach nieder. Nur in einer solchen Stellung ist die Einführung des Penis in die Kloake des Weibchens möglich. Diese ist jedoch nicht »tief«, sondern ein flacher, kurzer Raum, in dem die Ausscheidungsprodukte von Darm und Nieren zu einem Brei zusammengeführt werden. Der Eileiter der Weibchen mündet in diese Kloake. Diesen anatomischen Gegebenheiten zufolge ist eine Paarung zwischen Menschenfrau und Schwanenmann reichlich unwahrscheinlich; so unmöglich wie das Eierlegen einer Menschenfrau. Den in der Naturkunde so viel besser als die Menschen des Spätmittelalters bewanderten Alten Griechen hätte eine derartige Vorstellung wohl kaum mehr als ein müdes Lächeln abgewinnen können. Das Ei konnte nur im übertragenen Sinne zu verstehen sein. Wir meinen das auch so, wenn gesagt wird, »dem ist ein Kuckucksei ins Nest gelegt worden!« Alle drei der oben aufgeführten Punkte vertragen sich nicht mit der Deutung von *kyknos* (*cygnus*) im Mythos von Leda und dem Schwan. Zeus hatte zwar viele Gestalten angenommen, aber keine unsinnigen. Was mit Leda wirklich geschah, sollte möglicherweise umschrieben, »durch die Blume« ausgedrückt werden, oder der Schwan war kein Schwan, sondern etwas anderes. Zwei Alternativen sind vorstellbar. Die erste geht von der Bedeutung des Ausdrucks »mein lieber Schwan« aus. Mit tadelndem Ton wird so jemand angesprochen, der einem nicht gerade einen Liebesdienst erwiesen hat. Gemeint ist beides nicht, weder ›lieber‹, noch ›Schwan‹, sondern ein Mensch, der sich gerade nicht freundschaftlich, nicht »lieb« verhalten hat. Wie Zeus bei Leda oder der Freund, den sie draußen am Berg, wo sie allein (!) unterwegs war, getroffen hatte. Sie wurde geschwängert. Da Frauen durchaus spüren können, ob der Seitensprung gerade in ihre fruchtbaren Tage hineinfällt und sie in diesen sogar hormonell besonders geneigt sind, einen solchen zu begehen, schlief sie am Abend mit ihrem Gatten. Die Folge waren Zwillinge. In dieser Version bleibt alles im menschlichen Bereich. Der Verführer wurde einfach zu Zeus umfunktioniert, und die Bedrohung durch den Adler gab den Grund für das zum Dank für die Beschützung gewährte weibliche Entgegenkommen. Ganz anders die zweite Version. Sie geht von der Ähnlichkeit der Namen *kyknos* = Schwan, der auf Attika jedoch, wenn überhaupt, nicht allgemein bekannt war, und *kynos* = Hund aus. Falls Leda mit einem großen weißen Hirtenhund am Berg unterwegs war, wie er zum Schutz der Schafherden gegen Wölfe und andere Gefahren in Gebrauch gewesen ist, würde die Verbindung »stimmig«. Sodomie war in hellenistischer Zeit nichts Ungewöhnliches. Vorstellungen von Mensch-Tier-Mischwesen stehen damit in Zusammenhang. Wie etwa der Minotaurus von Kreta, der Stier(köpfige)-Mensch. Eine Sodomie mit dem die schöne Dame begleitenden Hirtenhund hätte sich trefflich in der Form des Mythos umschreiben lassen. Wer Bescheid wusste, verstand, was gemeint war. Es ist anzunehmen, dass zur ›Klarstellung‹ das Ei oder die beiden

Eier, aus denen die Kinder hervorgingen, erst nachträglich, vielleicht erst zu Zeiten der Römer, angefügt wurden. Umgang mit Hunden gab es zudem keineswegs nur in jenen fernen Zeiten. Der Ausdruck »Schoßhund« verweist darauf. Sodomie wurde erst in jüngerer Vergangenheit verwerflich und als Abartigkeit strafbar. Am häufigsten kam sie wohl vor, wenn Männer allein mit Schafherden unterwegs waren und (junge) Frauen wegen Abwesenheit der Männer in Kriegen oder auf See sehr lange allein sein mussten. Sodomie wurde in den letzten Jahrhunderten aus dem Bewusstsein verdrängt und der Homosexualität als Abartigkeit nahezu gleichgestellt. Michelangelos Bild von Leda mit dem Schwan war offenbar auch so verstanden worden. Das Original verschwand, nachdem es zuerst gar nicht zu Alfonso d'Este nach Ferrara gelangte, der es in Auftrag gegeben hatte. Michelangelos Schüler Antonio Mini brachte es 1532 an den französischen Hof nach Fontainebleau. Unter Ludwig XIII. wurde es angeblich vernichtet, weil es von seiner Gemahlin Anna von Österreich für unmoralisch und obszön gehalten wurde. Um 1740 soll es noch vorhanden, aber in schlechtem Zustand gewesen sein. Danach ist nichts mehr über den Verbleib bekannt.

Schwanengesang am Eridanos

Man könnte es nach heutigem Sprachgebrauch für einen ›Schwanengesang‹ auf den Schwan halten. Tatsächlich inspirierte es aber Künstler bis in die Gegenwart immer wieder. So wie der ›Schwanengesang‹ sprichwörtlich wurde, obgleich – oder vielleicht gerade weil – die Benutzer dieses Ausdrucks nichts darüber wissen. Schwäne singen nicht, um diese Feststellung nochmals zu bekräftigen. Sie singen auch nicht bei ihrem Tode. Sokrates, der in seinem Werk *Phaidon* den Todesgesang des Schwans damit erklärt, dass dieser das Gute in der Unterwelt, im Totenreich, kenne, war entweder selbst einer Verwechslung erlegen oder falsch interpretiert worden. Einem verbreiteten altgriechischen Mythos zufolge stimmt *Kyknos* (der Schwan?) vor seinem Tod ein wunderschön trauriges letztes Lied an. Einer Version zufolge wandelte *Kyknos* in einem Pappelhain am Fluss Eridanos und beklagte den Verlust seines besten Freundes Phaeton. Die Götter belohnten seine Klage, indem sie ihn in das Sternbild des Schwans verwandelten. Sokrates' Erklärung blieb ohne größere Nachwirkung bis in die Neuzeit. Es waren Autoren und Musiker des 18. und 19. Jahrhunderts, die den Topos des Schwanengesangs aufgriffen und verbreiteten. Die Wirkung des Denkens der Romantik ist unverkennbar. Heutzutage ließe sich die als ›Schwanengesang‹ deklarierte, letzte Rede eines Politikers ironisch als Abgesang verstehen: nutzlos verströmter Atem aus der Luftröhre; kein Gesang und keine Botschaft! In dieser Hinsicht ist Tschaikowskys *Schwanensee* als Verwechslung mit dem ballettartigen Tanz der Kraniche jedenfalls besser gelungen.

Der ›Schwan‹ der griechischen Antike bleibt nach all diesen Erwägungen immer noch ein Rätsel. Zu oft ist sein Name in den alten Schriften und in den Mythen erwähnt, zu viel war mit ihm verbunden worden, als dass er nichts weiter als eine reine Erfindung sein könnte. Gehen wir den Spuren nochmals nach. Der Schwanengesang hat neue Anhaltspunkte geliefert. Es ging darin um traurig-wohltönende Laute. Schwäne bringen keine solchen zustande. Aber vielleicht kommt ein anderer Vogel dafür in Frage, der wesentliche Eigenschaften der Schwäne in sich vereinigt und solche Töne erzeugen könnte? Die Legende vom Schwanengesang bietet dazu noch weitere Details. Er fand am Ufer des Erida-

nos statt. Phaeton, der Lenker des Himmelswagens, kommt
darin vor und ein König namens *Kyknos* (!). Von Bernstein
und Pappeln ist die Rede und vom Untergang der Sonne.
Während die Griechen Herodot und Strabon nichts Genau-
eres über diesen Fluss wussten und ihn für mythisch hielten,
verlegte ihn der Römer Vergil kurz vor der Zeitenwende in
die Unterwelt. Vergil kannte die alte Deutung des lombardi-
schen Flusses Po als Eridanos, da dieser aus griechischer
Sicht »im Westen« fließt, ins Meer mündet, allerdings in ein
unpassend kleines Nebenmeer, die Adria, aber weithin von
Pappeln gesäumt wurde. Dennoch hielt Vergil offensichtlich
nichts davon, den Po mit dem Eridanos der griechischen
Mythologie zu identifizieren. Ein Bächlein bei Athen, das
Eridanos genannt wurde und am Lykabettos-Hügel entspringt, eignet sich wegen seiner Kleinheit nicht sonderlich
gut als Vorbild für einen so wichtigen mythischen Fluss. Der
Eridanos von Athen war schon in der Antike begradigt und
teilweise unterirdisch geführt worden. Er durchfloss in diesem Zustand den alten ›Stadtplatz‹, die Agora Athens, und
das Töpferviertel Kerameikos. Wahrscheinlich erhielt der
Bach seinen Namen wegen der teilweise unterirdischen Führung seines Laufes, als es den Eridanos-Mythos schon lange
gab. Deshalb bezogen sich Herodot und Strabon nicht auf
ihn. Der Po und noch weiter westlich, die Rhône, die ins
Tyrrhenische Meer mündet, wurden favorisiert, nachdem
die Griechen genauere Kenntnis des Mittelmeeres erworben
und ihre Kolonisation bis in den fernen Westen, bis Iberien,
ausgedehnt hatten.

Denn der Mythologie zufolge war Eridanos ein großer
Fluss im fernen Westen, aber auch ein Flussgott. Gezeugt
hatten diesen der Titan Okeanos, Herrscher über das große
Ionische Meer, und seine Schwester Tethys. Bei näherer Betrachtung des mit dem ›Schwan‹ *Kyknos* zusammenhängen-
den Geschehens kommt nun höchst Turbulentes zutage.

Phaeton, der Strahlende, war Hesiod zufolge Sohn von Eos, der Göttin der Morgenröte und Schwester des Sonnengottes Helios. Seit Euripides gilt Phaeton jedoch als dessen direkter Sohn. Seine Mutter war Klymene. Von dieser Deutung ging auch Platon im *Timaios* aus. Ausführlich schilderte aber der griechische Dichter Hesiod das Geschehen. Als Phaeton heranwuchs und gedieh, bezweifelte Epaphus (= der durch ›Berührung‹ seiner Mutter Io durch Zeus gezeugte!) seine göttliche Abstammung. Epaphus war zwar auf der griechischen Insel Euböa geboren worden, aber unter dem Namen Apis regierender König in Ägypten. Klymene bestand auf der göttlichen Abkunft ihres Sohnes und schickte ihn zum Vater Helios. Phaeton suchte ihn in dessen Sonnenpalast auf und wurde von Helios auch als Sohn anerkannt. Dabei schwor er, ihm einen Wunsch zu erfüllen. Phaeton bat darum, den Sonnenwagen einen Tag lang fahren zu dürfen. Vergeblich sträubte sich Helios dagegen, hatte er doch dem Sohn die Einhaltung seines Versprechens zugesichert. Mit Beginn der Morgenröte bestieg Phaeton den großartigen Sonnenwagen des Vaters, ein Vierergespann, und raste los. Als sich der Tag neigte, verlor er vollends die Kontrolle über das himmlische Fahrzeug. Phaeton, der die übliche Fahrstrecke verlassen hatte, stürzte mit dem Sonnenwagen ab. Was nun geschah, schilderte Ovid etwa folgendermaßen:»Die Erde geht in Flammen auf, die höchsten Gipfel zuerst, tiefe Risse springen auf, und alle Feuchtigkeit versiegt. Die Wiesen brennen zu weißer Asche; die Bäume werden mitsamt ihren Blättern versengt, und das reife Korn nährt selbst die es verzehrende Flamme ... Große Städte gehen mitsamt ihren Mauern unter, und die ungeheure Feuersbrunst verwandelt ganze Völker zu Asche.« Gaia, die Erdmutter, bittet bei der sich ausbreitenden Katastrophe Zeus um Hilfe. Dieser zerschmettert mit einem Blitz den brennenden Sonnenwagen. Der Blitz schleudert Phaeton in den Fluss Eridanos. Seine Schwestern finden sich am Ufer ein und beweinen den Bruder. Ihre Tränen werden zu Bernstein, sie selbst aber in Pappeln verwandelt. Das Klagen ruft König Kyknos (bei Ovid lateinisch *Cygnus*) herbei. Er ist untröstlich, war er doch der Geliebte des (homosexuellen) Sonnensohnes gewesen. Apoll, von Kyknos' Trauer gerührt, verwandelt ihn in den Schwan, der zum himmlischen Sternbild wird. Ovid zufolge steht auf dem Erinnerungsstein an Phaeton: »Hier ruht Phaeton, der Lenker des väterlichen Wagens. Er konnte ihn nicht steuern, aber er starb als einer, der Großes gewagt hatte.«

Nach dem Absturz des Sonnenwagens stiegen anhaltend giftige Dämpfe aus dem Wasser auf. Kein Vogel konnte die Stelle überfliegen, ohne tot vom Himmel zu fallen. Inmitten des Sees ging er in Flammen auf. Eridanos wurde aber auch zu einem Sternbild. Was Ovid so dichterisch dramatisch geschildert hat, stimmt sehr gut mit der größten Vulkankatastrophe der Antike, dem Ausbruch des Thera etwa 1600 v. Chr. überein. Es wird angenommen, dass dieser Ausbruch, wenn nicht der Hauptauslöser, so doch eine mitentscheidende Ursache für den Zusammenbruch der minoischen Kultur auf Kreta gewesen war. Die Insel Santorin und die sie umgebenden kleinen Inseln blieben als Rest des ursprünglichen Thera übrig. Der Großexplosion folgten weitere, bei denen sich unter dem Meeresspiegel ein neuer Vulkan aufbaute. Giftige Dämpfe, extreme Hitze über dem Krater und gewaltige Aschemassen, die über Hunderte von Kilometern in der Ägäis ausgeschüttet wurden, stimmen mit Ovids Schilderung bestens überein. Wenn die Minoische Kultur bei diesem Ausbruch tatsächlich (weitgehend) vernichtet wurde, ist auch verständlich, dass Ovid die Auswirkungen auf ganze Völker betont. Das Gleichnis vom abgestürzten Sonnenwagen drückt das vulkanische Feuer aus, während sich die Blitze des Zeus auf die Gewitter beziehen, die sich in der Atmosphäre darüber zusammengezogen hatten und scheinbar danach den Weltenbrand löschten. Der Kameni-Vulkan, das ›Kind des Ausbruchs‹, gehört auch gegenwärtig noch zu den aktivsten Vulkanen im östlichen Mittelmeergebiet.

Die Erhebung zum Sternbild steht beim Schwan also in engster Verbindung mit einer der gewaltigsten Vulkankatastrophen der Antiken Welt. Sie hatte im Ausmaß der Auswirkungen bei weitem den Ausbruch des Vesuvs am 24. August des Jahres 79 n. Chr. übertroffen, bei dem Pompeji, Herculaneum und mehrere kleinere Orte an seinem Fuß vernichtet worden waren. In den letzten 10 000 Jahren gab es global lediglich fünf Ausbrüche in der Größenordnung der Thera-Explosion. Alle fanden fern von Europa statt: auf Kamtschatka (vor 7 700 Jahren), in Oregon (vor knapp 7 000 Jahren), auf der Insel Kiuschu in Südjapan (Kikai-Vulkan, um 4 350 v. Chr.), in Neuseeland (Taupo-Eruption um 180 n. Chr.). – Zuletzt der gigantische Ausbruch des Tambora 1815 auf der Insel Sumbawa in Indonesien, der auf der Nordhemisphäre der Erde mit seinen Aschemassen, die hoch in die Atmosphäre geschleudert worden waren, das ›Jahr ohne Sommer‹ zur Folge hatte. Für den Ausbruch des Thera wird eine ausgeworfene Aschemenge (Tephra) von 30 bis 70 Kubikkilometer angenommen. Der Tambora schleuderte ähnlich wie der japanische Kikai die doppelte bis dreifache Menge in die Atmosphäre. Der Vesuv ist unter diesen Giganten nicht vertreten. Die Nachwirkungen seines Ausbruchs 79 n. Chr. blieben auf einen vergleichsweise kleinen Raum beschränkt. Thera hingegen ging in die Legendenbildung im ganzen östlichen Mittelmeerraum ein. Der Feuerschein seiner Eruption schuf in für die geschockten Menschen nachvollziehbarer Weise den Mythos des fehlgelenkten, auf die Erde abgestürzten Sonnenwagens.

Damit ist auch klar, warum der Eridanos nicht zu lokalisieren war. Apollonios von Rhodos, dessen namensgebende Heimatinsel Rhodos zwar ein gutes Stück weiter als Kreta von Thera entfernt liegt, aber noch nahe genug, um Auswirkungen abbekommen zu haben, konnte nicht klären, ob der Eridanos ein Fluss, ein See oder ein Meeresarm war. Apollonios war wahrscheinlich im ägyptischen Alexandria am Nildelta geboren worden und leitete dort zwischen 270 und 245 v. Chr. die berühmte Bibliothek. Eine bessere Quelle für die alten Texte konnte es gar nicht geben. Wo der geheimnisvolle »Fluss zum Totenreich« fließt, konnte er nicht angeben. Die Bernsteine, die dort gefunden wurden, hielt man für die Tränen Apolls, die er in der Verbannung vom Olymp vergossen hatte. Wer mehr wusste, verwies auf das in der Antike sagenumwobene Volk der Hyperboräer. Von dort, von ihnen oder über sie, gelangte der Bernstein, Elektron genannt, ins antike Griechenland. Und bei ihnen treffen wir nun auf den wohl besten Kandidaten für den Eridanos, den großen Fluss im Westen, der ins Totenreich mündet: die Donau. Aus der Sicht der Alten Griechen, die zwar den Pontus Euxinus, das Schwarze Meer, kannten und befuhren, kam dieser mit Abstand größte Fluss Europas aus dem (unbekannten) Westen. Seine Wasser ergossen sich in ein Meer, das auch aus einem anderen Grund »das Schwarze« genannt werden konnte. Denn es enthält in der Tiefe keinen Sauerstoff. Faulende Stoffe, die von der Donau eingeschwemmt werden, setzen giftigen Schwefelwasserstoff frei. Wühlen entsprechende Winde das Schwarze Meer auf, bildet sich an den Eisenbeschlägen der Schiffe ein schwarzer Belag aus Schwefeleisen (Eisensulfid, FeS). Im Mündungsdelta der Donau gibt es Brutkolonien von Pelikanen. Sie waren den Alten Griechen bekannt. Ob auch überwinternde Schwäne das Delta zu Zeiten aufsuchten, in denen Frost die Lagunen vereisen ließ, muss offen bleiben. Die mitgeführten Schwebstoffe der Donau begünstigen das Wachstum von Unterwasserpflanzen im Meer nicht. Sie hemmen es eher durch Trübung, die das Donauwasser in den Sommermonaten ins Meer hinaus trägt und das Delta weiter wachsen lässt. Am Kaspischen Meer und auch an den von Norden kommenden Flüssen, aus den Weiten, in denen die Skythen lebten, ist das anders. Diese Flüsse führen zumeist klares Wasser. In den Buchten an ihren Mündungen entwickeln sich große Bestände von Unterwasserpflanzen, die von den überwinternden Schwänen als Nahrung genutzt werden. Fanden sich Schwäne als Wintergäste ein, kamen sie in Scharen, zumindest in Familienverbänden. Sehr kalte Winter trieben vor allem Singschwäne als ›Eisvögel‹ weiter südwärts in die Ägäis. Das habe ich oben ausführlich erläutert. Die echten Eisvögel passen nicht zur Legende. Die Singschwäne sehr wohl. Umgekehrt macht es große Schwierigkeiten, die Schwäne mit den in den antiken Mythen gemeinten ›Schwänen‹ gleichzusetzen.

Kyknos war im Zusammenhang mit dem Absturz des Sonnenwagens als Mensch dargestellt worden. Als Geliebter von Phaeton hatte er getrauert. Der Verwandlung in das Sternbild des Schwans liegt demnach ein Ereignis zugrunde, das auf jeden Fall, gleichgültig, wie die Datierungen zum Ausbruch des Thera und zum Ende der Minoischen Kultur letztendlich ausfallen, ganz klar vor dem Aufstieg Athens und vor dem Trojanischen Krieg stattgefunden hatte. Leda und die Affäre mit dem ›Schwan‹ sind erheblich jüngeren Datums als die Geschichte von König Kyknos, der seinem Freund Phaeton in innigster homosexueller Liebe ergeben war. Somit darf sein Name nicht wörtlich genommen werden. Dieser Einwand schwächt den Bezug zum Schwan als Vogel ganz beträchtlich. Ein Liebhaber oder auch ein Hund passen weit besser zu Leda.

All das sieht so verworren und durcheinandergebracht aus, dass plausible Lösungen eher schwinden als sich herausschälen, sobald man tiefer in die Mythologie einzudringen versucht. Zu viel widerspricht sich darin.

In Anknüpfung an die Donau als mögliches (und plausibles) Vorbild für den Eridanos möchte ich abschließend dennoch einen Lösungsvorschlag dafür machen, was ursprünglich mit dem Schwan gemeint gewesen sein könnte, der Phaeton ergeben war. Lassen wir dazu nun alles beiseite, was mit dem Schwan in unserem Sinne verbunden ist. Gibt oder gab es vielleicht einen ganz anderen Vogel, der (1.) menschenähnlich groß, (2.) weiß, (3.) nicht als männlich oder weiblich zu unterscheiden war und (4.) klagend-klangvolle Rufe von sich gab, wenn er (5.) dahinschied? Fassen wir das Dahinscheiden weiter als ein ›Verschwinden auf lange Zeit‹ und nicht als Tod auf. Nehmen wir die Donaumündung für den Eridanos und den Norden für die Nacht, so schält sich als mögliches Vorbild einer der gegenwärtig rarsten Vögel der Erde heraus. Er ist ganz weiß gefiedert wie ein Schwan. Nur im Flug werden die schwarzen Schwungfedern sichtbar. Steht oder schreitet der Vogel, bleiben diese vom weißen Gefieder verdeckt. Sein Gesicht ist rot. Dieses Rot entspricht weitgehend dem roten Schnabel des Höckerschwans. Mit bis zu 1,40 Meter Körpergröße erreicht er im Gegensatz zu diesem fast die Höhe eines Menschen. Seine Stimme klingt wohltönend. Sie kann durchaus als klagend und rein empfunden werden. Trompetenartig laut klingen die Rufe. Der Vogel schlägt dabei auch mit den Schwingen. Die Geschlechter sind gleich. Wo sie (noch) vorkommen, halten sie sich oft zu zweit auf. Sie stammen aus ganz entlegenen Regionen von jenseits der Hyperboräer. Ihre Brutgebiete kennt man gegenwärtig immer noch ganz unzureichend. Man weiß, dass es zwei Teile ihres Vorkommens gibt bzw. gegeben hat, ein östliches und ein westliches. Das westliche liegt irgendwo in Nordsibirien, das östliche in Ostsibirien. Die westlichen Angehörigen dieser Vogelart ließen sich bis ins Land des Bernsteins verfolgen, wo sich ihre Spuren verloren. Wenn sie inzwischen nicht bereits ganz ausgestorben sind, gibt es ihre letzten Überwinterungsplätze noch im Iran. In neuerer Zeit suchten auch wenige Individuen dieser Art das Vogelschutzgebiet von Bharatpur in Nordindien auf. Dort sah ich einige von ihnen in den 1980er Jahren. Kenner wissen längst, welcher Vogel gemeint ist: der Schneekranich (*Grus leucogeranus*). In der Antike war dieser Kranich zwar sicherlich bei weitem nicht so selten wie gegenwärtig, aber auch nicht häufig. Wenn so ein Kranich im von Wasserpflanzen durchsetzten Flachwasser steht, das ihm fast bis zum Bauch reicht, kann er einem Schwan durchaus sehr ähnlich sehen, der den Hals nach oben reckt. Abgesehen von den kranichtypischen langen Beinen fällt der Unterschied gar nicht so stark aus. Im befiederten Körper entsprechen beide einander, ebenso in der Halslänge. Das rote Gesicht ist ähnlich auffällig wie das Rot im Schnabel des Höckerschwans, während dessen schwarze Spitze wie auch der längere schwärzliche Schnabel des Schneekranichs auf größere Distanz nicht so leicht zu erkennen sind. Es gibt keinen Unterschied in Färbung und Zeichnung der Geschlechter; männlich kann zu männlich passen und damit der Gleichgeschlechtlichkeit entsprechen. Als Kraniche fliegen diese Vögel, anders als die schweren Schwäne, sehr hoch. Um zu den Überwinterungsplätzen im Iran oder ins nordindische Tal des Ganges zu gelangen, müssen sie hohe Gebirgsketten von Sibirien her überqueren. Der Höhenflug schafft die Verbindung mit der Sonne, mit Phaeton. Trifft ihr Gefieder das Licht der untergehenden Sonne, glüht es auf als ob es in Flammen stünde. Im Donaudelta gibt es die dazu passende geographische Situation mit dem Sonnenuntergang über dem Delta. Die Sonne geht dort über dem Meer auf und über dem Land unter. Zu den an Wasserpflanzen reichen Lagunen an der Mündung des Eridanos –

sind in diesem Wort vielleicht der griechische Wortstamm
eri- = wollig, was auch ›mit Pflanzen bedeckt‹ meinen kann,
und die indogermanische Wurzel *danu* = (großer) Fluss verbunden? – können Schneekraniche gelegentlich zum Überwintern gekommen sein. Mit aufsteigender Sonne im Frühjahr zogen sie nach Sibirien davon und kamen vielleicht,
wie man das von ihrem Überwinterungsplatz im indischen
Bharatpur kennt, lange Zeit nicht wieder. Mit erregtem Flü-
gelschlagen gaben sie vor ihrem Verschwinden den ›Schwanengesang‹ nach Kranichart von sich; weithin vernehmbar
und klagend. Danach waren sie fort, entschwunden über
dem im Meer der Nachtrichtung verschwindenden Eridanos.

Die in großen Scharen der im Herbst von Norden her
einfliegenden, grauen Kraniche (*Grus grus*) kannte man in
der hellenistischen Zeit sehr gut. Sie waren wie die kleinen
Jungfernkraniche (*Anthropoides virgo*) auch den Alten
Ägyptern vertraut. Kraniche wurden häufig auf Wandmale-
reien dargestellt und in griechische Epen mit einbezogen. Es
gab die Sage vom Heer der Kranichkrieger, die gegen ›Zwerge‹ kämpften. Friedrich Schillers Ballade *Die Kraniche des
Ibykus* von 1797 greift das historische Thema auf, dass sich
Kraniche (fast) wie Menschen verhalten. Deuten wir also
den Schneekranich als das eigentliche Vorbild für den *Kyknos*. Dann ergibt alles einen Sinn; sogar seine spätere Wand-
lung zum Schwan, dessen Missdeutung in der Auslegung der
Sage von Keyx und Alkyone als Eisvogel und auch, dass sein
Name nichts mit Eis zu tun hat. Die Vermischung kam über
die langen Zeiträume zustande. Als sich der Mythos gefes-
tigt hatte, interessierte der Ursprung nicht mehr; wie bei den
Namen, hatten sie sich gut genug eingebürgert, bedurfte ihre
Bedeutung keiner Erklärung mehr. Der Eisvogel ist der Eisvogel, mit oder ohne Eis; die Fledermaus die Fledermaus,
ob Maus oder nicht. Es liegt in der Natur der menschlichen

Sprachen, dass für eine Gegebenheit, ein Tier, eine Pflanze oder auch für einen Menschen beliebige Worte verwendet werden können. Es bedarf lediglich der Konvention innerhalb der Anwender einer bestimmten Sprache, dass dieses oder jenes so genannt wird. Heutzutage sagt so gut wie kein Vor- und Familienname mehr etwas darüber, wie der Mensch ist, der diesen Namen trägt. Die Mythologisierung drückt besonders augenscheinlich aus, wie Vorgänge mit der Zeit umgeformt und Traditionen gebildet werden, aber sie ist kein eigenständiger Prozess. Sie gehört zum allgemeinen Spektrum der Weitergabe von Informationen über die Zeit. Das macht sie zu einem geschichtlichen Vorgang mit großen Ähnlichkeiten zur Naturgeschichte. Wie in dieser die Änderungen der Lebensbedingungen eine fundamentale Rolle für die weiteren Entwicklungen spielen, sind es in der Kulturgeschichte Änderungen in den politischen und sozialen Verhältnissen. Am Anfang steht ein Ereignis, das wichtig genug war, es weiterzuerzählen. Neue Ereignisse kommen hinzu. Sie nehmen Einfluss auf den Ursprungsmythos, deuten diesen um oder fügen ihn ein in einen neuen Kontext. Manche Mythen gewinnen auf diese Weise an Bedeutung, andere verschwinden. Man vergisst sie. Einige werden plötzlich wieder aufgegriffen und aufgebauscht, weil die Zeitströmung dazu passt. Die Renaissance war eine solche Phase. Hätte es sie nicht gegeben, gäbe es die meisten der alten Mythen nicht mehr. Die frühneuzeitlichen Märchen hätten sie ersetzt. Offenbar haben die Menschen ein Bedürfnis nach Fabeln, auch nach ganz banalen.

Banales, Rätselhaftes und Unmögliches

»Es war die Nachtigall und nicht die Lerche«

»Du willst schon fort? Es ist noch längst nicht Tag: / Es war die Nachtigall und nicht die Lerche, / Die deinem Ohr ins bange Innre drang; / Sie singt bei Nacht auf dem Granatbaum dort: / Geliebter glaub's es war die Nachtigall«, sagt Julia im 3. Akt, 5. Szene, zu Romeo, um ihn noch zum Bleiben zu bewegen. Doch er meint: »Die Lerche war's, die Tagverkünderin!« Shakespeares »It was the nightingale and not the lark« gehört zu den bekanntesten Sätzen der Weltliteratur. Die Tragödie von Romeo und Julia basiert auf einer italienischen Volkserzählung aus dem Mittelalter. 1545 hatte sie Bandello in eine Novelle gefasst. Eine französische Bearbeitung davon regte den Engländer Arthur Brooke zu einem Gedicht an. Dieses inspirierte William Shakespeare zu *Romeo und Julia*. Nach einer Erstfassung 1592 legte er die Tragödie 1596 in überarbeiteter Form vor. So etwa die Kurzfassung, die auch ich im Schulunterricht zu lernen hatte. Die historischen Daten entschwanden mir schnell aus dem Gedächtnis. Zurück blieb der ominöse Satz über die Nachtigall und die Lerche. Wie kann man ihre Gesänge verwechseln? Das fragte ich mich schon als junger Ornithologe. Und das fragte ich auch meine Lehrerin. Ihrer Antwort, dass das doch in so einem Text keine Rolle spiele, hielt ich entgegen, Nachtigall und Lerche singen so verschieden, dass man sie gar nicht verwechseln kann. Die Lehrerin meinte, vermutlich in einer Mischung von Unverständnis und Nachsicht mit mir, das sei eben Literatur und kein vogelkundlicher Text. Aber sie fügte hinzu, darüber nicht nachgedacht zu haben. Schließlich gehe es ja in *Romeo und Julia* um die Tragik der Liebe. Diese behandelte Shakespeare so realistisch, dass die Menschen davon ergriffen werden. Mit dichterischer Freiheit bediente er sich lediglich der Umstände. Der Kern blieb echt und zutiefst menschlich. Gerade deswegen empfand ich es umso befremdlicher, dass die über Leben und Tod entscheidende Frage, ob es noch Nacht ist oder das Lerchenlied den Morgen ankündigt, mit zwei so grundverschiedenen Vogelgesängen verknüpft wurde. Pferd und Kuh sähen einander noch ähnlicher als sich Nachtigall und Lerche anhören. Die voll tönenden »Schläge« der Nachtigall und ihr unvergleichliches Schluchzen kann man wirklich nicht mit den hohen Trillern der emporsteigenden Lerche verwechseln, sofern man überhaupt noch etwas hört. Liebe macht blind, sagt der Volksmund; blind vielleicht, aber nicht taub. Ich beugte mich der Meinung meiner Lehrerin, das Shakespeare-Zitat nicht so eng zu sehen, sondern »metaphorisch« zu betrachten. Die Nachtigall steht für Abend und (frühe) Nacht, die Lerche für den Morgen. Ich hätte Shakespeare dennoch eine treffendere Alternative zugetraut. Wäre sie nötig gewesen, hätte er sicher eine solche gefunden. So urteilte ich in jugendlicher Wertschätzung seines Werks.

Eine bessere Lösung war nicht nötig. Als ich mich Jahrzehnte später mit den historischen Verhältnissen befasste, die zu Shakespeares Zeit geherrscht hatten, fand ich eine für mich viel überzeugendere Erklärung. William Shakespeare lebte von 1564 bis 1616. Damals herrschte die sogenannte Kleine Eiszeit mit bitterkalten Wintern und oftmals für den Getreideanbau sehr ungünstiger Sommerwitterung. In den Alpen wuchsen die Gletscher, bedrohten die Dörfer in den Tälern und es gab verheerende Überschwemmungen. Eine der größten suchte 1598 weite Teile Europas heim. Sie ist

am Inn, dem Fluss, an dem ich aufwuchs, an Gebäuden am
Ufer als das höchste historische Hochwasser verzeichnet.
Große Seen, wie der Bodensee, froren in jener Zeit wieder-
holt komplett zu. Von 1400 bis 1620 geschah dies 16-mal,
in der gleich langen Zeitspanne seit 1790 hingegen nur drei-
mal, davon zweimal noch im 19. Jahrhundert. Vorausgegangen war der Kleinen Eiszeit das klimatisch begünstigte
Hochmittelalter. Es währte etwa von 800 bis 1300, also
rund ein halbes Jahrtausend lang. Getreideanbau und Wein-
erzeugung florierten. Die um 1350 einsetzende Kleine Eiszeit drängte Wein und Weizen in Mittel- und Nordwesteuro-
pa auf die klimatisch günstigsten Regionen zurück. Der
größte Teil Englands wurde Schafland. Shakespeare lebte in
dieser Zeit ausgedehnter Weidewirtschaft mit Schafen.

Auf den zu Heiden gewordenen Weiden sang dort eine
andere als die uns geläufige Lerche. Ihr Name Heidelerche
drückt das aus.»Lullende Baumlerche« heißt sie übersetzt
mit ihrem wissenschaftlichen Namen *Lullula arborea*. Wir
aber meinen mit ›Lerche‹ die Feldlerche (*Alauda arvensis*).
Sie ist die uns geläufige Künderin des Morgens. Mit dem
Rückgang der Weidewirtschaft im 19. und 20. Jahrhundert
wurde die Heidelerche so selten, dass gegenwärtig nur noch
wenige ihren Gesang kennen. Die in Mittel- und Westeuropa vorkommenden Heidelerchen machen nur noch etwa ein
Hundertstel des Feldlerchenbestandes aus. Die Heidelerche
verschwand entsprechend nach und nach aus der Folklore.
Die Feldlerche nahm ihren Platz ein. Nicht das jubilierende
Aufsteigen der Feldlerche, sondern das Lied der Heidelerche
passt zum Gesang der Nachtigall. Es enthält eine markante
›lü, lü, lü…‹-Strophe, die an das Schluchzen der Nachtigall
erinnert. Zu Shakespeares Zeit dürfte die Heidelerche in
England eine weitverbreitete Lerche gewesen sein. Nachgewiesen wurde sie dort seit dem 15. Jahrhundert, also seit
der Zeit der Klimaverschlechterung hin zur Kleinen Eiszeit.

›Woodlark‹ heißt sie auf Englisch, die Feldlerche aber ›Skylark‹. Welche Lerche Shakespeare meinte, geht aus *Romeo und Julia* nicht hervor. Die Heidelerche kommt gegenwärtig in nur noch geringen Restbeständen in Südengland vor. Das Gelände um Stratford-upon-Avon, dem Heimatort von William Shakespeare, war sicherlich für Heidelerchen geeignet. Die Nachtigall ist in Südengland erheblich weiter verbreitet. Auch in unserer Zeit ist sie das noch. Doch wo Feldlerchen singen, sind Nachtigallen kaum zu hören. Ihre Lebensräume sind zu verschieden. Heidelerchen und Nachtigallen passen besser zusammen. Shakespeare hätte keinen Grund gehabt zu präzisieren, wenn doch in seiner Zeit die Heidelerchen häufig und bekannt genug waren. Sie singen in der späten Nacht und am frühen Morgen, wenn die Nachtigallen schweigen. Beide passen bestens zu den Gegebenheiten des ausgehenden 16. Jahrhunderts. Die Zeiten haben sich inzwischen aber stark geändert. Was vor Jahrhunderten oder Jahrtausenden seine Richtigkeit hatte, mag uns heute unverständlich vorkommen. Allzu schnell verweisen wir es ins Reich der Mythen und Fabeln. Zurück bleiben nette Geschichten, die sich erzählen lassen wie Märchen. Sie können mehr enthalten, viel mehr. Shakespeares ›Lerche‹ ist ein Beispiel dafür. Meine Deutung mag falsch sein. Vielleicht hatte sich Shakespeare wirklich nicht darum gekümmert, ob Nachtigall und (Feld)Lerche zusammenpassen. Ihre Symbolhaftigkeit für die frühe und die späte Nacht wirkt auch so. Aber er hatte beide Vögel konkret genug benannt und nicht einfach unbestimmte Eulenrufe der Nacht und Vogelstimmen des dämmernden Morgens als Metaphern benutzt. Könnte man ohne die genaue Benennung, welche Arten gemeint waren, Nachtigall und Lerche heute aus dem Text erschließen? An der Qualität von *Romeo und Julia* würden sachliche Unstimmigkeiten so gut wie nichts ändern.

Nachtigall und Lerche stehen jedoch nicht isoliert, auch
wenn das zunächst bei Shakespeare so aussehen mag. Die
Verhältnisse der Kleinen Eiszeit wirkten ganz massiv auf
das Leben der Menschen ein. Märchen zum bösen Wolf wären wohl nicht entstanden, hätte es die Zeiten des Hungers
in den langen harten Wintern der Kleinen Eiszeit nicht gegeben. In der viel wärmeren, klimatisch günstigeren Zeit des
»Klassischen (europäischen) Altertums« verbreiteten Wölfe
keine allzu großen Ängste. Im Gegenteil: Die Legende will
es, dass Romulus und Remus, die Begründer Roms, von
einer Wölfin gesäugt und so am Leben erhalten worden waren. Dazu gibt es allerdings recht unterschiedliche Deutungen. Die Wölfin könnte eine *lupa*, eine Hure, gewesen sein,
so eine Interpretation. Andere meinen, es hätte sich ähnlich
wie bei Moses um ausgesetzte Säuglinge gehandelt, die nach
einigem Hin und Her doch großgezogen wurden. Jedenfalls
ging es in der Gründungssage Roms um Weideland für Vieh
und Hirten waren daran beteiligt. Romulus erschlug seinen
Bruder Remus und wurde so zum Gründer Roms, das seither seinen Namen trägt. Der Kern der Geschichte lässt sich
kaum noch fassen. Da es sich um ein Ereignis handelt, dem
eine ganz besondere historische Bedeutung zukommt, wurden die Verhältnisse um das Jahr 752 v. Chr. jedoch viel um-
fangreicher berücksichtigt als die zoologische Frage, ob
denn eine Wölfin überhaupt Menschenkinder und gleich
zwei davon erfolgreich säugen und großziehen könnte. Entsprechend gründliche Nachforschungen haben so gut wie
keinen überzeugenden Anhaltspunkt dafür geliefert, dass es
jemals irgendwo Wolfskinder gegeben hat. Die Zwillinge
und die Wölfin stellen daher wohl ein gutes Beispiel dafür
dar, wie Tiere als Menschenersatz benutzt und zum Mythos
werden.

Das Weihnachtstier

Manche kennen nur seinen Vornamen Rudi. Den meisten ist es ziemlich gleichgültig, um welches Tier es sich handelt, das zu Weihnachten in Erscheinung tritt und danach wieder verschwindet. Vom Himmel hoch kommt es her. Interessant ist nur das, was es auf dem Schlitten mitbringt. Leichtfüßig zieht es diesen voll bepackt hinter sich her. Ein Hirsch muss es sein. Das beweisen das große Geweih und die langen Beine. Das eher dümmliche Gesicht passt allerdings nicht so recht zum edlen Hirsch. Natürlich wissen wir, worum es sich handelt. Um ein Rentier (*Rangifer tarandus*). Dieser nordische Hirsch gab das Vorbild ab für all die flotten Schlitten-Rudis mit der roten Nase und dem Weihnachtsmann als Lenker. Erfunden hat die Figur angeblich der Amerikaner Clement Moore 1829 in einem Gedicht. Der Rentierschlitten wurde sogar erst 1868 in einer Zeichnung in Harper's Magazine dargestellt.

Ursprünglich zogen acht Rentiere den Schlitten. Jedes trug einen eigenen Namen. Rudolf (»Rudi«) war eines von ihnen. In nur gut einem Jahrhundert wurde das Rentier zum Tier, das für Weihnachten ganz ähnlich steht wie der Hase für Ostern. Merkwürdig, denn in den christlichen Krippen kommt es nicht vor. Da stehen Ochs und Esel und die Schafe. Und sie stehen nur so herum. Weitergehende Aufgaben sind ihnen nicht zugedacht worden. Die Weihnachtsgans wäre vielleicht so populär geworden wie zum amerikanischen Thanksgiving Day der (gebratene) Truthahn, wenn da nicht das Rentier gekommen wäre. Sehr christlich ist der mit Gaben bepackte Rentierschlitten zudem nicht. Der Mann, der den Schlitten lenkt, der Weihnachtsmann, stammt auch nicht aus der Bibel. Darin ist er nirgends zu finden. Er wohnt, so heißt es, mit seinen Rentieren auf dem 486 Meter hohen Korvatunturi-Berg in Finnisch-Lappland. Der Berg liegt unmittelbar an der russischen Grenze und knapp jenseits des Polarkreises. Die Poststation des Weihnachtsmanns befindet sich im Städtchen Rovaniemi unweit des Korvatunturi-Berges. Zu Deutsch würde dieser Berg ›Ohrenberg‹ heißen. Warum, bleibt Berggeheimnis. Der echte Weihnachtsmann hat auch einen echten Namen: Joulupukki. Der Zusatz: ›asuu Lapissa‹ besagt, dass er in Lappland wohnt. Das ist von Bethlehem ziemlich weit entfernt. Vergleichbar weit klaffen auch die Ursprünge von christlicher Weihnacht und Joulupukki, dem Weihnachtsmann, auseinander. Er gehört nämlich zu den Samen (Saami), die früher auch Lappen genannt wurden. Sie haben das Skifahren erfunden. In ihrer samischen Sprache bedeutet Lappe Rentierhirte. Die Sprache ist ural-altaischen Ursprungs. Die Fertigkeit, Rentiere in Herden halbwild zu halten und sie vor den Schlitten zu spannen, entwickelten die Samen zusammen mit ihren nordsibirischen Verwandten, den Korjaken, Samojeden, Tschuktschen und Kamtschadalen in der Zeit von etwa 1800 bis 900 v. Chr., also vor drei- bis über dreieinhalbtausend Jahren in der Zeit der Hochblüte Altägyptens und der frühen Hellenen Griechenlands. Seither ist das Leben dieser nordischen Völker auf das Engste mit den Rentieren verbunden. Lange schon gibt es keine richtig wild lebenden Rentiere mehr im Norden Europas und Asiens. Alle halbwilden Rener bilden zusammen mit diesen Nordvölkern eine Lebensgemeinschaft. Beide Partner hängen voneinander ab. Die Menschen jedoch mehr von den Rentieren als umgekehrt. Ohne die nordischen Hirsche, bei denen auch die weiblichen Tiere Geweihe tragen, hätten diese Nordvölker nicht überleben können.

Vom Ren nutzen sie alles: Das Fleisch, die Milch, die Haut und die Geweihe, die bei den Hirschen sehr ausladend entwickelt sind. Mit den nach vorn gerichteten, schaufelartigen Teilen des Geweihs, die in der Sprache der Jäger Augsprossen genannt werden, schaufeln sie bei der Nahrungssuche den Schnee weg. Das nordamerikanisch-indianische Wort für die dortigen Rentiere, Karibu, bezieht sich direkt auf diese Eigenheit. Unter dem Schnee gibt es meist nur Knospen von Kriechweiden und Flechten als Nahrung, die deshalb Rentierflechten genannt werden. Sie sind sehr reich an Mineralstoffen. Die Rentiere kommen gut mit dieser Nahrung zurecht. Sie entwickeln ein wollig-wärmendes Fell. Dieses eignet sich bestens zur Fertigung von Kleidern, die vor der Winterkälte schützen. Im Sommer hält das dichte Fell die in ungeheuren Massen anfliegenden Stechmücken ab, die das Leben in der Tundra zur Hölle machen können. Um ihre dürftige Nahrung in ausreichenden Mengen zu bekommen, müssen die Rentiere nahezu ununterbrochen unterwegs sein. Früher nahm man an, ihr Name würde sich von diesem Herumrennen ableiten. Diese Deutung stimmt jedoch höchstwahrscheinlich nicht.

Mit Rentieren zu leben, zwingt auch die Menschen zu einer nomadischen Lebensführung. Werden diese Tiere eingepfercht gehalten, macht sie das anfällig für Krankheiten und Hufschäden.

Bei der Wanderung verursachen die Rentiere ein eigenartig knackendes Geräusch mit den Knöcheln. Wozu das gut ist, darüber ist viel spekuliert worden. Vielleicht hilft es den Nachfolgenden, in der dunklen, tage- oder wochenlang andauernden Winternacht den Anschluss an die Herde nicht zu verlieren. Sehr nützlich ist das Rentier also zweifellos. Doch weshalb sollte ausgerechnet dieses Tier und ein mit Schlitten fahrender Nomade des Hohen Nordens zur Symbolgestalt von Weihnachten werden? Zu den Samen/Lappen kam das Christentum ja ziemlich spät; aus mitteleuropäischer Sicht sogar ganz zuletzt. Die Weihnacht sollte unter den südlichen Bedingungen des Heiligen Landes und nicht bei arktischer Kälte und drückenden Schneemassen

stattfinden, auch wenn letztere umso beliebter geworden
sind, je weiter sich das aus der Rentierwelt gekommene Skifahren in der Bevölkerung verbreitete. Den entscheidenden
Aufschluss vermittelt der Name des Weihnachtsmannes:
Joulu-pukki – Jul(fest)-mann. Das Rentier war also mit dem nordischen Julfest verbunden. Mit christlicher Weihnacht hatte es gar nichts zu tun.
Weihnachtsmann und Rentier gehören zu den Geschenken
und zur Stimmung, nicht zu Kirchgang und Besinnung. Es
ist, wie andere Teile der Weihnachtsbräuche auch, erst nachträglich mit dem christlichen Fest verbunden worden – so
gut oder so schlecht das eben ging. Das uralte Julfest hatte
tatsächlich eine ganz andere Bedeutung, die sich als Sitte
über die riesigen Weiten des eurasiatischen Nordens aus-
dehnte. Sibirische Völkerschaften verehrten den sogenannten Großen Rentiergeist. Mit einem polnischen Kriegsgefan-
genen kam 1658, also mitten in der kältesten Phase der
Kleinen Eiszeit, die Kunde davon nach Europa. Er berichtete, was es mit diesem »Geist« auf sich hat. Zum Julfest,
das meistens zur finstersten Jahreszeit im Hohen Norden
gefeiert wurde, nämlich zur Wintersonnenwende, wenn es
keinen Tag mehr gab, sondern nur noch Nacht, berauschten
sich Schamanen mit dem Gift von Fliegenpilzen. Dabei nahmen sie Kontakt mit dem Großen Rentiergeist auf. Aus ge-
trockneten Fliegenpilzen brauten sie den Sud. In der richtigen Konzentration der halluzigenen Giftstoffe dieses Pilzes
genossen, entstanden euphorische Rauschzustände. Sie waren begleitet von der Illusion zu fliegen. Wer die rechte Dosierung des Pilzgiftes kannte, die die Sensation des Fliegens
erzeugte, konnte den Stammesgenossen die schönsten Zu-
stände in der finstersten Zeit bescheren. Damit behalfen sich
die Nordländer über die schier endlose, so melancholisch
stimmende Finsternis der Winternacht hinweg.
Der polnische Soldat berichtete, dass die Teilnehmer an

den Julfesten schlimmer betrunken waren als mit Wodka und dass das für sie das schönste Bankett überhaupt gewesen sei. Problematisch, höchst problematisch war und blieb jedoch die Dosierung. Ein bisschen zu viel konnte schwere Schäden oder gar den Tod bedeuten. Zu wenig erzeugte nicht die richtige Stimmung. Die Lösung brachten die Rentiere. Vielleicht waren sie es ursprünglich sogar gewesen, die die Menschen auf die Wirkung der Fliegenpilze aufmerksam machten. Denn Rentiere verzehren diese Pilze gern. Wie sie es schaffen, sich dabei nicht zu vergiften, ist wohl immer noch ihr Geheimnis. Was sie dann aber von sich geben, enthält die richtige und auch ungefährliche Dosis für den angestrebten Drogenrausch: Urin. Mit diesem brachten die Rentiere die »schönsten Geschenke« in die einsame Wildnis. Sie bescherten den Menschen, die sie verehrten, das Gefühl des Fliegens. Die Bezeichnung Fliegen-Pilz bezieht sich auf diese Wirkung. Und es ist der Fliegenpilz, dem auch die rot-weiße Kleidung des Jul-Mannes, des Weihnachtsmannes, zuzuschreiben ist. Wir kennen den Zusammenhang nicht mehr, obgleich er noch im Kinderlied vom Männlein enthalten ist, das im Walde steht, ganz still und stumm, und das hat von lauter Purpur ein Mäntlein um. Es tanzte als Rumpelstilzchen auf einem Bein, weil der Pilz eben keine zwei »Füße« hat. Auch ›Rotkäppchen‹ symbolisiert den Fliegenpilz. Noch immer ist er auf vielen nostalgischen Weihnachtskarten vertreten. Fliegenpilze gehören zum herkömmlichen Schmuck der Christbäume. Die weißen Flecken auf dem roten Hut lassen sich leicht in Schneeflocken umdeuten oder als solche tarnen, ganz nach Belieben. Doch dieser Pilz wächst gar nicht zur Winterszeit, wenn es schneit. Aber genossen wurde er in jener Zeit, die später, viel später, die Weihnachtszeit geworden war. Das Rentier diente seit alten Zeiten als Vermittler zu den psychedelischen Höhenflügen. Inzwischen bringt es als Rudi

mit der roten Nase andere, auf ihre Weise jedoch auch erhe-
bende Geschenke. Mag sein, dass die rote Nase nur auf die
Kälte hinweisen sollte. Wahrscheinlicher ist aber die alte
Verbindung mit dem Fliegenpilz oder die jüngere mit dem
Schnaps, der sich bei Menschen, die zu viel davon genossen
haben, peinlicherweise in roten Nasen ausdrückt. Wie auch
immer, der Kaufrausch von heute spiegelt sich als Ersatz-
rausch für die Julfeste früherer, unchristlicher Jahrhunderte.
Das Rentier verwandelte sich über diese Doppeldeutigkeit
zum Weihnachts-Tier. Sein Lenker schwebt nicht mehr zum
Rauchabzug der Lappenzelte hinaus wie der alte Schamane,
um oben den Kontakt mit den Geistern aufzunehmen und
Geschenke mit zurückzubringen. Längst kommt er ganz zi-
vilisiert mit Lichtreklame und der geradezu fordernden An-
gabe, wo die Geschenke zu finden und zu kaufen sind. So ist
das Julfest zum Geschenkefest für Kinder geworden. Nichts
mehr außer seiner merkwürdigen, für den Anlass der Geburt Christi nicht gerade passenden Kleidung weist auf den
früheren Zusammenhang mit dem Drogenrausch hin. Das
›fliegende Rentier‹ und der Weihnachtsmann sind ›domestiziert‹ worden, wie auch ›Knecht Ruprecht‹, die Perchten
und andere heidnische Bräuche aus der lichtarmen Zeit des
Mittwinters, die das Christentum vereinnahmt hatte. Mit
der Umlenkung auf die Kinder wurde ihnen das Archaische
genommen und der Zivilisation unterworfen.

Wolpertinger und anderer Quatsch

Als Kind, ich war neun oder zehn Jahre alt, kam ich in
meiner niederbayerischen Heimat zu einem Tierpräparator.
Er lebte in einem abgelegenen Weiler auf einem Hügel, der

Spielberg hieß. Warum, das wusste niemand mehr. Es wurde nicht gespielt auf dieser abgelegenen kleinen Bergkuppe im Tertiärhügelland. Sie trug, wie fast alle Hügel dieser Region zwischen den Voralpen und der Donau, wie eine Kappe ein Wäldchen. Am Rand dieses Wäldchens stand das Haus, in dem der Präparator lebte und präparierte. Was für eine Wunderwelt tat sich da für mich auf! Ein Fuchs sah aus, als ob er geradewegs auf mich zulaufen würde. Ein Dachs schaute auf das Brett hinab, auf das er montiert war. So kam sein schwarz-weiß gestreiftes Gesicht eindrucksvoll zur Wirkung. Bussarde und Habichte schwebten mit ausgebreiteten Flügeln von der Decke oder schienen gerade abzufliegen von dem Aststück, auf dem sie saßen. Ganze Rehbockköpfe gab es und balzende Fasanenhähne. Geweihe hingen überall an den Wänden. Kleinvögel saßen auf Ästchen: Rote Gimpel und noch rötere Kreuzschnäbel, bunte Meisen und schwarze Amseln mit gelbem Schnabel. Diese Vögel waren aber viel zu teuer. Ich erhielt ein Eichhörnchen. Es saß mit S-förmig angehobenem Schwanz auf einem bemoosten Ast und hielt in den Händen einen Kiefernzapfen. Daheim kam es im Hauseingang an die Wand.

Unter den naturgetreuen Tierpräparaten sah ich auch Wolpertinger. Hasen hatten kleine Rehgehörne auf den Kopf gesetzt bekommen. Ein Eichhörnchenschwanz war ihnen angefügt und aus dem Mund ragten lange, spitze Zähne, die wahrscheinlich einem Fuchsgebiss entnommen worden waren. Manche dieser skurrilen Gebilde trugen am Rücken eine Reihe von Federn. Andere hatten gar einen Federschwanz bekommen. Der Präparator war sehr nett. Offenbar bemerkte er meine Begeisterung für Tiere. Daher erklärte er mir, dass er die Wolpertinger aus Abfällen zusammensetzt. Solche gäbe es immer wieder, weil ihm die Jäger manche Tiere zu spät bringen. Dann fallen die Federn schon aus, oder die Haut ist schlecht geworden, weil sie zu faulen begonnen hat. Was noch zu etwas taugt, wird zu Wolpertingern verarbeitet. Solche zusammengesetzten Tiere mögen die Leute. Sogar Jäger lassen sich welche machen, um ihre Gäste zu beeindrucken. Die meisten Menschen haben ja keine Ahnung von den Tieren, meinte er. Man kann ihnen alles vormachen. Die Wolpertinger machen Spaß. Dass es sie nicht gibt, macht nichts. Je verrückter, desto begehrter seien sie. Mir gefielen die lebensnahen Präparate. Von Wolpertingern hielt ich nichts.

Etwa ein Jahrzehnt später sah ich in München, dass Wolpertinger tatsächlich in Souvenirgeschäften für »Bayrisches« verkauft werden. Nicht selten nahmen sie sogar zentrale Positionen in den Schaufenstern ein. Weißblaue Maßkrüge, Schnupftabakdosen, Porzellanfiguren tanzender Paare, er in Lederhosen, sie im Dirndl, und allerlei anderer Tand umgaben den gehörnten Hasen mit Eichhörnchenschwanz. Manche Wolpertinger hatten Entenflügel verpasst bekommen. Andere trugen anstatt der kleinen Rehgeweihe Hühnerfedern auf dem Kopf. Mir als Bayer waren solche ›Bavarica‹ schlicht peinlich. Fassungslos machten mich die Preise, die dafür verlangt und offenbar auch bezahlt wurden. Im Alter von knapp 20 Jahren, gerade mit dem Biologiestudium beginnend, wandte ich mich davon mit Grausen ab.

Gewissermaßen auf »höherem Niveau«, aber in vergleichbarer Weise wie ein Wolpertinger gemacht, entstand um 1912 der ›Piltdown Mensch‹. In einer Kiesgrube nahe der Ortschaft Piltdown in Südostengland waren Stücke eines Menschenschädels mit Unterkieferknochen gefunden worden, die als »früher Mensch« angesehen und zu Ehren des britischen Amateurarchäologen, Rechtsanwalts Charles Dawson, sogar mit einem eigenen Namen *Eoanthropus dawsoni* wissenschaftlich benannt wurden. Experten hatten den Fund auf ein Alter von 500 000 Jahren geschätzt. Erst 1953 wurde der Piltdown Mensch als Fälschung entlarvt.

Es handelte sich um einen Menschenschädel aus der Zeit des Mittelalters, der mit einem etwa 500 Jahre alten Unterkiefer eines Orang-Utans und Schimpansenzähnen äußerst geschickt zusammengefügt worden war. Eine Behandlung der Knochen mit Eisensalzen und Kaliumdichromat täuschte das hohe Alter vor. Die Zähne hatte der Fälscher außerordentlich gekonnt passend geschliffen. Die Schleifspuren ließen sich nur mit guten Mikroskopen erkennen. Wer die Fälschung machte und warum, ist bis heute unklar. Im Hintergrund stand jedenfalls die Absicht, den Ursprung der ersten »richtigen Menschen« nach England zu verlagern.

Peinlich war die Geschichte mit der Piltdown-Fälschung vor allem für die damit befassten Paläoanthropologen, die sich so lange so sehr hatten täuschen lassen. Es war dies nicht die einzige Fälschung. Letztlich wurden aber doch alle als solche entlarvt. Die interne Kontrolle und die kritische Sichtung von Material und Befunden machen die Naturwissenschaft wenig anfällig für Täuschung und Fälschungen. Darin steckt eine ihrer großen Stärken. Auch Irrtümer, zu denen es unbeabsichtigt kam, werden korrigiert. So kamen zum Beispiel die ersten Bälge von Paradiesvögeln aus Neuguinea ohne Beine nach Europa. Denn sie stammten vom Schmuck, den sich Papua-Männer gefertigt hatten. Die hinderlichen Beine waren aus den Bälgen entfernt worden. In diesem Zustand, fanden die Damen der noblen Gesellschaft von Ashton, eigneten sich die fußlosen Paradiesvögel ganz vorzüglich als Hutschmuck. Ob das geschmackvoll war und ist, darüber mag man recht unterschiedlicher Meinung sein. Dass das Fehlen der Beine aber als natürlich angesehen wurde, war kein Ruhmesblatt für die Museumszoologen. Es verbreitete sich die Mär, diese Vögel würden nur in der Luft leben, sich nie auf den Boden oder die Bäume niederlassen und sich auch in der Luft paaren. *Paradisea apoda* nannten sie den Wundervogel, den »Fußlosen«!

Zurück zum Fliegenpilz und zu den Märchen. Rotkäppchen sammelt Pilze und trifft dabei auf den bösen Wolf. Das rote Käppchen steht in der psychologischen Deutung für die halluzigenen Fliegenpilze, die das Mädchen sammelt. Der böse Wolf symbolisiert die Angst, die von der Fliegenpilzdroge übersteigert oder auch zu einem guten Ende gebracht werden kann. Vergrößerung oder Verkleinerung von Lebewesen gehört zu den wiederkehrenden Themen in den Märchen. ›Hänschen im Blaubeerenwald‹ wird so klein, dass die Heidelbeerbüschchen für ihn so groß wie Bäume aussehen und ihre Beeren kaum zu tragen sind. Die schwedische Kinderbuchautorin Elsa Beskow (1874 bis 1953) führte damit die Tradition des Dänen Andersen (1805 bis 1875) fort. Beide kannten möglicherweise den Ursprung des Mythos von der Verkleinerung und den Zusammenhang mit den Fliegenpilz-Drogen nicht mehr. Die ›Weisen Frauen‹, die Hexen, waren ein Jahrhundert vor ihrer Zeit bereits so gut wie ausgerottet. Nur Anklänge an ihr Wissen überdauerten in Märchen und Mythen die Hexenverfolgungen. Norbert Bischof hat das im ›Kraftfeld der Mythen‹ höchst eindrucksvoll dargelegt. Wir können in unserer Zeit, die sich so aufgeklärt gibt, aber dennoch *Harry Potter* den Sachbüchern und anderer Literatur vorzieht, die Märchen nicht einfach als Kindereien und die Mythen als Ausdünstungen ferner, unaufgeklärter Zeiten abtun. Nicht nur in *Harry Potter* feiert das geheimnisvolle Unmögliche höchst erfolgreich Urständ, sondern auch in der mit den Dinosaurierfunden und -filmen verbundenen Dinomanie. Nicht gerade als verrückt zu bezeichnende Forscher suchen in den Sümpfen des Kongobeckens, im *Herz der Finsternis*, nach dem *Mokele*, bei dem es sich ebenso um einen überlebenden Dinosaurier handeln soll wie bei *Nessie* im schottischen Loch Ness.

Die geheimnisvoll »verborgene Tierwelt«, mit der sich die »Cryptozoologie« befasst, steht in diesem Buch nicht zur

Debatte. Unentdeckte Arten gibt es zuhauf. Millionen sind es sicherlich, viele Millionen, die wissenschaftlich noch ihrer Erforschung harren. Zoologen, Botaniker und Mikrobiologen arbeiten intensiv an der Erfassung der Lebensvielfalt der Erde. Ihre Methoden sind nachvollziehbar. Ihre Erfolge werden in umfangreichen Datensammlungen gespeichert. Im Jahre 2007 wurden 18 516 Arten von Tieren und Gefäßpflanzen neu beschrieben. Unter den Neuen waren aber nur 219 Arten von Säugetieren und 36 Vogelarten. Fast alle wurden über molekulargenetische Methoden erkannt. So sind die Arten zwar neu, aber nicht ganz anders. Um derartige Neuentdeckungen geht es gleichfalls nicht. Ihnen widmet sich das große Heer der Taxonomen und Systematiker in den Forschungsmuseen und in vergleichbaren Forschungseinrichtungen. Dort hat man das Neue in der Hand. Man muss es diagnostizieren, benennen und einordnen.

Überlebende Dinosaurier wie das *Mokele* oder *Nessie* gehören zu den unmöglichen. Die Vielzahl der Saurierknochen, die nahezu global gefunden wurde, drückt in ihrer Menge wie in ihrer Vielfalt aus, dass diese Tiere seit vielen Millionen Jahren nicht mehr existieren. Nach wie vor bildet die erdgeschichtliche Grenze zwischen der Kreidezeit und dem Tertiär auch die Grenze ihrer Existenz. Sie liegt 65 Millionen Jahre zurück. Das ist mehr als das Tausendfache der Zeit, die seit der Endphase der letzten Eiszeit verstrichen ist. Eiszeitriesen wie Mammut, Wollnashorn oder die sogenannten Höhlenlöwen in Europa sind in Bezug auf die so lange schon ausgestorbenen Dinosaurier Tiere von vorgestern. Große, inzwischen komplett ausgestorbene Tiere gab es noch vor wenigen Jahrtausenden oder wenigen Jahrhunderten. Die Moas, Riesenstrauße von Neuseeland, wurden von den Maoris ausgerottet, als diese vor rund tausend Jahren auf die vorher menschen- und säugetierfreien Inseln kamen. Den Elefantenvogel (*Aepyornis maximus*) von Madagaskar gab es höchstwahrscheinlich noch bis ins 17. Jahrhundert. Der gigantische Vogel erreichte mit normal gestrecktem Hals eine Höhe von fast drei Metern. Sein Gewicht wird auf etwa 450 Kilogramm geschätzt. Das über 30 Zentimeter lange Ei entsprach im Inhalt etwa 60 Hühnereiern. Wann die Elefantenvögel Madagaskars ausstarben, ist nicht genauer bekannt. Doch vieles deutet darauf hin, dass die aus Südostasien gekommenen Madagassen die Riesenvögel ausrotteten, wobei die Brandrodung der Savannen Hauptgrund gewesen sein dürfte. Arabische Erzählungen enthalten einen allerdings flugfähigen Riesenvogel namens *Roch* oder *Rock*. In mehreren Museen gibt es gut erhaltene Eier des Elefantenvogels, denen 2010 Erbgut entnommen werden konnte.

Vorlieben und Phobien

Wahrscheinlich hat jeder Mensch ein Lieblingstier, aber bei weitem nicht alle Tiere eignen sich dafür. Der bloßen Zahl nach sind, wenn wir von den kleinen Fischen in Aquarien absehen, die klaren Favoriten Katze und Hund. Sie erfüllen in nahezu optimaler Weise die Grundforderungen, die viele Menschen, die Tiere halten möchten, an letztere richten: Streichel- oder Schmusetier und zuverlässiger Begleiter zu sein. Dazu gleich eine Feststellung: Fabeltiere passen in der Regel zu keiner der beiden Funktionen. Sie wurden nicht als Ersatz für die schmusende Katze erfunden und auch nicht zum Vorbild des idealen tierischen Begleiters von Menschen. Sie stehen, wo sie klar erkennbare tierische Züge tragen, für Anderes, nämlich entweder für Sexuelles oder für Ängste, also für besonders heftige, häufig schwer zu kontrollierende Emotionen. Unter besonderen Umständen konnten auch wichtige Funktionen Ausschlag geben für die Wertschätzung, die einem Tier zuteil wurde. So wurde Bastet, die altägyptische Katzengöttin, nicht als Schmusekatze verehrt, sondern als Mäusevertilgerin. Zahllose Katzenmumien zeugen davon. Bastet ist kein Fabeltier. Aber unnahbar und verehrt, keine Streichelkatze. Die Eulen der griechischen Göttin Athene galten als Zeichen für Weisheit und Weissagung. Auch sie waren keine Streicheltiere. Ängste riefen sie auch nicht hervor. Dass dem Kauz, der auf dem Friedhof in den frühen Nachtstunden »kiuwitt« ruft, angedichtet wurde, er würde jenen Menschen »komm mit!« zurufen, die es wagten, die Friedhofsruhe zu stören, hatte gewiss auch handfeste Hintergründe, wie Grabräubereien, Schändungen und (gegen die Kirche und/oder die Obrigkeit gerichtete) Verschwörungen. Totenvögel wurden die Eulen erst im ausgehenden Mittelalter; in einer Zeit, in der auch die Raben ihren guten Ruf verloren und zu Vögeln des Todes, des Teufels und der Hexen erklärt wurden.

Bei den Germanen waren die großen schwarzen Raben ebenso wie im antiken Griechenland hochgeschätzte Vögel. Wotan/Odin, oberster, dem Zeus der griechischen Antike entsprechender Gott, der nicht auf einem Olymp, sondern in der Weltenesche Yggdrasil thronte, hatten die Raben Hugin und Munin zu berichten, was die Menschen unten auf der Erde so alles taten und anstellten. Noch vor der Eule, eigentlich dem Käuzchen, waren die Raben die Vögel der Athene. Sie gehörten zum Orakel von Delphi. Nichts Teuflisches, wie eineinhalb Jahrtausende später, war mit ihnen verbunden, sondern sehr große Wertschätzung. Erst in den finstersten Jahrhunderten der europäischen Geschichte, im ausgehenden Mittelalter und in der frühen Neuzeit, änderte sich die Einstellung zu den Raben grundlegend. Sie wurden zu Totenvögeln abgestempelt. Raben und Krähen begleiteten wie die schwarze Katze als eindeutiges Zeichen die Hexen, die von der katholischen Heiligen Inquisition, aber auch von Lutherisch Reformierten verfolgt und auf dem Scheiterhaufen verbrannt wurden. Die Zeit der Hexenverfolgung wirkt immer noch nach. Raben und Krähen haben ihr schlechtes Image behalten. Alfred Hitchcock nutzte in seinem Film *Die Vögel* höchst erfolgreich das Klischee der Todesvögel, die über die Menschen herfallen. Mit weißen Tauben wäre ihm das wohl kaum gelungen. Schwarz und Weiß repräsentieren in unserem Empfinden das Böse und das Gute. Wir benutzen dieses Klischee ebenso unbewusst wie umfänglich, wenn wir zum Beispiel von »schwarzen Kassen« oder von einer »weißen Weste« sprechen. Das »schwarze Schaf« in der Familie repräsentiert das Schandmal, dessen sich viele am liebsten entäußern würden. Das weiße Kleid soll nach außen Reinheit ausdrücken, etwa für die Braut bei der Hochzeit oder für die jungen Mädchen bei der Erstkommunion. Schwarz ist die Farbe der (Todes)Trauer. Weiß ist das Licht des hellen Tages, schwarz die Finsternis der Nacht. Zwischen der Nicht-Farbe Schwarz und dem allfarbenen Weiß breitet sich für uns Menschen das Spektrum der farbigen Welt aus. Der rein weiße Schneekranich eignet sich in gleicher Weise wie der weiße Schwan zum Symbol des Unbefleckten wie die schwarzen Raben, Krähen, Katzen, Spinnen oder Schlangen zu den Mächten der Finsternis passen. Der edle Ritter kommt auf dem makellosen Schimmel; der schwarze Ritter verheißt nichts Gutes. Seine Ankunft macht den Tag vielleicht zum Schwarzen Tag. Die Schwarze Witwe, die giftige Spinne *Latrodectus mactans*, erregt in dieser Wortverbindung ungleich mehr Angst als die weitaus größere, aber eher harmlos benannte Vogelspinne. Schwarze Kreuzottern (*Vipera berus*) nennt der Volksmund Höllenotter und hält sie für giftiger als die gewöhnliche Kreuzotter. Die weiße Taube hingegen beruhigt gleich doppelt, mit Weiß und Taube kann gar nichts Gefährliches verbunden sein. Beispiele dieser Art ließen sich beinahe beliebig weiter ausbreiten. Darin drückt sich aus, dass wir offenbar unserer Natur nach geneigt sind, einseitig zu urteilen. Entsprechend verstärkt die Fabel die Zielsetzung durch Übertreibungen. Das erleichtert es den Zuhörern, die (angestrebte) Position zu finden und Lehren daraus zu ziehen. Aller Wahrscheinlichkeit nach steckt ein wichtiges Überlebensprogramm dahinter.

Die blitzartige Zuordnung vermindert den unter Umständen riskanten Zeitverlust, wenn es darum geht, etwas potentiell Gefährliches richtig einzuordnen. Wer zu lange zögert, um genau genug zu prüfen, überlebt die Prüfung womöglich nicht. So ist es immer noch besser, sich 99-mal bei einer harmlosen Schlange geirrt zu haben, wenn dadurch auch die hundertste und tödlich giftige rechtzeitig gemieden wird. Wer sich genauer mit den Schlangen befassen möchte, lernt von Lehrmeistern oder durch geduldiges Beobachten ihres Verhaltens und setzt sich nicht dem Risiko des eigenen Versuchs mit der Möglichkeit von Irrtum aus. Die Beherrschung tödlich giftiger Kobras durch Schlangenbeschwörer stellt das Vorsichtsprinzip der angeborenen Schlangenfurcht nicht in Frage. Ganz im Gegenteil: Die Notwendigkeit, sich erst spezielle Kenntnisse angeeignet zu haben, bevor man einen sicheren Umgang mit solchen Tieren pflegen kann, bestätigt die Notwendigkeit der instinktiven Reaktion. Grundsätzlich Gleiches gilt für die Spinnen und die nicht nur beim Menschen, sondern auch bei anderen Primaten vorkommende Spinnenphobie.

Infolgedessen spielen gefährliche, schwer einzuschätzende Tiere in der Mythologie eine beträchtliche Rolle. Löwen und Adler, Bären und sogar Wölfe bleiben gleichsam auf der positiven Seite, weil ihre Vorzüge zählen. Sie können zu Totemtieren stilisiert werden und Macht symbolisieren. Schlangen,

Skorpione, Spinnen und »anderes Gewürm«, wie es häufig heißt, gehören zur anderen, zur negativen Seite. Ihnen kommen besondere Funktionen zu. So ist es in der biblischen Vertreibung aus dem Paradies die Schlange, die Eva dazu verleitet, das Gebot des Herrn zu missachten und den Apfel vom Baum der Erkenntnis zu pflücken. Der schlaue Fuchs wäre für ein derartiges Vergehen nicht in Frage gekommen. Edle Tiere, wie das Pferd, erhalten noble Aufgaben, etwa als geflügelter Pegasus wichtige Botschaften schnellstmöglich zu übertragen oder als Sleipnir der Germanen ähnliche Funktionen zu erfüllen. Dieses Grundmuster findet sich offenbar überall. Es zwingt geradezu dazu, die Deutungen, um welche Tiere es sich im konkreten Fall der Suche nach dem Ursprung eines Mythos gehandelt haben könnte, daraufhin zu überprüfen.

Von den bisher behandelten erfüllen Flamingo wie Kronenkranich sicherlich dieses Kriterium eines edlen Vorbildes für den Phönix, wie auch das phönizische Rot, der Purpur, das Beste unter den antiken Farben repräsentiert. Schwan und Schneekranich gehören zu Vögeln, die sich nicht nur ihres makellosen Äußeren wegen für besondere mythologische Rollen eignen. Von dieser Warte aus betrachtet, wird es umso unwahrscheinlicher, dass im Mythos von Keyx und Alkyone tatsächlich der winzige Eisvogel gemeint gewesen sein könnte. Nachtigall und Lerche gehören zu den eindrucksvollsten Sängern der europäischen Vogelwelt. Welche Lerche auch immer Shakespeare im Sinn gehabt haben mochte, jede der beiden in Frage kommenden Arten erfüllt das Kriterium. Geht es aber um etwas eher Blamables oder Lächerliches, dann dürfen auch weniger angesehene Tiere herangezogen werden. So zum Beispiel bei den Gänsen, die mit ihrem Schnattern Rom gerettet haben. Das geschah nach Livius im Jahre 387 v. Chr. als die Gallier Rom erstürmten. Der Rest des römischen Heeres hatte sich auf dem befestigten Kapitol verschanzt. Ein Gallier kannte oder fand den geheimen Aufgang dazu und führte eine Spezialtruppe in der Nacht zum Angriff nach oben. Die schlafenden Hunde bemerkten das nicht, wohl aber die Gänse, die mit ihrem erregten Schnattern die Wachmannschaft weckten, so dass diese den Angriff abwehren konnten. Die Gänse wurden im Heiligtum der Juno gehalten. Dieser Legende zufolge gelten die kapitolinischen Gänse als Retter Roms und als aufmerksamere Warner als die Hunde. Über 350 Jahre waren bereits vergangen, als Livius die Geschichte aufschrieb. Hausgänse, die von der frei lebenden Graugans (*Anser anser*) abstammen, wurden schon im Alten Ägypten in großem Umfang gehalten und gemästet. Dort waren sogar so große Rassen gezüchtet worden, die in der Größe kleinen Schwänen gleichkamen. Gerade wegen der Mast, bei der die in engen Käfigen gehaltenen Gänse gestopft wurden, erscheint die Wächterfunktion aber eher unwahrscheinlich. Der Ort, das Heiligtum der Juno, dürfte kaum ein Gänsemastbetrieb gewesen sein. Für wahrscheinlicher halte ich es, dass die Warner ein Paar Nilgänse *Alopochen aegyptiacus* gewesen waren. Diese kleinen, nur gut entengroßen Gänse sind außerordentlich wachsam und geradezu unerträglich laut. Sie verteidigen auf das Heftigste ihr Revier, zumal wenn sie Junge führen. Da schrecken sie nicht einmal vor Büffeln zurück, greifen Löwen an und vertreiben mit Erfolg die immens flinken Paviane, wenn es deren nicht zu viele sind. Sie können durchaus Hunde auf Abstand halten, was nebenbei erklären würde, weshalb die Wachhunde auf dem Kapitol nicht angeschlagen hatten, als die feindlichen Gallier sich anschickten, in die Festung einzudringen. Bereits ein Jahrtausend vor diesem Ereignis hatten die Alten Ägypter Nilgänse gehalten und so weit domestiziert, dass sie vergleichsweise leicht zu halten waren. Die viel größere Graugans lag den Römern mehr, weil sie ergiebiger und auch nicht annähernd so aggressiv wie der kleine Vetter vom Nil war. Diese Abschweifung lenkt die Betrachtung zurück an den Nil in die große Zeit des Alten Ägyptens. Dort geschah im Hinblick auf die Tiere ungleich mehr als andernorts in Europa. Mit Fug und Recht lässt sich sogar behaupten, dass nirgendwo sonst in einem dermaßen großen Umfang und mit einer solchen Beharrlichkeit die Domestikation von Tieren versucht worden war. Die »großen Mythen«, die sich bis heute gehalten haben, stammen im weiteren Sinne aus dieser Region und aus jener Zeit, in der das Dreieck von Ägypten, Griechenland und dem Vorderen Orient bis Persien das Zentrum der ›Alten Welt‹ gebildet hatte.

Antike Tierwelt

Die zwölf Aufgaben des Herakles

Herakles bezwang den Löwen. Die Römer latinisierten ihn und nannten ihn Herkules. Wie so mancher Supersportler unserer Zeit wurde ihm die Ehre zuteil, wie ein Gott in den Olymp aufgenommen zu werden. Das machte ihn zu einem Olympikonen. Gymnasien waren im antiken Griechenland Sportstätten. Herakles galt als ihr Beschützer und wurde entsprechend verehrt oder zu Hilfe gerufen. Auch die Inhaber von Palästen hatten heraklische Hilfe nicht selten nötig. Sie ließen sich Statuen fertigen, die seine Kraft – abschreckend – zum Ausdruck brachten. Herakles war ein sogenanntes natürliches Kind des Zeus, das dieser mit der schönen Alkmene gezeugt hatte. Auf recht pikante Weise allerdings. Alkmene, so beschrieb sie Hesiod, sei eine hochgewachsene Frau von außerordentlicher, geradezu unübertrefflicher Schönheit gewesen. Noch ungewöhnlicher bei ihrer Schönheit war, dass sie zudem klüger als alle anderen Menschen war. Als Tochter des mykenischen Königs Elektryon war sie zunächst mit Amphitryon, dem König von Theben, verheiratet worden.

Vor der Hochzeitsnacht stellte sie fest, dass diese erst vollzogen werden könnte, wenn die Morde an ihren Brüdern gerächt seien. Sie verführte Amphitryon dazu, die Blutrache zu vollziehen. Dieser ging ein großes Stück zu weit und tötete auch gleich seinen Schwiegervater, so dass Amphitryon mit seiner Braut in Theben Zuflucht suchen musste. Kaum hatte dieser nun die Hochzeitsnacht vollzogen, erklärte Alkmene, schon eine Nacht davor mit ihrem Bräutigam geschlafen zu haben. Teiresias, der berühmte blinde Seher, klärte das Unerklärliche auf: Zeus war mit im Spiel. Er hatte die Gestalt ihres Bräutigams angenommen und gleich drei Nächte lang mit Alkmene ziemlich intensiven Verkehr genossen, um, so die Begründung, einen Helden zu zeugen. Das erzürnte seine Frau Hera so, dass sie dem Sprössling jede Menge Schwierigkeiten zu bereiten gedachte. Alkmene hatte wohl Gründe für die Geschichte mit Zeus, denn sie brachte zwei recht ungleiche Zwillinge zur Welt: Herakles, der aus dem Samen von Zeus entstanden war, und Iphikles, dessen Vater Amphitryon war. Zeus hatte inzwischen kundgetan, dass das nächste erstgeborene Kind im Hause des Perseus Herrscher über Mykene werden würde. Hera wollte in ihrer Wut verhindern, dass die von ihrem untreuen Gatten geschwängerte Alkmene die Erste sein würde und zögerte daher die Geburt bei Alkmene so sehr hinaus, dass Eurystheus, der Sohn des Onkels von Amphitryon, zuerst geboren wurde und somit als der Ältere der rechtmäßige Herrscher werden würde.

Aus Angst vor Hera setzte Alkmene den frisch geborenen Herakles aus. Doch seine ältere Halbschwester Athene nahm ihn zu sich und überbrachte den Säugling Hera. Diese erkannte nicht, um wessen Kind es sich handelte, gab ihm die Brust und sorgte sich um ihn. Der kleine Herakles saugte jedoch so stark, dass ihn Hera schmerzerfüllt von sich stieß und dabei jene (göttliche) Milch verspritzte, aus der am Himmel die Milchstraße wurde. Die genossene Milch der Göttin genügte Herakles jedoch voll und ganz, um übernatürliche Kräfte zu entwickeln. Athene erhielt den Kleinen wieder zurück. Sie überbrachte ihn der Mutter. Beide Söhne gediehen nun gemeinsam, aber Herakles zeichnete sich sehr früh durch seine außergewöhnliche Stärke aus. Als er gerade acht Monate alt war, ließ die inzwischen wieder aufmerksam gewordene Hera zwei große Schlangen ins Zimmer der Zwillinge hineinkriechen. Iphikles schrie vor Entsetzen auf. Zwar machte er als der Schwächere den weit klügeren Eindruck. Doch gegen die Schlangen wusste er sich nicht zu helfen. Herakles aber packte und erwürgte sie einfach. Teiresias, der blinde Seher, sagte nach dieser Tat dem Knaben eine große Zukunft voraus und dass er viele Ungeheuer vernichten werde. Teiresias ist eine interessante Gestalt. Hesiod berichtet, dass er ursprünglich ein Priester des Zeus gewesen war. Als er draußen am Berg zwei Schlangen sah, die sich paarten, tötete er die weibliche und wurde dadurch selbst in eine Frau verwandelt. Als solche diente er/sie nun Hera als Priesterin. Sieben Jahre später, inzwischen verheiratet und mit Nachkommen, traf sie/er wieder auf ein Paar Schlangen in Kopula. Dieses Mal erschlug sie die männliche und wurde daraufhin selbst zum Mann zurückverwandelt. Teiresias war also ganz offensichtlich ein Hermaphrodit. Und da er/sie sowohl die männliche als auch die weibliche Lust erlebt hatte, zogen ihn Zeus und Hera hinzu, die Frage zu klären, welches Geschlecht denn nun intensiver die Liebeslust empfinden könne. Zeus, der in Liebesaffären Erfahrene, war der Meinung, dass das die Frau sein müsse, Hera hingegen meinte, der Mann müsse es sein, wie sonst könnte er dauernd dieser Lust hinterherjagen. Teiresias stellte fest, dass er im weiblichen Zustand das Neunfache an Lust empfunden hatte. Hera machte das so wütend, weil er das Geheimnis der Frauen damit verraten hatte, dass sie ihn blind machte. Zeus, unfähig, die Erblindung rückgängig zu machen, verlieh Teiresias zum Ausgleich die Gabe des Sehens in die Zukunft und verlängerte gleichzeitig seine Lebensdauer auf das Siebenfache. Ob Hermaphrodit oder Homosexueller, dessen erotische Ausrichtung von der Beobachtung sich paarender »Schlangen« (sie stehen wohl stellvertretend für Geschlechtsakte von Menschen) verändert worden war, der »Blick« ins verborgene Leben beider Geschlechter hatte Teiresias »sehend« (= verstehend) gemacht. Es war vorherzusehen, dass sich der Kraftprotz am besten mit der eigenen, doch einmal überschätzten Kraft würde vernichten lassen.

Dies zu erreichen versuchte der ihm durch das Vorrecht des Erstgeborenen vorgezogene Eurystheus, zumal er Grund genug bekommen hatte, Herakles' Kraft zu fürchten. Das kam so: Herakles war im Faustkampf und im Ringen ausgebildet und in den Fertigkeiten des Bogenschießens, Fechtens und Streitwagenlenkens unterrichtet worden. Er konnte auch gut auf der Leier spielen, war aber außerordentlich jähzornig. Nachdem er in einem Anfall von Wut seinen Musiklehrer mit der Leier erschlagen hatte, weil ihn dieser tadelte, bekam sein Pflegevater Amphitryon Angst vor ihm. Er schickte ihn zu seinen Hirten ins Kithairon-Gebirge, um dort in seiner jugendlich-überquellenden Kraft gebändigt zu werden. In diesem Gebirge lebte auch ein großer Löwe, der immer wieder die Herden seines Ziehvaters und des Thespios, eines benachbarten Königs, bedrohte. Thespios bot Herakles für das Töten des Löwen jede Nacht eine seiner 50 Töchter an. Auf diese Weise beflügelt, zeugte Herakles 50 Söhne und erschlug nach langem Kampf den Löwen. Dessen Fell war aber so zäh, dass Herakles die Löwenkrallen benutzen musste, um es abziehen zu können. Von nun an trug er das Löwenfell anstatt einer üblichen Kleidung. Aus einem alten Ölbaum in der Umgebung des Ortes Nemea fertigte er sich eine gewaltige Keule. Danach wurde der Löwe der »Nemäische« benannt.

Bald nach seiner Rückkehr nach Theben wurde Herakles in einen Konflikt mit einem Lokalfürsten verwickelt, dem es gelungen war, den Thebanern einen Tribut von 100 Ochsen

abzuringen. Er schnitt den Abgesandten Nase und Ohren
ab und schickte sie gefesselt zu ihrem Fürsten zurück, was
natürlich einen Krieg zur Folge hatte. In diesem zeichnete
sich Herakles so aus, dass die Thebaner siegten und das
Doppelte des früheren Tributes zum Ausgleich zurückerhiel-
ten. Als Dank dafür erhielt er die Tochter des thebanischen
Königs, die ihm drei Söhne gebar.

Eurystheus, dem Herakles' steigender Ruhm allmählich
bedrohlich erschien, rief ihn als Erstgeborener in seinen
Dienst. Herakles verweigerte. Dieser Verstoß gegen die Pflicht
der Gehorsamkeit veranlasste Hera, einen Anfall von Wahn-
sinn in ihm auszulösen. In diesem erschlug Herakles seine
Frau und die drei Söhne. Als er wieder bei Sinnen war und
das Schreckliche seiner Tat erkannte, wandte er sich an Pythia im Orakel von Delphi. Diese erklärte ihm, dass er seine
Morde nur dadurch sühnen könne, wenn er sich zwölf Jahre
lang in den Dienst von Eurystheus stelle und die von ihm
verlangten Taten erfülle. Herakles sah ein, dass er Pythias
Vorschlag Folge leisten müsse, und begab sich zu König Eurystheus nach Argos. Dieser stellte ihm die berühmten zwölf
Aufgaben in der Hoffnung, Herakles würde scheitern und
daran zugrunde gehen. Neun davon haben direkt mit Tieren
zu tun. Die restlichen drei mit nicht minder gefährlichen
Menschen.

Betrachten wir jede davon kurz der Reihe nach; sie werden sich als gute Quelle dafür erweisen, welche Verhältnisse
in der Natur des (östlichen) Mittelmeerraumes in jenen
frühgriechischen Zeiten geherrscht hatten. Denn alle zwölf
Herausforderungen sind sehr konkret.

Die erste gleicht dem Geschehen während seiner Zeit als
Hirte. Es ging darum, den nemäischen Löwen zur Strecke
zu bringen, der Vieh tötete und Menschen anfiel. Dieser lebte näher an der Menschenwelt als jener aus dem Kithairon-
Gebirge. Er machte die Wälder von Argolis auf dem Pelo-

ponnes unsicher. Herakles drückte dem Löwen die Kehle zu, bis er erstickt war. Bezeichnenderweise ist das genau die Art und Weise, auf die Löwen große, wehrhafte Beutetiere töten. Einen um ein Mehrfaches schwereren Büffel zum Beispiel packen sie so, halten ihm mit einem Dauerbiss das Maul zu oder drücken seine Kehle so sehr zusammen, dass er nicht mehr atmen kann. Dabei befindet sich der Löwe unterhalb der für ihn lebensgefährlichen Spitzen der Büffelhörner und vor dessen schlagfähigen Beinen, die mit ihren scharfkantigen Hufen bedrohliche Verletzungen verursachen könnten. Der Büffel erstickt zwar nicht so schnell, aber der Stau von Kohlendioxid, das nicht mehr ausgeatmet werden kann, betäubt ihn, so dass seine Abwehrversuche erlahmen, bevor der Tod eintritt. Die Vorgehensweise der Löwen war den Alten Griechen also sicher bekannt. Sie bot eine plausible Erklärung dafür, wie Herakles den Löwen tötete. Er hatte ihn, nachdem er festgestellt hatte, dass seine Pfeile den Löwen nicht verletzen können, in eine Felsspalte mit zwei Ausgängen getrieben, die eine mit Steinen verschlossen und an der anderen gelauert. Als der Löwe herauskam, packte er ihn von oben und drückte ihm Maul und Kehle zu. Das Fell dieses Löwen machte ihn nachher fast unverwundbar.

Die zweite Aufgabe bestand darin, die neunköpfige Wasserschlange namens Hydra zu vernichten. Es gab sie gleichfalls in der Landschaft Argolis auf dem Peloponnes nahe Lerna, weshalb sie auch Lernäische Schlange genannt wurde. Argolis ist der »Daumen« an der »Hand« des Peloponnes; eine gebirgige, aber kleinräumig sehr fruchtbare Landschaft. Sie war berühmt für die Pferde, die dort gezüchtet wurden und von denen Homer erzählt hatte. Immer wieder kam die Hydra aus ihrer Höhle am Berg, nahe den Sümpfen, aufs Land hinaus, vernichtete die Kulturen und tötete das Vieh. Lerna lag etwa sieben Kilometer südlich der Stadt Argos, nach der die Landschaft benannt worden war. Ansiedlungen gab es dort schon seit Jahrtausenden. Die ältesten Bauten werden gegenwärtig auf ein Alter von 2300 bis 2500 v. Chr. datiert. Es handelte sich um eine Ziegelei mit einem großen, zweistöckigen Gebäude, das »Palast oder Haus der Ziegel« genannt wird.

Hydra hatte neun »Köpfe«, von denen acht »sterblich« waren, der mittlere aber »unsterblich«. Wurde einer der »sterblichen« vernichtet, wuchsen zwei nach. Herakles eilte zusammen mit seinem Neffen Iolaos nach Lerna. Sie fanden die Hydra in ihrer Höhle nahe bei einigen Quellen. Herakles schoss brennende Pfeile auf die Hydra, die »zischend hervorkam« und ihre »neun Hälse« emporreckte. Während ein »Hals« seine Füße umfasste, zerschlug Herakles mit seiner gewaltigen Keule die anderen, die aber immer wieder neue Köpfe hervorbrachten. Die listige Hera hatte inzwischen einen Riesenkrebs geschickt, der Herakles an den Füßen packte, aber ohne Erfolg. Mit der Keule, das war Herakles bald klar, konnte er der Hydra nicht beikommen. So hieß er Ioalos, im Wald ein Feuer zu entzünden. Mit diesem vernichtete er schließlich das Ungeheuer, weil alle Köpfe, auch der unsterbliche, vom Feuer verbrannt wurden. Danach konnten sie sich nicht mehr regenerieren. Den unsterblichen Kopf begrub er am Weg und bedeckte ihn mit einem schweren Felsbrocken. Dann tauchte er seine Pfeile in den getöteten und zweigeteilten Leib der Hydra. Sie trugen nunmehr tödliches Gift.

Es liegt nahe anzunehmen, dass mit der Hydra giftige Quellen und kein Tier gemeint waren. Die Anzeichen dafür sind sehr deutlich, auch wenn sie anscheinend bisher nicht so gedeutet wurden. Die Herstellung von Ziegeln setzt einen Lehm voraus, der entsprechend eisenhaltig ist und daher rötlich bis rot aussieht. Wasser ist nötig; Holz gab es in der Umgebung reichlich. Das geht auch aus der alten Beschreibung hervor. Nach Pausanias befand sich am hier gelegenen

See (Quelltopf mit Sumpf?) ein Eingang zur Unterwelt. Dieser Quelltopf hatte keinen Grund. Das stellte der römische Kaiser Nero bei seinem Besuch in Griechenland fest, der ihn auch nach Lerna führte. Es gab dort einen geheimnisvollen Kult, die Lernaeen, in der Kultstätte für Dionysos. Die Dionysischen Kulte sind bekannt dafür, dass sich die Teilnehmer berauschten oder berauscht wurden. Die »Köpfe« der Hydra, die Austrittsstellen des Wassers, ließen sich zwar zerschlagen, aber es kamen dann »zwei« nach. Wie bei austretendem Wasser üblich, wenn das Material durchlässig genug ist und es im Hintergrund einen großen Wasservorrat gibt. Ein »Kopf«, ein Hauptauslauf, war »unsterblich«. Dieser führte also immer Wasser. Die anderen konnten sich »niederlegen«, was heißt versiegen. Die Hydra kam aus einer Höhle. Also lag der Quelltopf nicht offen, sondern im Fels, wie das vielfach bei Karstquellen der Fall ist. Mit brennenden Pfeilen angeschossen, zischte die Hydra natürlich. Abgefackelt »verbrannte« sie und konnte sich nicht wieder regenerieren.

Um welche Art von Wasser kann es sich dabei gehandelt haben? Gefährlich, für die Felder verwüstend und für das Vieh tödlich giftig muss es gewesen sein. Wäre es normales, gutes Süßwasser gewesen, hätten die Alten Griechen, die mit ihren Feldern und ihrem Vieh stets wasserbedürftig waren, die Quellen sicherlich verehrt. Dass die Vorstellung von Schlangenleibern aufkommen konnte, weist darauf hin, dass sich das austretende Wasser kanalartige Gebilde, Sinterröhren, geschaffen hatte. Es muss also sehr mineralhaltig gewesen sein. Eisensalze können die Röhren und Ablaufkanäle (blut)rot gefärbt haben. Blutlaugensalze wirken, je nach Konzentration, giftig. Auch arsenhaltiges Wasser kommt in Frage. Abgefackelt werden konnten Gase wie Methan (»Sumpfgas«) aus Fäulnisvorgängen oder als Erdgas und als petroleumhaltige Dämpfe. Flossen die Quellen zu stark, vergifteten sie die Felder und das Vieh. Eine von den Fackeln des Herakles ausgelöste Gasexplosion kann ein Zusammenbrechen von Höhlendecke und Wänden verursacht und die Quellen damit für eine gewisse Zeit verschüttet haben. Der Ausfluss kann nicht stark und anhaltend gewesen sein, sonst wäre das Tal nicht zu besiedeln und landwirtschaftlich zu nutzen gewesen. Die Hauptröhre, gleichsam das Brunnenrohr, kann Herakles herausgerissen und mit einem großen Stein im weichen Boden zugedeckt haben. Vielleicht verursachten die Lehmgrabungen der Ziegelei überhaupt erst den Austritt der giftigen Wässer. Die Talbewohner hatten jedenfalls keine Vorstellung, worum es sich gehandelt haben könnte. Aber um Wasser auf jeden Fall, daher der Name Hydra.

Die dritte Aufgabe klingt fast zeitgemäß, denn es ging um die Abwehr von Wildschäden auf den Fluren. Repräsentiert wurden diese durch die kerynitische Hirschkuh. Sie verwüstete die Fluren des lieblichen Arkadiens. Schon um ihre Herkunft rankten sich unterschiedliche Legenden. Einer zufolge soll sie von Artemis, der Göttin der Jagd, am Leben gelassen worden sein, nachdem diese bereits vier andere erlegt hatte. Einer anderen Legende zufolge war sie eine Geliebte des Zeus, die von Artemis aus Rache in die Hirschkuh verwandelt worden war. Sie trug goldene Hufe, ein goldenes Geweih und lief schneller, als die Pfeile flogen, die auf sie abgeschossen wurden. Herakles jagte ihr lange nach, mehr als ein Jahr, bis er sie fangen konnte. Auch dazu gibt es zwei verschiedene Versionen. Die eine besagt, dass er sie im Schlaf überraschte und mit einem Netz fing, die andere, dass er ihr einen Pfeil durch beide Vorderbeine schoss, so dass sie nicht mehr davonlaufen konnte. Solcherart gefesselt, brachte er die Hirschkuh zu Eurystheus, dem sie wieder entsprang, da er sich zu ungeschickt anstellte. Damit war die Aufgabe erfüllt und die Göttin Artemis wieder besänftigt, weil ihrer Hirschkuh nichts geschehen war.

Wildschäden auf den Fluren waren also schon in der frühen Antike ein Problem. Die flinken, scheuen Hirsche mit Pfeil und Bogen zu jagen brachte zwar immer wieder das begehrte Wildbret, verminderte jedoch die Schäden nicht, da die Bauern weder über entsprechend gute Bögen verfügten noch im Bogenschießen ausgebildet waren. Die Jagd war zudem, zumindest zum Teil, ein Privileg der Götter und der Oberschicht. Das ihnen allein zustehende Wild der ›Hohen Jagd‹, wie es nach deutscher Jagdtradition genannt wird, stand auch unter ihrem Schutz. Um diesen zu bekräftigen, gehörten bestimmte Tiere direkt Artemis, der Göttin der Jagd. Die Römer übernahmen diese Regelung und ersetzten Artemis durch Diana. Die fruchtbaren Felder Arkadiens zogen Wildtiere an, ähnlich wie unsere heutigen Fluren. Was die Menschen anbauten, war und ist nahrhafter als die meisten von Natur aus wachsenden Pflanzen. Hirsche sind keine Tiere dichter Wälder. Die anhaltenden Nachstellungen trieben sie in den Schutz des Waldes, nicht ihre Hirschnatur. Sie verlassen die Deckung, wenn es für die Menschen mit ihren im Helligkeitssehen viel schwächeren Augen zu dunkel geworden ist, und verlegen einen Großteil ihrer Nahrungsaufnahme in die schützenden Nachtstunden. Wo das Wild nicht mehr bejagt wird, kehrt es zum normalen Leben zurück und wird wieder weitgehend tagaktiv.

Vieles spricht dafür, dass der Fang der Hirschkuh mit dem Netz und die Durchbohrung ihrer Läufe zusammengehörten und gar keine unterschiedlichen Versionen der Geschichte darstellten. Denn ist das Rotwild erst einmal scheu geworden, hätte ein Bogenschütze, auch ein sehr guter, kaum Chancen gehabt, zum Erfolg zu kommen. Die Fluchtdistanz wird zu groß. Hirsche sehen nicht nur sehr gut, sie haben auch ein feines Gehör und sie wittern die Menschen auf große Entfernungen, wenn der Wind nicht gerade sehr ungünstig weht. Die höfische Jagd von Mittelalter und früher Neuzeit fing daher die Hirsche ebenfalls mit Netzen, wenn diese nicht, wie zumeist üblich, bei groß angelegten Treibjagden erlegt wurden. Herakles benutzte offenbar das Fangnetz und durchschnitt dann die Läufe so zwischen Knochen und Sehne, dass das Tier daran aufgehängt und getragen werden konnte. Diese Methode, größere Wildtiere zu tragen, wird auch gegenwärtig noch in Afrika angewandt. Die mit einem Pfeil »durchschossenen« Vorderläufe ergänzen somit den vorherigen Netzfang. Gleichzeitig verhindert diese Methode, dass sich die Hirschkuh mit Schlägen ihrer scharfkantigen, spitzen Hufe verteidigt. Diese Schläge sind viel gefährlicher als das Geweih. Das Rotwild setzt Hufschläge natürlicherweise zur Verteidigung ein, auch gegen Raubtiere. Sogar das Entspringen erscheint nicht unrealistisch. Denn der Schnitt zwischen Sehne und Knochen am unteren Teil des Laufes verursacht tatsächlich zunächst keine schlimme oder gar tödliche Verletzung. Das Tier musste nur umsichtig genug getragen worden sein. Dann konnte es beim Lösen der Fußfesseln durchaus davonlaufen.

All das fügt sich so realistisch zusammen, dass lediglich die »goldenen Hufe« und das »goldene Geweih« nicht dazu passen. Hirschkühe tragen gar kein Geweih. Die Ausnahme brauchen wir hier nicht in Betracht zu ziehen, denn um ein Rentier, bei dem beide Geschlechter Geweihe tragen, die Weibchen allerdings bedeutend schwächere als die Hirsche, kann es sich in Arkadien sicherlich nicht gehandelt haben. »Der Hirsch«, der Rothirsch (*Cervus elaphus*), kommt in Arkadien nicht vor. Es gibt dort auch keine andere Hirschart. Für den Rothirsch taugt die Landschaft zudem nicht. Wo es gegenwärtig Vorkommen in Regionen des östlichen Mittelmeerraumes gibt, befinden sich diese in den kühlen höheren Gebirgsregionen, nicht unten in den sommerheißen Tälern. Im heutigen Arkadien gibt es überhaupt keine Hirsche. Das muss vor zweieinhalb bis drei Jahrtausenden aber nicht so gewesen sein. Damals können andere Verbreitungsverhältnisse geherrscht haben. Dass es Rothirsche in Arkadien gegeben hat, ist dennoch nicht sehr wahrscheinlich. Ein anderer Hirsch kommt viel eher in Frage und bei diesem würde auch das »goldene Geweih« ganz gut passen. Es ist dies der Damhirsch (*Dama dama*). In der Antike war er im europäischen Bereich des östlichen Mittelmeerraumes ausgerottet worden. Restbestände überlebten in der südöstlichen Türkei und im Zweistromland, weshalb der Damhirsch oft auch ›Mesopotamischer Damhirsch‹ genannt worden ist. Anders als der Rothirsch, der das bekannte ›Stangengeweih‹ mit spitzen Enden trägt, entwickelt der Damhirsch mit fortschreitendem Alter aus dem kleinen Spießergeweih ein breitflächiges Schaufelgeweih mit stumpfen Enden, die nach vorn gerichteten ›Augsprossen‹ ausgenommen. Es wirkt auf Bogenschussentfernung durchaus goldgelb. Dass diesem flüchtigen Hirsch dann auch noch »goldene Hufe« nachgesagt wurden, war naheliegend. Mit einem Gewicht von 45 bis 150 Kilogramm ist so ein Damhirsch auch zu tragen. Rothirsche wären mehr als doppelt so schwer. Damhirsche leben in größeren Gruppen, die enger zusammenhalten als die Rothirsche. Sie bilden Herden. Solche verursachen auch kurzzeitig beträchtlichen Schaden an den Feldfrüchten. Das Rotwild äst stärker verteilt. Die ausgeprägteste Gruppenbildung findet bei ihnen zur Zeit der Brunft im Spätherbst statt, wenn die Felder bereits weitgehend abgeerntet sind. Damhirsche sind sehr schnell und flüchtig, halten aber auf längere Strecken weniger gut durch als die kräftigeren Rothirsche. Diese werden in weiten Teilen ihres natürlichen Areals von Wölfen gejagt. Bei der Jagd arbeiten die Wölfe in Gruppen zusammen. Südliche Vorkommen von Wölfen tendieren zu kleineren Gruppen oder zu paarweisem Leben. Bleibt noch ein Letztes zu klären: die Bezeichnung Hirsch-

kuh. Denn auch bei den Damhirschen sind die Weibchen
geweihlos. Wenn nicht ein Übersetzungsfehler vorliegt, so
gäbe es die Erklärung, dass die Griechen jener Zeit die größere und die kleinere Hirschart mit männlich und weiblich
unterschieden hatten. Sogar in unserer Zeit meinen nicht
wenige Menschen, das Reh sei »die Frau des Hirsches«. Da
beide Hirscharten ihr Geweih alljährlich abwerfen und eine
Zeitlang als »Kahlwild«, so die jagdliche Bezeichnung, herumlaufen, trifft die grobe Vorsortierung nach der Körpergröße gegebenenfalls sogar zu. Mit der Ausrottung des
Damhirsches in Griechenland verschwanden die Kenntnisse
zu diesem Hirsch für die nächsten eineinhalb Jahrtausende.
Erst seit dem europäischen Mittelalter ist der Damhirsch
wieder an zahlreichen Stellen, auch in Mitteleuropa, eingebürgert worden. Damhirsche gedeihen am besten in weit-
räumigen Parklandschaften von der Ebene bis in die mittleren Höhenlagen, wenn das Gelände nicht zu felsig und
nicht zu steil ist. Arkadien hatte genau diese Lebensbedingungen geboten. Da der Kerynitische Hirsch der Göttin Artemis gehörte, durfte Herakles das Tier nicht töten. Es
musste, nachdem er es gefangen hatte, wieder freikommen.
Damhirsche springen außerordentlich gut. Die Herakles gestellte Aufgabe ließ sich lösen, ohne das Jagdtabu zu bre-
chen. Der örtlichen Bevölkerung aber war gezeigt worden,
wie man dem Schäden auf den Feldern verursachenden
Wild beikommen kann: mit Netzfang.

Einer ganz ähnlichen Problematik sah sich Herakles bei
der nächsten Aufgabe ausgesetzt. Er sollte den erymanthi-
schen Eber zur Strecke bringen. Dabei handelte es sich um
ein gewaltiges Wildschwein (*Sus scrofa*), das ebenfalls der
Göttin Artemis gehörte. Wie die Hirsche im Tal verheerten
die Wildschweine am Berg Erymanthos in Arkadien die Felder. Es ging also auch diesmal um Wildschaden und das
Jagdtabu. Wieder sollte Herakles den Eber fangen (!) und

lebend nach Mykene bringen. Das Kraftpaket Wildschwein ließ sich jedoch nicht wie ein langbeiniger, grazil gebauter und leichtgewichtiger Hirsch mit einem Netz fangen. Herakles trieb den Eber bergwärts in ein Schneefeld hinein. Das schwere Tier sank ein und ermüdete rasch, so dass Herakles es unverletzt fangen, fesseln und nach Mykene bringen konnte. Eurystheus soll sich dort aus Angst vor dem Eber in seinem Palast in einem Fass versteckt haben.

Im antiken Arkadien gab es zwar keine Kartoffeln, an denen sich die Wildschweine hätten gütlich tun können, aber genügend andere Feldfrüchte, die vor dem Wild geschützt werden mussten. Ob die Schäden so groß geworden wären wie bei Rudeln von Damhirschen, darf bezweifelt werden. Denn in diesem Fall wäre nicht der Eber, ein bestimmter Eber sogar, das Ziel gewesen, sondern die von einer alten, erfahrenen Wildsau angeführte Rotte. Davon enthält die Sage aber nichts. Vom Eber ging aller Wahrscheinlichkeit nach eine ganz andere Gefahr aus, deren Bedeutung sogleich ersichtlich wird, wenn wir uns vergegenwärtigen, wie in der Antike die Schweine gehalten wurden. Man trieb sie, bewacht von Schweinehirten, in die lichten Wälder. Darin hatten sich die Schweine ihre Nahrung selbst zu suchen: Eicheln, Wurzeln, Pilze und Käferlarven vornehmlich. Alles dies Futter, das die Menschen selbst nicht direkt hätten verwerten können. Mit Getreide wurden Schweine, wenn überhaupt, sicherlich nur ausnahmsweise gefüttert. Unter solchen beinahe halbwilden Haltungsbedingungen bestand vielfach die Gefahr, dass sich ein Wildschweineber über die Sauen hermachte und sich mit diesen paarte. Die Ferkel enthielten dann zu viel Wildschwein»blut« und drohten herangewachsen außer Kontrolle zu geraten. Die Rückkreuzung mit Wildschweinebern musste vermieden werden. Die umgekehrte Rückkreuzung eines Hausschweinebers mit Wildsauen dürfte willkommen gewesen sein, weil sich die Nachkommen weniger »wild« verhielten und leichter zu erjagen waren. Wütende Wildschweineber sind äußerst gefährlich, ihre Angriffe lebensbedrohlicher als die von Bären oder Raubkatzen. Wo Hausschweine in Australien oder auf ozeanischen Inseln über Jahrhunderte hinweg verwilderten, gelten die Eber als die mit Abstand gefährlichsten Tiere. Sogar Sibirische Tiger (*Panthera tigris*) meiden als stärkste aller Großkatzen Wildschweineber als Beute. In Mittel- und Südamerika jagen Rotten der viel kleineren Pekaris (»Nabelschweine«) Jaguare (*Panthera onca*) und Pumas (*Felis concolor*) in die Flucht und zwar meistens auf Bäume oder Felsen hinauf. Für Herakles war der Lebendfang des großen Ebers sicherlich die bei weitem gefährlichste ›tierische‹ Aufgabe; schwieriger auf jeden Fall als die Bändigung des minoischen Stiers.

Die nächste Aufgabe war ebenso peinlich wie anrüchig: Herakles musste den Augias-Stall ausmisten, in dem sich große Mengen an Mist angesammelt hatten. Der Sage nach hielt König Augias in diesem Stall 3000 Rinder, allerdings ohne Schwemmentmistung. Herakles führte diese ein und demonstrierte mit seiner Methode, wie eine hygienische Massentierhaltung möglich ist. Er riss Teile des Stallfundaments so heraus, dass er zwei nahe kleine Flüsse umleiten und durch den Stall fließen lassen konnte. Auf diese Weise wurde der Stall entmistet, ohne dass er sich der eigentlichen und für einen Helden so unwürdigen Arbeit des Mistaufladens und Abtransportierens unterziehen musste. Mag auch die Zahl von 3000 Rindern übertrieben groß gewesen sein, so zeigt die Aufgabe doch, dass man schon in der Frühantike die Grenzen der Tierhaltung auszuloten begonnen hatte. Denn auch ein Zehntel, 300 Rinder, hätte sehr viel Mist gemacht. Arkadien muss in jenen Zeiten eine außerordentlich ertragreiche Landschaft gewesen sein. Die heutigen Verhältnisse weichen davon stark ab. Dies gilt es auch in

anderen Fällen zu bedenken. »Einen Augiasstall ausmisten«
ist zu einer gängigen Redensart geworden, womit bekanntlich ein ganz besonders großer »Saustall« gemeint ist. Dass
wir dafür den abwertenden Ausdruck »Sau« verwenden, ist
damit zu erklären, dass die Stallhaltung der Schweine ohne
nennenswerten Auslauf bei uns schon seit Jahrhunderten,
die Aufstallung der Rinder jedoch erst seit wenigen Jahrzehnten üblich geworden ist. Die Rinder waren noch bis
in die 1960er und 1970er Jahre einen Großteil des Jahres
draußen auf der Weide, wie auch die Schweine in früheren
Jahrhunderten, vor allem aber im Mittelalter, tagsüber in
die Wälder getrieben wurden oder auf die Schweineweiden
in den Fluss- und Seeniederungen kamen. Die Ställe dienten
vornehmlich der Nächtigung des Viehs, nicht als Dauerauf-
enthalt. Daher ließen sich die Ställe früher auch regelmäßig
von dem reinigen, was die Tiere die Nacht über hinterlassen
hatten. Bei einer andauernden Stallhaltung war das nicht
mehr möglich, so dass die Schwemmentmistung eingeführt
werden musste.

In den 1950er und 1960er Jahren standen die Kühe im
Dorf in meiner niederbayerischen Heimat den Winter über
zwangsläufig im Stall. Die Bauern führten sie paarweise zusammengebunden zum Ausmisten kurzzeitig auf den Hof.
Nachdem frische Einstreu ausgebracht war, kamen sie wieder in den Stall, wo sie sich wiederkäuend niedertaten. Dabei
beschmutzten sie sich nicht mit den eigenen Exkrementen.
Eine Massenhaltung von mehreren Hundert Rindern oder
gar über Tausend würde zwangsläufig zu einem Augias-
stall werden. Herakles war von Augias versprochen worden, das Vieh zu bekommen, wenn er den Stall reinigt.
Nachdem der Held seine Aufgabe aber so heroisch-innova-
tiv erledigt hatte und nicht mit der Mistgabel, weigerte sich
Augias, die Rinder herauszugeben. Herakles ließ sich das
nicht bieten, kam mit einer Streitmacht wieder, erschlug

Augias und holte sich nicht nur das Vieh, sondern das kleine Königreich dazu. Eurystheus wollte dennoch die Aufgabe nicht als gelöst anerkennen, weil Herakles Lohn für seine Arbeit geboten worden war.

Die sechste Aufgabe bestand in der Ausrottung der stymphalischen Vögel. Bei diesen soll es sich um kranichgroße Ungeheuer gehandelt haben, die im Röhricht des Stymphalossees in den Bergen Arkadiens nisteten. Diese Vögel, so hieß es, trugen Schnäbel und Krallen aus Eisen. Mit ihren ebenfalls aus Eisen bestehenden Federn schossen sie wie mit Pfeilen. Herakles sollte diese Vögel vertreiben, damit sie in Arkadien keine Schäden mehr anrichten konnten. Merkwürdigerweise waren diese Vögel scheu und schreckhaft. Herakles, der von seiner Schutzgöttin Athene zwei Schilde aus Metall bekommen hatte, mit denen er knallartige Geräusche erzeugte, vertrieb sie damit. Einige schoss er mit seinen mit Hydrablut vergifteten Pfeilen ab. Mit den Schilden schützte er sich vor ihren Federpfeilen. Die stymphalischen Vögel suchten das Weite und verschwanden.

Sinn und Zweck dieser Aufgabe erschließen sich nicht so leicht wie das bei den bisherigen der Fall war. Kraniche waren im Alten Griechenland wohl bekannt. Sie brüten nicht in Kolonien. Dafür kommen, auch der Ortsangabe zufolge, nur Reiher in Frage. Graureiher (*Ardea cinerea*) und Purpurreiher (*Ardea purpurea*) würden passen. Es gibt sie auch gegenwärtig verbreitet und örtlich in größeren Kolonien an den Seen des Balkans und Griechenlands. Bei Grau- und Purpurreiher würde, anders als bei den weißen Reihern, die Gefiederfarbe »eisenartig« wirken. Bedrängt schlagen sie zielsicher mit ihren spitzen, sehr harten Schnäbeln ins Gesicht, unter Umständen ins Auge. Federpfeile verschießen sie zwar nicht, aber Pfeile können in ihrer Haut und im Gefieder steckengeblieben sein, weil auf sie geschossen worden war. »Pfeilstörche«, Weißstörche, die mit einem

Pfeil im Hals aus Afrika an ihren Brutplatz nach Mitteleuropa zurückkehrten, sind seit langem bekannt. Reiher verwüsten allerdings keine Felder. Sie fangen Fische, Frösche, Schlangen und Mäuse sowie große Insekten, wie Heuschrecken und Käfer. Schäden auf den Feldern hätten Schwärme von Grauen Kranichen anrichten können, wenn sie die Saat herauspicken. Die Graureiher sehen ihnen ähnlich. Da Kraniche nicht in Griechenland brüten und höchstwahrscheinlich auch nie dort gebrütet haben, ist vorstellbar, dass die Bevölkerung die Brutkolonie der Reiher mit den Kranichen verwechselte und von diesen Vögeln befreit werden wollte. Dass sich die Reiher mit dem metallischen Geklapper der Schilde vertreiben und mit den Pfeilen abschießen ließen, klingt durchaus nachvollziehbar. Beim Versuch, die begehrten Vogeleier aus Reihernestern zu holen, kann es schmerzhafte, gefährliche Schnabelhiebe gegeben haben. Vogeleier wurden in der Antike wie auch noch im 20. Jahrhundert zum Verzehr gesammelt und sehr geschätzt. Der Verzehr von Möwen- und Kiebitzeiern ist erst in unserer Zeit sehr stark zurückgegangen, seit bekannt geworden ist, dass sie Salmonellen enthalten können.

Möglicherweise tarnten sich auch Räuber mit Vogelmasken und schossen mit Eisenspitzen tragenden Federpfeilen. Nach der Vertreibung der Vögel wirkte die Markierung nicht mehr als Schutz. Das Motiv der Kranichkrieger, ich habe bereits darauf hingewiesen, war im Altertum weit verbreitet, wohl weil die Kraniche wie Soldaten in Reihen übers Land schritten, wo sie auf dem Flug zum Nildelta und hinein nach Afrika eine Zwischenrast einlegten.

Denkbar ist schließlich eine Verbindung zu »Todesvögeln«, die sich an den Leichen der getöteten Krieger einfanden und diese zu öffnen versuchten. Sicher war in jener Zeit der ibisartige Waldrapp (*Geronticus eremita*) mit seinem sehr metallisch glänzenden Gefieder noch weit verbreitet.

Als ›Wall-Rabe‹ war er bis ins späte Mittelalter auch nördlich der Alpen an verschiedenen Stellen vorhanden und betätigte sich am Verzehr von Leichen, die in den Graben vor den Burg- oder Stadtwällen geworfen worden waren. Die Nackenkrause an seinem Hinterkopf bildet einen Halbkranz langer, pfeilartig spitzer Federn.

Die stymphalischen Vögel fassen daher wahrscheinlich Eigenschaften mehrerer Vogelarten zusammen, die es im Antiken Griechenland gegeben hatte, die aber nur lokal vorkamen, so dass man sie nicht allgemein kannte. Welches Risiko Herakles mit ihrer Vertreibung einging, blieb weitgehend unklar. Der Argonautensage zufolge lebten solche Vögel auf der Insel Aretia. Sie fielen über die Argonauten her, als diese auf der Fahrt nach Kolchis auf der Ostseite des Schwarzen Meeres dort landen wollten. Möwen und Seeschwalben greifen Menschen, die in ihre Brutkolonien eindringen, sehr heftig an und »beschießen« die Eindringlinge mit ihrem Kot und mit einem stinkenden Brei aus ihrem Kropf. Seeschwalben schlagen auch mit ihren scharfspitzen Schnäbeln zu. Diese Querverbindung zu den Argonauten verstärkt die Deutung, dass es sich bei den stymphalischen Vögeln um eine Mischung verschiedener Vögel handelt und nicht um eine bestimmte Vogelart.

Klare Verhältnisse gibt es, zumindest auf den ersten Blick, wieder bei der siebten Aufgabe, dem Einfangen des kretischen (minoischen) Stiers. Doch mit diesem hat es eine besondere Bewandtnis. Minos, der König von Kreta, hatte listig Poseidon, dem Gott des Meeres, als Opfer das nächste Tier angeboten, das den Fluten entsteigen würde. Doch anstatt eines Krebses oder eines Seehundes kam ein wunderschöner großer weißer Stier. Poseidon hatte den König durchschaut und ihn reingelegt. Dieser, höchst beeindruckt von der Schönheit und Größe des Stieres, führte ihn zu seiner Herde, wählte einen seiner eigenen Stiere und opferte diesen dem Gott des Meeres. Poseidon ärgerte dieser Betrug. Er veranlasste, dass sich Pasiphae, die Gattin von König Minos, in den schönen Stier verliebte. Daidalos musste ihr eine hölzerne Kuh bauen. In diese stieg sie hinein und ließ sich vom Stier begatten, von dem sie nicht mehr ließ. Schließlich gebar sie anstelle eines Menschenkindes den Minotaurus, halb Mensch, halb Stier. König Minos sah sich gezwungen, ihn im eigens dafür gefertigten Labyrinth in Knossos gefangen zu halten, um zu verhindern, dass der Mischling noch Schlimmeres anrichtete als sein Vater, der Stier. Dieser war nämlich rasend geworden.

Herakles war nach Kreta gefahren und hatte sich erboten, den wilden Stier zu bändigen. König Minos gab gern die Erlaubnis, zumal ein vorausgegangener Zähmungsversuch bereits gescheitert war. Er sagte ihm sogar zu, dass er den Stier mitnehmen könne, wenn ihm die Bändigung gelingen sollte. Herakles schaffte auch dieses und transportierte als Bestätigung den Stier zu Eurystheus, ließ ihn aber auf dem Peloponnes frei. Das sogleich wieder wilde Tier streifte durch Arkadien und die Gegend um Sparta, richtete Verwüstungen an, tötete Menschen und gelangte schließlich über den Isthmus nach Marathon hinüber. Dort bezwang ein anderer Kraftprotz, Theseus, den Stier, der inzwischen marathonischer Stier genannt wurde. In Athen wurde er dem Gott Apollon geopfert.

Das Toben des Stieres erweckt den Verdacht auf Tollwut, zumal er geschäumt haben soll. Die Stiere der Antike waren allerdings gewiss noch ›natürlicher‹ als die heutigen der hochgezüchteten Rassen, deren Beweglichkeit allein durch das gewaltige Körpergewicht von bis zu 1000 Kilogramm eingeschränkt wird. Im minoischen Kreta waren Stierkampfspiele sehr beliebt. Dabei ging es, ähnlich wie beim provenzalischen und portugiesischen Stierkampf, nicht darum, den Stier zu töten, sondern möglichst geschickt und kunstvoll auf ihm zu turnen. Stier-Spiele sind auf Wand- und Vasenbildern sehr detailliert dargestellt. Ein weißer sollte seiner Natur nach umgänglicher als ein wildfarbener schwarzer Stier sein. Das war bei dem minoischen nicht der Fall. Woher dieser gekommen war, verriet die Sage nicht. Aus Kleinasien oder Ägypten? Die Ägypter züchteten Rinder. Sie hatten bereits mehrere klar unterscheidbare Rassen. Ich komme im nächsten Kapitel darauf zurück. Grundsätzlich gingen die Menschen der Antike aber wie die heutigen davon aus, dass hellfarbene oder weiße Tiere friedlicher und besser zähmbar sind als dunkle oder schwarze. Das Ausmaß der Produktion von braunen und schwarzen Farbstoffen, den Melaninen, steht in Zusammenhang mit den männlichen Geschlechtshormonen. Je höher deren Pegel im Blut ist, desto aggressiver sind die betreffenden Individuen und umgekehrt. Deshalb gilt bei den Pferden der Rappe als besonders feurig, der Schimmel hingegen als sehr edel. Auch darauf habe ich bereits hingewiesen (Seite 119). Weißlinge (Albinos und Teilalbinos) gelten als anfällig für Krankheiten. Störungen des normalen Verhaltens treten häufiger als bei normal gefärbten Individuen auf. Der weiße minoische Stier könnte so ein (Teil)Albino gewesen sein. Vielleicht war er vom übrigen Vieh getrennt großgezogen worden, aber dann doch störrischer als erwartet. Er kann bei einem Schiffstransport nahe Kreta ins Meer gesprungen und an Land geschwommen sein. Oder man hatte ihn als besonderen Opferstier gebracht. Möglichkeiten gibt es viele; nicht nur denkbare, sondern durchaus plausible, denn Kreta war damals eines der Zentren des Stierkultes.

Die eigenwillige Königin Pasiphae braucht gar keine so abartigen Neigungen gehabt zu haben, wie es der Mythos des Minotaurus erzählt. Der Stierkopf kann eine Maske bei ihren erotischen Eskapaden gewesen sein. Masken zu tragen war in der Antike nicht ungewöhnlich. Wenn ihr Sohn wahnsinnig geworden war und mit Stiermaske herumzulaufen und zu toben pflegte, bot die Einsperrung in das Labyrinth eine passable Lösung. Welcher König will schon einen rasenden Irren als Sohn haben? Außerdem war in der griechischen Antike der Verkehr mit Tieren, wie schon bei der Geschichte von Leda und dem Schwan betont, nicht annähernd als so abartig angesehen wie in unserer Zeit. Verführer, wie Zeus oder der Waldgeist Pan, bedienten sich der Tiergestalten, um sich Menschen, vor allem Mädchen und bereitwilligen Frauen zu nähern.

Die Zähmung der menschenfressenden Pferde des Diomedes von Thrakien war die achte Aufgabe. König Diomedes war ein Sohn des Kriegsgottes Ares. Diese Abkunft sagt eigentlich schon alles. Denn Ares war der griechische Gott des schrecklichen Krieges und keineswegs gleichbedeutend mit dem römischen Kriegsgott Mars. Woher sein Name stammt, ist anscheinend noch nicht sicher geklärt, aber viel deutet auf das bronzezeitliche Thrakien hin. Er stand für Mord und Rache. In Mykenischer Zeit (1600 bis 1050 v. Chr.) war er bereits in Griechenland bekannt und möglicherweise mit einem Fruchtbarkeitsgott verbunden worden, der aus vorgriechischer Zeit stammte. Die Thraker, die am Schwarzen Meer und in den angrenzenden Regionen des heutigen Bulgariens und Makedoniens lebten, galten in der griechischen Antike als sehr kriegerisch, aber untereinander zerstritten. Herodot meinte, die Thraker könnten das mächtigste Volk der Erde sein, wenn sie sich einigten. Diomedes war König des Stammes der Bistonen, die zu den Thrakern zählten. Er hatte vier Stuten, die so wild waren, dass sie mit Eisenketten an eine Futterkrippe aus Eisen geschmiedet waren. Sie hießen Deinos, Lampon, Podargos und Xanthos. Deinos bedeutete »die Schreckliche«, wie auch die Dinosaurier die »schrecklichen Echsen« sein sollten. Lampon »die Leuchtende«, Podargos »die Silberfüßige« und Xanthos »die Gelbe«. Als Futter sollen sie nur Menschenfleisch angenommen haben. Herakles warf ihnen ihren Herrn, den König Diomedes, zum Fraße vor und zähmte sie damit. Nach einigen Verwicklungen, bei denen es auch zu Kämpfen mit den Bistonen kam, gelang es Herakles, die vier Stuten zu Eurytheus zu bringen. Dieser weihte sie der Zeusgattin Hera und baute eine Pferdezucht mit ihnen auf. Das berühmte Ross von Alexander dem Großen, Bukephalos, soll von den Stuten des Diomedes abstammen. Dass Pferde, zumal Stuten, recht bissig sein können, weiß jeder Pferdehalter. Zu Menschenfressern müssen sie deswegen nicht gemacht werden. Da Diomedes die Pferde schwer angekettet gehalten hatte, ist es diesen nicht zu verdenken, dass sie zu beißen versuchten. Stuten lassen sich von starker Hand gut führen. Herakles war stark. Es genügte wohl, dass die an sich mit schönen Namen bedachten Pferde ihren Peiniger gebissen hatten – oder auch nicht. Herakles tötete ihn jedenfalls entweder selbst und ganz direkt oder unter Mitwirkung der bissigen Stuten. Diomedes war offenbar kein Pferdekenner. Die Angst vor seinen Stuten mag auch daher gekommen sein, dass es sich um große, kräftige Pferde gehandelt hatte, wie sie bereits die Kelten züchteten. Pferde sind Tiere des weiten offenen Landes. Gezähmt hatten sie die zentralasiatischen Steppenvölker. Im Vorderen Orient waren sie wie auch im Griechenland des Klassischen Altertums noch nicht lange heimisch. Die ostmediterranen Völker gehörten zu den »Rinderkulturen«. Reitervölker bedrohten sie immer wieder wie auch das übrige mittlere und westliche Europa mit seinen bäuerlich-sesshaften Kulturen.

Noch heute verläuft ein Trennstreifen mehr oder weniger diagonal durch Europa vom Südosten, vom Balkan her, nach Nordwesten. Östlich davon steht wie bei den Alten Germanen das Pferd in hoher Achtung; südlich und südwestlich davon das Rind. Wo es Abweichungen von diesem

Grundmuster gibt, lassen sich diese, wie etwa in Südfrankreich und auf der Iberischen Halbinsel, mit historischen Vorgängen gut nachvollziehen. Denn ein starker Germanenstamm, die (West-)Goten, war aus dem Ostseeraum zunächst zum Schwarzen Meer gezogen, hatte sich dort in die West- und in die Ostgoten geteilt und sich weiter verlagert. Die Westgoten kamen schließlich im mittelmeernahen Südwesten Frankreichs und in Spanien zur Ruhe, wo ihr Land, das Gotenland, zu Gotalandia und Catalunya (Katalonien) wurde. Unter dem Einfluss der Goten und später, während der maurischen Besetzung großer Teile Spaniens, gelangte dort das Pferd zu hoher Bedeutung, wenngleich das Rind deshalb nicht wirklich zurückgedrängt wurde. Im Stierkampf spiegelt sich ein Rest der historischen Auseinandersetzung von Pferd und Rind wider. Sieger wird zumeist das Pferd, weil es mit dem Reiter eine Einheit bildet, während der Stier für sich allein zu kämpfen hat.

Den Alten Griechen waren großenteils Pferde noch ziemlich unheimlich. Ihr enges, kleinräumig gegliedertes Land begünstigte die Ausrichtung auf das Meer, nicht die Nutzung schneller Pferde und Reiterheere. Der Aufbau einer Pferdezucht in der Region von Argolis auf dem Peloponnes, wo die Hydra Schwierigkeiten gemacht hatte, bevor Herakles sie vernichtete, war eine Besonderheit. Gegen Reiterheere auf weiten, offenen Ebenen hätten die Griechen keine Chancen gehabt. Die »Entführung« der vier Zuchtstuten aus Thrakien stellte daher einen Schritt zur Modernisierung dar. Herakles war aus Sicht der Thraker ein Räuber.

Dass er auf Frauen wirkte, war bei seinen Kräften nicht verwunderlich. Schon als Heranwachsender hatte er sich angeblich an fünfzig jungen Frauen stärken können, bevor er den ersten Löwen erlegte und ihm das Fell abzog. Dass sich nur eine der ihm Zugedachten weigerte, sich hinzugeben, weil sie unberührte Priesterin werden sollte, glich er

damit aus, dass ihm eine andere dafür Zwillinge gebar.
Fünfzig Kinder in fünfzig Nächten waren ein Ergebnis, das
seine Potenz als Frauenheld mehr als überzeugend bewiesen
hatte. In der neunten Aufgabe sollte er sich nun erneut beweisen, und zwar an der »Schwierigsten« überhaupt. Es
ging um Hippolyte, Königin der gefürchteten Amazonen,
und ihren Gürtel voller magischer Kräfte. Sie hatte diesen
von ihrem Vater Ares bekommen. Somit war sie eine enge
Verwandte von Diomedes, den Herakles vorher seinen menschenfressenden Pferden vorgeworfen hatte. Nun sollte er
besagten Gürtel beschaffen – eine heikle Aufgabe, zumal er
es nicht allein mit der Königin Hippolyte, einer Reiterin,
wie ihr Name verrät, sondern mit einer großen Schar bo-
gensicherer und gefürchteter Kriegerinnen zu tun bekommen würde.

Zudem hatte es bereits Krieg zwischen den Athenern und
den Amazonen gegeben, weil der Athener Theseus die Königin vergewaltigt hatte, die arglos auf sein Schiff gekommen war. Das war natürlich ein Kriegsgrund. Hippolyte,
die offenbar durchaus ganz weiblich und männlicher Kraft
sich hinzugeben geneigt war, gebar Theseus einen Sohn.
Doch dieser hatte schon eine andere Frau im Sinn. Hippolyte ging deshalb zu ihrem Volk, den langhaarigen Amazonen, zurück. Als Herakles bei ihnen ankam, wurde er trotz
der vorausgegangenen Ereignisse wohlwollend aufgenommen. Hippolyte suchte ihn auf dem Schiff auf. Herakles
erzählte ihr, worum es ging. Da gab sie ihm den zauberkräf-
tigen Gürtel. Damit war vermutlich ausgedrückt worden,
dass sie ihren Keuschheitsgürtel ablegte und sich Herakles
hingab. Das passte nun aber Hera ganz und gar nicht. Ihr
Streben war ja, den Bastard, den ihr Göttergatte Zeus in
die Welt gesetzt hatte, zu vernichten. Also verwandelte sie
sich in eine Amazone und wiegelte die anderen gegen Herakles auf. Die Amazonen griffen das Schiff an. Herakles,

Verrat witternd, tötete daraufhin Hippolyte und segelte mit ihrem Gürtel davon. Er hatte auch diese Aufgabe gelöst, wenngleich nicht so, wie er sich das vorgestellt hatte. Waren die beiden letzten Prüfungen schon außerhalb Griechenlands zu bestehen, so führte ihn die zehnte nun noch weiter fort in den fernen Westen. Wohin genau, ist nicht klar, denn die Insel Erytheia, das ›Rotland‹, soll nach Hesiod außerhalb der »Säulen des Herakles«, Gibraltar, nahe Gadeira (Cádiz) oder unter den westlichen Inseln der Hesperiden gelegen sein. Gadeira passt allerdings ungleich besser als die Hesperiden, mit denen möglicherweise die Kanarischen Inseln gemeint waren. Denn es ging wieder um Vieh. Geryon war der Besitzer der Herde, die Herakles rauben und nach Griechenland bringen sollte. Seine Besonderheit bestand darin, dass er aus drei zusammengewachsenen Körpern bestand und im Kampf dreifache Kräfte hatte. Ein Hirte und ein großer Hund, ein Geschwister des Höllenhundes Kerberos, bewachten die Herde roter Stiere. Herakles erschlug mit seiner gewaltigen Keule Hund und Hirte. Der von diesem Überfall benachrichtigte dreileibige Geryon forderte Herakles zum Kampf heraus. Doch dieser erschoss ihn mit seinem vergifteten Pfeil, bevor es richtig zum Streit kam. Hera, die zur Unterstützung Geryons herbeigeeilt war, wurde dabei auch verletzt und floh.

Kern der zehnten Aufgabe war also erneut Vieh; besonders wertvolles, weil speziell gezüchtetes Vieh. Es handelte sich um rote Stiere, wie sie auf der Iberischen Halbinsel bevorzugt waren. Die nahe Flusslandschaft der Guadalquivirmündung, jetzt Nationalpark Coto Doñana, mit den Rinderzuchtgebieten entspricht geographisch den Angaben wie auch den Anforderungen bestens. Ganado bedeutet im Spanischen ›Vieh‹ und ist damit dem alten Namen für Cádiz, Gadeira, recht ähnlich.

Der dreiteilige Geryon wurde schon im europäischen Frühmittelalter als eine Bezeichnung für Drillingsbrüder gehalten. Isidor von Sevilla (~ 560 bis 636 n. Chr.) vertrat die Ansicht, dass die drei Brüder wie eine Einheit gehandelt hatten, so dass eine einzige Seele in drei Leibern lebte. Isidor war Bischof von Sevilla. Er lebte also direkt am Rande des großen Rinderzuchtgebietes am Unterlauf und im Mündungsgebiet des Guadalquivir. Er versuchte als Bischof das Wissen der Antike für die Christenheit zusammenzustellen und zu erhalten.

Die elfte Aufgabe bestand darin, die goldenen Äpfel der Hesperiden zu bringen. Diese wuchsen in einem paradiesischen Garten auf einer Insel der Hesperiden. Der hundertköpfige Drache Ladon bewachte sie. Denn die Erdmutter Gaia hatte die Äpfel zur Vermählung von Zeus und Hera geschaffen. Den Göttern schenkten diese Äpfel ewige Jugend. Herakles bot Atlas an, für ihn das Himmelsgewölbe zu tragen, wenn er ihm die goldenen Äpfel holte, was dieser auch tat. Eurystheus jedoch, besorgt, die Götter könnten ihm nun übel gesonnen sein, reichte die ihm von Herakles mitgebrachten Äpfel an Athene weiter, die sie unverzüglich wieder an ihren Platz zurückgab.

Der italienische Botaniker Giovanni Baptista Ferrarius, der von 1584 bis 1655 lebte, vertrat 1646 die Ansicht, dass mit den goldenen Äpfeln der Hesperiden Zitrusfrüchte gemeint waren. Doch schon ein Jahrhundert früher, 1544, hatte Pietro Andrea Matthioli die aus Amerika nach Europa gebrachten Tomaten »Goldäpfel« (pomi d'oro) genannt und die lateinische Umschreibung *mala aurea* eingeführt. Carl von Linné übernahm die Einstufung von Ferrarius in sein Werk über die Pflanzen, das Grundlage für die botanische Namensgebung wurde. Im Volk hielt sich jedoch hartnäckig die von der Kirche geschürte Meinung, die »Goldäpfel« würden zu liebeshungrig machen. Die Tomate blieb so über zweihundert Jahre lang eine Zierpflanze in botani-

schen Gärten und eine köstliche Rarität in Fürstenhäusern.
Da es keine Belege dafür gibt, dass die Zitrusfrüchte schon
im Altertum bekannt waren und jenseits von Gibraltar, auf
den Kanarischen Inseln, kultiviert wurden, schien die andere Vermutung näher zu liegen, es habe sich tatsächlich um
Tomaten gehandelt, die von früheren Amerikafahrten, wie
sie die Phönizier gemacht haben könnten, dorthin gebracht
worden waren. Da die Hesperiden in der Antike eine so
große Rolle gespielt hatten, können sie nicht einfach erfunden worden sein. Auf Teneriffa wächst der »hundertköpfige« Drachenbaum, dessen Saft wie rotes Blut aussieht. Die
Phönizier hatten mit an Sicherheit grenzender Wahrscheinlichkeit Afrika von Osten her umschifft. Sie waren wohl
auch auf die Kanarischen Inseln gekommen. Lavaausbrüche
veränderten die Inseln immer wieder; Lanzarote stellt sich
gegenwärtig als eine »Feuerinsel« dar. Es fällt daher schwer,
die fruchtbaren Gärten der Hesperiden als reine Wunsch-
vorstellung abzutun, zumal auf manchen dieser Inseln tatsächlich ›ewiger Frühling‹ herrscht.

Interessant scheint mir in diesem Zusammenhang die Verknüpfung der goldenen Äpfel mit langem (»ewigem«) Leben. Die antiken, eher zur Herstellung von Most als zu ge-
nussreichem Verzehr geeigneten Äpfel gaben dafür ja kaum
ein geeignetes Vorbild ab. Ihre lateinische Bezeichnung *ma-
lus* steht doppeldeutig für ›Apfel‹ und für ›schlecht‹. Sollte
es in der Antike tatsächlich bereits Tomaten auf den Inseln
des ewigen Frühlings gegeben haben, wäre die Verknüpfung
mit dem ewigen Leben plausibel. Denn wo immer Frühling,
d. h. Jugend, herrscht, ändert sich nichts. Also sollten, so
die Schlussfolgerung, auch die Menschen ewig leben können
wie die Götter, denen diese Goldenen Äpfel vorbehalten waren. In der Vertreibung aus dem Paradies der Genesis findet
sich das entsprechende Thema. Adam und Eva dürfen nicht
vom Baum der Erkenntnis essen. Eva pflückt die Frucht den-

noch und löst damit den Sündenfall aus. Diesen von Herakles eigentlich bereits begangenen Frevel hat Athene durch
die Rückgabe der Goldenen Äpfel rechtzeitig wieder rückgängig gemacht. Daher wissen wir auch nicht, um welche
»Äpfel« es sich gehandelt hatte, die er aus dem fernen Westen nach Griechenland gebracht hatte.

Die zwölfte und letzte Aufgabe führt Herakles nun an
den Eingang zur Unterwelt. Der Höllenhund Kerberos, dessen Name eigentlich ›Dämon der Grube oder der Finsternis‹
bedeutet, bewacht den Zugang. Allerdings bestand die Aufgabe des Hundes nicht darin, Ankommende am Eintreten
zu hindern, sondern Hineingekommenen das Entkommen
zu verwehren. Hades, der Gott der Unterwelt, erlaubt es
Herakles, sich ohne Waffen mit dem Hund zu messen. Dieser bezwingt den Hund. Er darf ihn gefesselt nach oben
tragen und Eurystheus vorführen, muss ihn aber gleich wieder zurückbringen. Aus dem Maul des Hundes tropft dabei
giftiger Schleim, aus dem die Giftpflanze Eisenhut (*Aconi-
tum lycotonum*) entstand. Ihr Saft wurde früher zum Vergiften von Ködern verwendet, die gegen Wölfe ausgelegt
wurden. Das Hauptgift, das Alkaloid Aconitin, gehört zu
den stärksten Giften der Pflanzenwelt. Es wird bereits
durch die unverletzte Haut aufgenommen. Wenige Gramm
der Eisenhutpflanze können einen Menschen töten. Erin-
nern wir uns an die von Herakles unschädlich gemachte
Hydra. Ihr Leib enthielt ein tödliches Gift, das der Held für
seine Pfeile verwendete. Falls es sich bei der Hydra um ein
giftiges »Quelltier« gehandelt hatte, das man als neunköpfige Schlange darstellte, um die Giftigkeit der Schlange mit
einzubauen, haben wir nun zur chemischen Erklärung,
Blutlaugensalz, eine pflanzliche, Eisenhut. Das eisenhaltige
Blutlaugensalz enthält Zyanid, das erst in chemischer Reaktion mit anderen Stoffen, zum Beispiel mit Blut, frei wird
und seine hohe Giftigkeit (»Zyankali«) entfaltet. Der Eisen-

hut kann als Pflanze schattig feuchter Stellen im Wald im
verhältnismäßig trockenen östlichen Mittelmeerraum an
diesen Hydra genannten Quellen gewachsen und von Herakles zum Vergiften seiner Pfeile verwendet worden sein.
Mit Kerberos und seinem Speichel hat sich der Kreis geschlossen. Das mythische Tier erhielt in der klassischen Zeit
Griechenlands durch Sokrates eine veränderte Bedeutung.
Beim Zeus schworen die Hellenen. Doch Sokrates verdreh-
te den Schwur als er sich gegen die Athener verteidigen sollte, die ihn angeklagt hatten, und benutzte Kerberos als
»Zeuge«:

Und – beim Hunde! –, ihr Athener,
denn ich muss die Wahrheit zu euch reden;
wahrlich es erging mir so.
(Platon: Verteidigung des Sokrates)

Was der Mythos von Herakles / Herkules enthält, kristallisiert sich im Überblick ziemlich klar heraus. In drei der zwölf
Prüfungen geht es um Rinder – um einen Stall voller Rinder,
der ausgemistet werden soll, um einen weißen Stier, der
Zucht- oder Opferstier werden sollte, und um rote Stiere
aus Iberien. Das Rind als Tier nimmt also allein ein Viertel
der Aufgaben in Anspruch. Mit den Pferden aus Thrakien
kommt ein weiteres, für die Zucht bedeutsames Haustier
hinzu. An der Grenze dazu bewegt sich der Eber, der Wild-
blut in die Hausschweine hineinbringen könnte oder hinein-
gebracht hat. Er steht, wie auch der Hirsch / die Hirschkuh
für das Privileg der Jagd, die mit ihrer Bevorzugung des Wildes den Ertrag der Felder der Bauern beeinträchtigt. Der Löwe muss abgewehrt werden; jedoch offensichtlich mehr wegen der Verluste an Vieh, die von ihm verursacht werden. Er
hat also auch mit Rindern zu tun. Die Hydra steht auf jeden
Fall für Wasser und zwar aller Wahrscheinlichkeit nach für

giftiges oder schädliches Wasser, das aus einem unterirdischen See bei einer alten Ziegelbrennerei gekommen ist. Es gefährdet die Felder, wie auch die Vögel, die das Saatgut verzehren und die, mit spitzen Schnäbeln ausgestattet, im Schilf eines nahen Sees brüten. Damit sind es schon neun der zwölf Prüfungen, die mit der Landbewirtschaftung in Verbindung zu bringen sind. Die restlichen drei gehören in ganz unmittelbarer Weise zu Leben und Tod der Menschen. Der Amazonenkönigin musste der (Keuschheits- oder Schutz-)Gürtel abgenommen werden, weil sich diese kriegerischen Frauen zu sehr wie Männer verhielten. Frauen hatten Kinder zu bekommen und aufzuziehen! Die Goldenen Äpfel aber sollten die unweigerlich schwindende Jugend erhalten und andauern lassen. Schließlich gelang es auch dem Helden nur für ganz kurze Zeit, dem Höllenhund die Kontrolle über den Zugang zur Unterwelt zu entreißen. Er musste den Hund wieder zurückbringen. Danach starb er an einer weiteren der vielfältigen Verstrickungen seines Lebens: Er ließ sich auf dem Berg Öta lebendig verbrennen, nachdem er das mit dem Blut seiner zweiten Frau, der Königstochter Deianeira, getränkte Unterkleid angezogen hatte. Sie hatte es Herakles aus Rache dafür gegeben, dass er sich einer anderen Frau zugewandt hatte. Das Kleid verwuchs mit seiner Haut und bereitete ihm so unsägliche Schmerzen, dass er diese nicht mehr auszuhalten vermochte. War das Kleid mit rotem Blutlaugensalz, also mit Zyanid, getränkt, nicht mit dem leibhaftigen Blut der verlassenen zweiten Frau? Das Ende von Herakles bleibt ein Rätsel.

Löwen und Zyklopen

In der Antike lebten noch Löwen (*Panthera leo*) in Europa. Ihr Vorkommen reichte von Kleinasien her bis zum östlichen Balkan. Im ganzen Vorderen Orient waren sie verbreitet. Ein kleiner Rest dieser asiatischen Löwen existiert noch im Ghir Wald des südwestlichen indischen Bundesstaates Guajarat unweit des Rann of Kutch. Dort gibt es, wie im Kapitel über den Phönix ausgeführt, Flamingos und gelegentlich sogar die afrikanischen Zwergflamingos. Der Ghir Wald und der Rann of Kutch markieren gegenwärtig die äußersten östlichen Außenposten dieser ansonsten nur noch in Afrika verbreiteten Tiere. Es fällt vielleicht schwer, sich vorzustellen, dass das vor zweieinhalbtausend Jahren anders war. Damals gab es Löwen noch weiter nach Zentralasien hinein. Sie kamen in Persien vor und auf der Arabischen Halbinsel, in Palästina und Kleinasien und eben auch in den angrenzenden Teilen Südosteuropas. Eine solche, sogar noch weit darüber hinaus reichende Verbreitung hat gegenwärtig noch der Leopard (*Panthera pardus*). Zwar leben in Afrika südlich der Sahara bei weitem die meisten Leoparden, aber es gibt sie in mehreren Unterarten auch in Palästina, in den Bergen am Kaspischen Meer, in Indien und auf Sri Lanka, in Südostasien und in der Form des Amur-Leoparden in Nordostchina und der Mandschurei sowie in den angrenzenden Wäldern des Ussurigebietes. Dort hat auch der Sibirische Tiger überlebt. Die heutigen, mehr oder weniger stetig schrumpfenden Bestände sind die Reste eines einst weithin geschlossenen Vorkommens, das beim Löwen nahezu ganz Europa und einen Großteil Asiens umfasste, während der Eiszeit sogar hinüber nach Alaska reichte. Das Areal des Leoparden ähnelte dem des Löwen, erstreckte sich aber nicht über die nordwestlichen und nördlichen Regionen Europas und Asiens. Leoparden brauchen mehr Wärme als Löwen. Beide benötigen große Beute zum Leben. Solche gab es während und noch in den Jahrtausenden nach der letzten Eiszeit in den nicht von Eis bedeckten Gebieten Eurasiens offensichtlich in weitaus größerer Zahl als gegenwärtig. Daran ist nicht allein der Mensch schuld, der die Großkatzen zu vernichten versuchte, wo immer das ging. In der Eiszeit jagen auch die Menschen noch mit den einfachen Mitteln von Wurfspießen und Fallen. Vielleicht waren sie kaum weniger effiziente Jäger als die Löwen oder die Wolfsrudel, mit denen sie auf der Jagd nach dem Wild immer wieder zusammentrafen. Zudem gab es große, sehr kräftige Hyänen, die wie auch die Eiszeitlöwen mit den gegenwärtig noch in Afrika vorkommenden Arten sehr nahe verwandt waren. Um sie von diesen als fossil, also ausgestorben, zu unterscheiden, setzte man einfach ›Höhlen-‹ vor ihre Namen: Höhlenlöwe, Höhlenbär und dergleichen. Sie lebten natürlich ebensowenig wie die Menschen andauernd in Höhlen, sondern suchten diese nur zeitweise als Schutz auf. Oder ihre Knochen sammelten sich darin an. In dieser Zeit vor über zehntausend Jahren zogen große Herden von Rentieren (*Rangifer tarandus*), Saigaantilopen (*Saiga tatrica*) und Wildpferden (*Equus przewalski*), Gruppen von Mammuts (*Mammuthus*) und Wollnashörnern (*Coelodonta antiquitatis*) über die ›Mammutsteppe‹ genannte, weithin offene Landschaft vom Atlantik im Westen bis zur damals trocken gefallenen Beringstraße im Nordosten Asiens. Die Eiszeittierwelt ähnelte stark der heutigen in Ostafrika, auch wenn sie nicht so artenreich war. Aber die im Eiszeitland lebenden Arten waren zahlreich. Weiter südlich, im vorderen Orient und jenseits des Mittelmeeres in Nordafrika gab es Gazellen und Antilopen. Auch davon zeugen Reste in Zentralasien und in Teilen Indiens. Diesen Großtieren folgten die Löwen, Leoparden, Hyänen und die Wölfe. Und die Menschen, die als Jäger und Sammler unterwegs waren und ein weitgehend nomadisches Leben führten.

Vor rund zehntausend Jahren ging die letzte Eiszeit, das Würm- oder Weichsel-Glazial, ziemlich abrupt zu Ende. Die dem grönländischen Eis entnommenen Bohrkerne zeigen in den Analysen geradezu sprunghafte Temperaturanstiege um sieben bis zehn Grad Celsius in der Spanne eines einzigen Jahrhunderts. Eine Wärmeperiode setzte ein und hielt sich mehrere Jahrtausende lang. In Europa und großen Teilen Asiens war es um drei Grad und mehr wärmer als gegenwärtig. Das Eis taute rasch. Fluten kaum vorstellbarer Größe formten die Flusstäler, in denen die heutigen Flüsse im Vergleich dazu nur noch Rinnsale sind. Die klimatische Entwicklung verlief jedoch nicht kontinuierlich, sondern in mehr oder weniger ausgeprägten Wellen. Kälterückschläge kamen, die Jahrhunderte andauerten, ebenso wie neue Wärmeperioden. Wälder rückten in Gebiete vor, die jahrtausendelang von Eis bedeckt waren. Die Niederschläge änderten sich. Wo sie abnahmen, breiteten sich Trockengebiete aus. Das größte von allen reicht von Westafrika in Form der Sahara über ganz Nordafrika und über den größten Teil der Arabischen Halbinsel nach Vorderasien und erstreckt sich weiter nach Zentralasien hinein. In seiner heutigen Ausdehnung erreicht es mit den Ausläufern der Wüste Gobi fast Peking. Dieses gewaltige, viele Millionen Quadratkilometer umfassende Trockengebiet entwickelte sich in den Jahrtausenden seit Ende der letzten Eiszeit. Es gab Phasen, in denen es dank gestiegener Niederschläge schrumpfte, und solche, in denen sich die Wüste rasch wieder ausbreitete. Weder ist der gegenwärtige Zustand stabil noch war das jemals einer in der Vergangenheit. Auf die Jahrtausende bezogen, bildet die Gegenwart eine Momentaufnahme: für die Pflanzenwelt, für die Tiere und auch für die Menschen und ihre Lebensweise. Im Zusammenhang mit den Fabeltieren ist vor allem die Zeit der zwei bis drei Jahrtausende vor Christus wichtig. Ich komme darauf zurück nach einem kurzen, noch weiter ausholenden Ausblick auf das ganze Eiszeitalter und die Jahrmillionen davor. Die »Eiszeit«, präziser das Pleistozän, dauert etwa zweieinhalb Millionen Jahre. In dieser langen Zeitspanne gab es mindestens vier große Eiszeiten, die im Alpenraum nach kleinen Flüssen benannt sind: Günz, Mindel, Riss und Würm. Bezeichnende Schottermassen dieser zur Donau entwässernden Flüsse lassen sich in der aufgeführten Reihenfolge diesen Haupteiszeiten zuordnen. Dazwischen lagen ausgeprägte Warmzeiten. Die letzte große hatte es vor etwa 120 000 Jahren gegeben. Wie Knochenfunde aus Südengland und Nordwestdeutschland gezeigt haben, sah in dieser Warmzeit, dem Eem-Interglazial, die Großtierwelt der heutigen tropisch-afrikanischen sehr ähnlich. Es gab sogar Flusspferde (Nilpferde) in Rhein und Themse. Das Eiszeitalter pendelte also zwischen Warmzeiten, in denen es beträchtlich wärmer als in unserer Zeit war, und Kaltzeiten, den eigentlichen Eiszeiten. Seit zweieinhalb Millionen Jahren geht das so. Entsprechend heftig waren die Wechsel in der Tier- und Pflanzenwelt. Insgesamt dauerten die Kaltzeiten jedoch länger als die Warmzeiten, so dass im globalen Trend ein Rückgang der Temperatur seit dem Ende der letzten Phase des sogenannten Tertiärs eingetreten ist. Das Tertiär, die »dritte Zeit« nach der Urzeit der Erde und dem Erdmittelalter, reichte von vor 65 Millionen Jahren bis vor zweieinhalb bis drei Millionen Jahren. Damals schloss sich die Landbrücke zwischen Nord- und Südamerika. Als Folge dieser Sperre konnte das warme Wasser aus dem tropischen Südatlantik nicht mehr in den Pazifik abfließen. Es wurde aus dem Golf von Mexiko ostwärts und nordostwärts abgedrängt – als Golfstrom. Mit seiner Entstehung fing das Eiszeitalter an. Es bringt seither die erdgeschichtlich schnellen Wechsel zwischen Kalt- und Warmzeiten. Es ist hier nicht der Ort, das Geschehen zu vertiefen. Es geht um anderes.

In jenen fernen Zeiten des ausgehenden Tertiärs war das ganze Mittelmeer lange Zeit ausgetrocknet und eine tief liegende Salzwüste. Flüsse aus Europa ergossen sich zwar in das Becken, aber sie machten nicht viel mehr als Rinnsale aus, die rasch wieder vertrockneten. Mit zunehmender Feuchtigkeit wurden die Lebensbedingungen günstiger, und es wanderten Tiere vornehmlich von Afrika her zu den hoch aufragenden Bergen, die später, als sich das Mittelmeer füllte, zu Inseln wurden. Der vielleicht gewaltigste Wassersturz über die Schwelle von Gibraltar füllt in Jahrhunderten das Mittelmeer. Die Berge waren danach zu Inseln geworden. Auf ihnen saßen auch Tiere fest, die mit den heutigen Elefanten weitschichtig verwandt waren. Mit der Zeit bildeten sie sich zu Zwergformen um, da diese unter den beschränkten Lebensbedingungen ohne großräumige Auswanderungsmöglichkeit am besten überlebten. Da Elefanten sehr gut und ausdauernd schwimmen können und dabei auch Salzwasser vertragen, kann es durchaus sein, dass die Vorfahren der Zwergelefanten verschiedener Mittelmeerinseln ihre Heimat schwimmend erreicht hatten. Auch das ist hier nicht näher zu erörtern. Vielmehr geht es um die Funde von Knochen und Schädeln dieser Zwergelefanten, die ausgewachsen kaum größer als Elefantenbabys gewesen waren. Das Phänomen der »Verzwergung« auf Inseln ist wohlbekannt und auf den verschiedensten Inseln zu finden. Vor allem Säugetiere neigen dazu, unter diesen besonderen Lebensbedingungen Zwergformen auszubilden. Schädel von Zwergelefanten, ohne die zugehörigen Unterkiefer weisen nun aufgrund der Rundung des Kopfes eine gewisse Menschenähnlichkeit auf. Sie sind aber dennoch beträchtlich größer. Wo der Rüssel unter der Stirn austritt, hat so ein Schädel ein mehr als faustgroßes Loch. Es kann leicht missverstanden werden als ein einziges Auge, während man die kleinen, weit seitlich am Elefantenkopf anset-

zenden echten Augen für die Ohröffnungen halten könnte.
Wurden solche Schädel gefunden, meinten die Menschen, in
ihnen die Überreste von einäugigen Riesen zu sehen. Wegen
der runden Öffnung mitten in der Stirn wurden sie Kyklo-
pen genannt. Wer einen so großen Kopf trägt, so die nahe-
liegende Schlussfolgerung, musste entsprechend groß, ja rie-
sengroß, gewesen sein. Knochen von den Beinen der längst
ausgestorbenen Zwergelefanten passten dazu, denn sie waren zwar nicht sonderlich länger als Menschenknochen,
aber viel dicker. Die Vorstellungen von Zyklopen als einäugigen Riesen beruht aller Wahrscheinlichkeit nach auf solchen Funden. Hinzu kamen andere Befunde. So kann es vorkommen, dass Ziegen, wenn sie von einer Weißer Germer
genannten Pflanze fressen und trächtig sind, Missgeburten
zur Welt bringen. Denn der Germer, ein Liliengewächs mit
dem wissenschaftlichen Namen *Veratrum album*, enthält
entsprechende Gifte. Sie beeinflussen die Entwicklungsvor-
gänge, ohne direkt zu töten, wenn die aufgenommene Gift-
menge dafür nicht ausreicht. Anstelle eines normalen Zick-
leins kommt dann unter Umständen eines zur Welt, das nur
ein Auge mitten auf der Stirn und eine unterentwickelte
Schnauze hat. Das Köpfchen kann solcherart entstellt menschenähnlich wirken und für eine Mensch-Tier-Chimäre gehalten werden.

Solche Missgeburten und Funde fossiler Schädel von
Zwergelefanten fügen sich zu Vorstellungen zusammen, die
zwar fern der Realität liegen, aber dem Kenntnisstand der
Menschen jener Zeiten durchaus angemessen waren. In wesentlichen Aspekten der längerfristigen Veränderungen tas-
ten wir uns auch jetzt erst allmählich an die Vergangenheit
heran. So haben Forschungen der letzten Jahrzehnte ergeben, dass es zum Beispiel in der Sahara Zeiten reichlicher
Niederschläge gegeben hatte, als die Menschen anfingen,
Tiere und Pflanzen zu züchten. Zur Zeit der Alten Reiche

der Ägypter war die Sahara ebenso wenig eine großflächige Vollwüste wie auf der anderen Seite des Roten Meeres die Arabische Halbinsel. Die Verhältnisse ähnelten denen in der heutigen Sahel-Zone oder in niederschlagsreichen Perioden sogar den ostafrikanischen Savannen. Kein Wunder also, dass Felsbilder in der zentralen Sahara Nilpferde und Krokodile, also an verhältnismäßig große Gewässer gebundene Tiere, zeigen, für die heutzutage dort und in der Umgebung überhaupt keine Lebensmöglichkeiten gegeben sind.

Ähnlich verhält es sich mit Asien. Die vorderasiatischen Wüsten breiteten sich aus in den Zeiten, in denen auch die Sahara trockener wurde. Die zentralasiatischen Wüsten entstanden zur selben Zeit. Sie sind, wie die Namib in Südwestafrika, keineswegs »uralt«, sondern erdgeschichtlich gesehen ziemlich junge Gebilde. Wie auch unsere Wälder. Zur Zeit der Antike herrschten zum Teil erheblich andere Verhältnisse als in der Gegenwart. Dies ist im Hinblick auf die Deutung von Fabeltieren unbedingt zu beachten. Denn ohne ausreichende Kenntnis der einstigen Gegebenheiten lässt sich ihre Entstehung nicht verstehen.

Hirten, Hirtenhunde und Pan

Griechenland war im Altertum bei weitem nicht so ausgedörrt wie gegenwärtig. Es gab fruchtbare Täler, viel mehr Wald und zahlreiche Quellen. Ohne ein produktives Hinterland hätten die Ansiedlungen nicht so große Eigenständigkeit und Macht erlangen können. Die Polis, der Stadtstaat, wurde über Jahrhunderte hinweg vom dazugehörigen Umland ernährt. Die Bürger stellten eine wohlhabende Oberschicht dar, die es sich leisten konnte, wenig oder nichts zu arbeiten, um ihre Familie mit den Grundnahrungsmitteln zu versorgen. Diese Tätigkeiten hatten Sklaven zu verrichten. Doch auch diese blieben nur dann leistungsfähig, wenn es an Nahrung nicht mangelte. Die Reinigung des Augiasstalles wäre eine Arbeit für Knechte und Sklaven gewesen. Herakles sollte mit dieser Aufgabe gedemütigt werden. Wie viele Köpfe die Rinderherde des Augias auch umfasst haben mochte, es waren deren für die damaligen Verhältnisse so viele, dass der Stall (die Ställe, denn einer hätte gar nicht groß genug sein können) nicht mehr ausgemistet werden konnte. Wie begehrt Rinder, speziell zur Zucht, gewesen waren, geht aus anderen Prüfungen des Herakles hervor, denen er sich zu unterziehen hatte. Viele andere historische Quellen bestätigen die Bedeutung des Rindes. Es war bekanntlich auch einst ein Stier gewesen, der *Europa* nach Europa, nach Griechenland, getragen hatte.

Rinder hielten und züchteten die Reichen. Ihr Reichtum begründete sich lange Zeit auf dem Besitz von fruchtbarem Land. Erst mit der Ausweitung des Handels durch die Seefahrt verschoben sich die Gewichte, aber Landbesitz blieb eine wesentliche Größe für die Bedeutung der einzelnen Bürger und für die Macht der regionalen Könige. Die ärmere Bevölkerung musste mit den kleineren Weidetieren zurechtkommen; mit Schafen und Ziegen vor allem, weil diese an den trockeneren Berghängen und in den zumeist lichten Wäldern selbst die für sie verwertbare Nahrung fanden. Ziegen sind extrem genügsam. Ihre Verdauung von Zellulose verläuft so wirkungsvoll, dass sie sogar gewöhnliches Zeitungspapier verzehren können. Wie viele Ziegen und Schafe es in der griechischen Antike gegeben hat, lässt sich nicht einmal grob abschätzen. Wir gehen aber davon aus, dass sie und nicht die Rinder maßgeblich am Verbiss der Vegetation beteiligt waren. Sie schmälerten über die Jahrhunderte hinweg die Fruchtbarkeit Griechenlands, insbesondere auf den niederschlagsarmen Inseln und auf dem Peloponnes. Aus ehedem lichten Wäldern wurde Dornbuschland wie nahezu überall rund ums Mittelmeer. Denn es überlebten vornehmlich solche Pflanzen, die den Verbiss ertrugen, weil sie sich mit fast metallartig harten und spitzen Dornen für die Mäuler der Ziegen schwer angreifbar machen. Die Inselwelt der Ägäis trägt ihren Namen nach den Ziegen, griechisch *aigos*. Von steinbockartigen Wildziegen des östlichen Mittelmeerraumes, von *Capra aegagrus*, stammen die domestizierten Ziegen ab. Die Schafe kommen aus derselben Region, den etwas weiter östlich liegenden südwestasiatischen Bergländern, wo ihre Wildform *Ovis ammon* lebte. Wie die Ziege gehören die Schafe zu den ersten domestizierten Tierarten. Lediglich der Hund ist als Haustier viel älter.

Als Herdentiere, die sie ihrer Natur nach sind, halten Schafe und Ziegen auch beim Weiden eng zusammen. Sie können mit geringem Aufwand gehütet werden, brauchen aber überall dort Schutz, wo Wölfe (*Canis lupus*) und andere Raubtiere vorkommen, für die schon halbdomestizierte Formen eine leichtere Beute als ihre wachsameren wilden Verwandten sind. Auch Bären (*Ursus arctos*) bedrohten die Schafe, wenn diese gerade gelämmert hatten oder hoch trächtig waren. In den nördlicheren, stärker bewaldeten Regionen des antiken Griechenland lauerte der Luchs (*Lynx lynx*) den Schafen und Ziegen auf. Rehe (*Capreolus capreolus*), gegenwärtig die Hauptbeute der Luchse in Europa, gab es im Altertum in Griechenland nur sehr wenige oder gar keine. Damhirsche sind groß und schnell; sie waren wohl auch schon in der vorklassischen Zeit selten und der ›Hohen Jagd‹ der Artemis vorbehalten. Wildschweine dürften gleichfalls nicht häufig gewesen sein, wenngleich verbreitet genug, dass Wildeber eine Gefahr für die Hausschweine darstellten, weil sie »wildes Blut« in die Schweinezucht hineinbringen konnten.

Aus der Sicht der vorhandenen Raubtiere, denen mit Pfeil und Bogen oder mit Lanzen kaum beizukommen war, bildeten die Haustiere somit die für sie bei weitem attraktivste Nahrung. Niemals in den Zeiten vorher gab es so viele Ziegen und Schafe in den Wäldern, Schweine in den Hainen und Rinder auf den Weiden wie in der klassischen Zeit Griechenlands. Ganz entsprechend verhielt es sich auf dem Balkan, im Gebiet der Thraker, und in Kleinasien. In diesem Raum herrschten sicherlich eklatant andere Verhältnisse als im Alten Ägypten. Darauf komme ich bei der Behandlung des Einhorns zurück. Kleinasien war, wie auch weiter ostwärts das Zweistromland und Persien, vergleichsweise dicht besiedelt und weithin kultiviert. Die Landschaften waren weit weniger wüstenhaft als in unserer Zeit. Klimatische Veränderungen bahnten sich allerdings an. Vor zwei bis drei Jahrtausenden regnete es insgesamt noch reichlich, aber wohl nicht mehr gleichmäßig genug, um der menschlichen wie auch der tierischen Bevölkerung des Nahen Ostens stabile Verhältnisse zu gewährleisten.

Ein wesentlicher Unterschied zwischen Griechenland und Kleinasien liegt in der Landesnatur. Griechenland ist eine zerklüftete, durch tief ins Land reichende Buchten gegliederte Halbinsel mit vielen vorgelagerten Inseln unterschiedlichster Größen, die nach Norden hin von schwer zugänglichen Gebirgen abgegrenzt wird. Kleinasien hingegen öffnet sich nach Osten und Südosten weitflächig, auch wenn es im Norden vom Schwarzen Meer und im Westen und Süden vom Mittelmeer umgeben ist. Diese unterschiedlichen Lageverhältnisse hatten zur Folge, dass die Vorkommen größerer Tiere in Griechenland vom freien Austausch mit anderen Beständen ihrer Art in entfernteren Gebieten weitgehend abgeschnitten waren. Daher wurde der Löwe dort viel früher ausgerottet als in Kleinasien. Wie schon ausgeführt, hatten sich Löwen in Persien fast bis in die Gegenwart gehalten.

In Südwestindien kommen sie immer noch vor. Auch auf der Arabischen Halbinsel wurde der Löwe erst nach dem Altertum ausgerottet. In Nordafrika kam er zur Zeit der Römer recht häufig vor. Diese hatten offenbar keine Schwierigkeiten, nordafrikanische Löwen einzufangen und im Circus Maximus mit Gladiatoren oder mit Stieren kämpfen zu lassen. Auch darauf werde ich beim Einhorn zurückkommen.

Wie lange sich der Luchs in Griechenland außerhalb der von Menschen nahezu unbesiedelten Gebirge halten konnte, ist nicht bekannt. Große Gefahren gingen anscheinend weder von ihm noch von Bären für das Vieh aus. Einzig die Wölfe stellten eine Bedrohung dar. Um sie abzuwehren, waren seit Jahrhunderten besondere Hunde gezüchtet worden: Hunde von Wolfsgröße oder größer mit so dichtem Fell, dass Wölfe kaum hindurchbeißen konnten. Hunde, cremeweiß wie die Schafe, die nicht auffielen wie das sprichwörtliche schwarze Schaf. Und Hunde, die lernten, die Schafe zusammenzuhalten, ohne sie dabei in Panik zu bringen. Anatolien war ein Zentrum der Zucht dieser Hunde. Jedoch die einzelgängerischeren Ziegen lassen sich damit nicht unter Kontrolle halten. Sie klettern auf Bäume, springen auf Felsen und können sich den Hütehunden in unübersichtlichem Gelände leicht entziehen. Hirten waren daher unverzichtbare Begleiter der Ziegenherden. Sie mussten oft lange Zeit mit den Tieren in den lichten Wäldern leben. Sie waren allein oder bei großen Herden zu wenigen unterwegs, bauten sich ihre einfachen Behausungen und vertrieben sich die Zeit mit Flötenspiel und anderen im gegebenen Rahmen möglichen Vergnügungen. Dazu gehörte auch der Verkehr mit den Tieren. Aus der Sicht der Bürger in den Städten waren die Ziegenhirten so etwas wie ein Mittelding zwischen Tier und Mensch, schwer zu fassen, weil die Hirten die Wälder kannten, und roh in den Sitten, weil ihnen der städtische Umgang fehlte. Dass sie das Flötenspiel beherrschten, verlieh vielen Hirten eine besondere Note: verführerisch einerseits, wild andererseits. Flöte und Bocksfuß wurden ihr Kennzeichen und der damit ausgestattete kleine Waldgott Pan ihr Symbol. Er lockte mit dem Wohlklang seiner Flöte und konnte panische Angst verbreiten. Es tat sich viel in den von Pan beherrschten Wäldern. Leda war bei den Hirten, als Zeus sich ihr verkleidet näherte und prompt auch erfolgreich schwängerte. Die Folklore des Klassischen Griechenlands enthält viele Geschichten, die sich im Reiche Pans zugetragen haben. In den meisten geht es um Erotik oder um Schreckliches, das damit zusammenhing. Immer wieder kommt ein Vogel vor, der eine merkwürdige, schwer verständliche Rolle spielt. Sein Name war *Jynx*.

Mit ihm hat es eine besondere Bewandtnis. Er galt als Zauber- und Liebesvogel. Sein Gesang ähnelte dem der Querflöte. Theokrit schrieb von ihm in einem Gedicht etwa 250 v. Chr. Die Bezeichnung Jynx ist jedoch doppeldeutig. Der Sage nach war Jynx eine Tochter des Pan. Weil sie Zeus dazu verführt hatte, Io zu lieben, wurde sie von Hera in einen Vogel verwandelt. Dieser diente fortan, auf ein Rädchen gebunden, als Liebeszauber. Jynx wechselte auf diese Weise von der von Pan abstammenden Verführerin zum Gerät. Es war offenbar sehr wirksam, denn Aphrodite, die Göttliche, übergab das Rädchen Jason, der damit die Giftmischerin und Zauberin Medeia dazu brachte, sich ihm hinzugeben. Die Jynx wurde daher auch »Rad der Hekate«, Hexenrad, genannt. Ein solches in Boston, USA, aufbewahrtes besteht aus einem bronzenen (in edlen Ausführungen auch goldenen) Rad mit zwei oder vier Speichen, und einem Band, das schnell abgewickelt das Rad in Drehung versetzte und mit etwas Geschick dazu führte, dass es sich selbst wieder aufspulte. Die Speichen erzeugten ein surrendes Geräusch. Der Vogel Jynx wurde an diesem Rad befestigt. So kam der Liebeszauber zustande.

Da Linné in seinem System der Natur 1758 den Wendehals (*Jynx torquilla*) so benannte und auch schon vor ihm angenommen worden war, mit dem Jynx hätten die Alten Griechen diesen Vogel gemeint, hielt sich diese Deutung bis heute. Doch Theokrit und andere hatten angeführt, dass dieser Vogel klangvolle, flötenartige Rufe von sich gibt. Seinen Hals kann der Wendehals zwar tatsächlich ungewöhnlich weit drehen, aber das ist nur aus der Nähe zu sehen. Seine Stimme passt allerdings überhaupt nicht. Sie ließe sich eher als ein hämisches Gelächter bezeichnen; klangvoll flötenartig ganz gewiss nicht. Er ruft auch eher am Tage, vor allem nach Regenschauern, und nicht in der Dämmerstunde am Abend, in der sich bei schwindendem Licht die Liebenden treffen. Wenn aber nicht der Wendehals, wer dann? Da der / die Jynx so ganz direkt mit der Erotik verbunden war, und, wie ich noch ausführen werde, einfache Versionen davon auch heute noch auf Jahrmärkten angeboten werden, hilft eine Auflistung der dafür bezeichnenden Eigenschaften vielleicht weiter. Der Vogel musste (1.) in Griechenland vorgekommen sein, und zwar nicht in irgendwelchen entlegenen Orten, sondern (2.) in der Umgebung der Menschen, so dass er gut bekannt war. Sein Gefieder soll (3.) tarnend rindenartig und seine Haltung mitunter (4.) phallisch starr aufrecht gewesen sein. Seine Zunge war (5.) auffällig lang, seine Stimme (6.) wohlklingend wie Flötentöne und (7.) in der Dämmerung oder in den frühen Nachtstunden zu hören. Diese Merkmale lassen sich Theokrits Beschreibung und anderen Quellen entnehmen.

Der Wendehals erfüllt zwar fünf der sieben Kriterien, aber eben die beiden letzten ganz und gar nicht. Diese sind jedoch zweifellos sehr wichtig. Auf eine ganz andere Vogelart treffen fast alle Eigenschaften zu. Es ist dies die Zwergohreule

(*Otus scops*). Sie kommt verbreitet in Griechenland vor, lebt am Rande der Siedlungen in Hainen und lichten Wäldern, trägt ein rindenfarbenes Gefieder, richtet sich, wenn sie sich entdeckt fühlt, steif auf und ruft in der späten Dämmerung sowie oft weit in die Nacht hinein vorzugsweise im Duett zwischen Männchen und Weibchen. Ihre Rufe klingen klar, hell und wie mit einer Flöte (Okarina) gepfiffen. Sie als sehnsuchtsvoll zu empfinden fällt nicht schwer. Einzig die lange Zunge passt nicht dazu, außer man möchte den Schnabel als eine heraushängende Zunge deuten. Fast so gut wie der Wendehals kann sie den Kopf drehen und, ohne die Sitzhaltung zu ändern, nach hinten schauen. Ihre Kopfbewegungen wirken übertrieben und belustigend. Mitunter scheint die Zwergohreule höfliche Knickse zu machen. Dass sie nicht menschenscheu ist, beweist ihr heutiges, im Mittelmeerraum weit verbreitetes Vorkommen. Die von den Menschen geschaffenen offenen, an größeren Insekten reichen Flächen kommen der kleinen Eule sehr zugute. Sie nistet in Höhlen alter Bäume. Die höhlenreichen Ölbäume sind dafür besonders günstig. Aber auch Höhlungen in Gebäuden nimmt sie an, wenn diese in der Größe geeignet sind. Die Partner eines Paares gehen aus menschlicher Sicht sehr liebevoll miteinander um. Sie beknabbern einander am Gesicht, was wie ein Küssen aussehen mag, und sie schmiegen sich oft dicht zusammen wie ein schmusendes Paar. Kleine Papageien, die sich ganz ähnlich verhalten, sind in unserer Zeit deshalb »Unzertrennliche« und »Love Birds« genannt worden.

Eulen waren im Alten Griechenland sehr geschätzte Vögel. Die Eule symbolisierte die Weisheit von Pallas Athene. Somit erfüllt die Zwergohreule mit der einen Ausnahme der langen Zunge alle Kriterien für den Jynx. Warum kam man nicht auf sie, sondern auf den Wendehals? Sicherlich nicht nur deswegen, weil er tatsächlich als Angehöriger der Spechte eine sehr lange Zunge hat, mit der er Ameisen aus ihren Nestern holt. Das geht sehr schnell, ist selten bei Beobachtung mit dem Fernglas und ohne so ein Hilfsmittel sicherlich nur ausnahmsweise zu sehen. In der Bruthöhle überrascht, zischt der Wendehals und bewegt seine Zunge schlangenartig. Ob das für einen Liebeszauber reicht, ist auch unter Berücksichtigung der damaligen Sitten im Alten Griechenland ziemlich fraglich. Betrachten wir daher einen dritten Kandidaten. Ein weiterer in Griechenland verbreiteter Vogel weist Eigenschaften auf, die mit dem Wendehals gut übereinstimmen: Rindenfarbenes Gefieder, erstarrte Haltung, wenn er sich entdeckt fühlt, Vorkommen in lichten Wäldern mit dürftigem Bewuchs am Boden und ausgestattet mit der Fähigkeit, den Kopf auffällig zu (ver)drehen. Er fliegt in der Dämmerung geisterhaft zwischen den Bäumen. Und er trägt einen besonderen, aus der Antike stammenden Namen: Ziegenmelker, *Caprimulgus*. Drohend öffnet der gänzlich harmlose Vogel seinen Schnabel wie das Maul einer großen Schlange. Seine Zunge verstärkt den Schlangeneindruck. Er brütet und ruht tagsüber am Boden. Sein Gefieder tarnt ihn so gut, dass man ein oder zwei Schritte neben ihm vorbeigehen kann, ohne ihn zu entdecken. Er bleibt dabei unbeweglich sitzen. Brachten die Ziegen am Abend zu wenig Milch, hieß es, der Ziegenmelker habe sie ihnen tagsüber genommen. Sein Maul zeige das.

Schwierigkeiten macht beim Ziegenmelker aber wiederum der Gesang. Was dieser Vogel von sich gibt, ist ein hölzernes Schnurren, das ohne Unterbrechungen minutenlang anhält und sehr schwer zu orten ist. Von Flöte und Wohlklang keine Spur, aber dafür eine geradezu perfekte Übereinstimmung mit dem, was Jynx, das Schwirrholz, schnell gedreht von sich gibt. Keine andere Vogelstimme passt so gut wie der abendliche und frühnächtliche Gesang des Ziegenmelkers zum Schwirrholz. Man hätte ein bestimmtes

Gerät sehr gut kennen müssen, um unterscheiden zu können, ob das in der Dämmerung gehörte vom Vogel kam oder vom Schwirrholz, das ein Mensch bewegte. Dieser Befund erzwingt geradezu einen anderen Ansatz in der Deutung. Vom Schwirrholz ist auszugehen und nicht vom Vogel. Was sollte es bewirken? Erotische Stimulierung, Liebesbereitschaft! Jason hatte es von Aphrodite erhalten, damit er Medeia gewinnen konnte. Das Surren reichte dazu sicherlich nicht aus. Okarina-artigen Flötenrufen wäre mehr Wirkung zuzutrauen. Das Schwirrholz stimulierte. Ganz gewiss nicht mit dem Ton, sondern mit den Gefühlen, die es hervorrief, wenn ein Jynx daran befestigt war. So ist es beschrieben worden. Der Vogel wurde kreuzweise am Rad befestigt. Flügel- und Schwanzspitzen ragten über den Rand. Die weichen Spitzen berührten den Körper an den dafür empfänglichsten Stellen und lösten besonders intensive Lustgefühle aus. Nicht alle Federn eigneten sich dafür. Solche mit harten Spitzen, wie sie Vögel tragen, die viel fliegen, taugen nichts. Es sind die weichen der Eulen und der Ziegenmelker, die diesen Vögeln einen geräuschlosen Flug verleihen, die für diesen Zweck am geeignetsten sind. Doch man (Mann) musste umgehen können mit dem Schwirrholz, um die angenehmen Empfindungen auszulösen und mit dem Vordringen zu den empfindlicheren Stellen lustvoll zu steigern. Das Entsprechende gilt für die Frauen. Es war Jynx, die Tochter von Pan, die Zeus das Geheimnis des Schwirrholzes verraten und ihm zum Erfolg bei Io verholfen hatte. Sie kannte die Wirkung und wohl auch die Handhabung, sonst wäre das Gerät nicht nach ihr benannt worden. Es stammte von Pan, dem großen Verführer im Wald. Er wusste, wie das Schwirrholz gemacht wird, damit es funktioniert. Nicht aus Metall, wie in der veredelten Form, sondern aus einem Kreuz flacher Hölzer, die in der Mitte in einem gewissen Abstand durchbohrt wurden. Die hindurchgeführte, parallel verlaufende

Schnur wurde zusammengebunden und zwischen Daumen und Zeigefinger ausgespannt mit beiden Händen gehalten. Eine leichte Anschubdrehung erzielte die erste Aufwicklung, die sich durch den Gegenzug verstärkt zurückdrehte und rasch in ein surrendes Dauerkreisen überging. Das Schwirrholz konnte nur die Stimulierung hervorrufen, wenn weiche Federn über die Spitzen ragten. Es lässt sich vielleicht ganz treffend ›Vibrator der Antike‹ nennen. Seine Wirkung war offenbar so gut, dass die Widerspenstigen ihre abweisende Haltung aufgaben. Das ergibt nun alles zusammen einen Sinn. Die Vögel mit der als tarnende Starre eingenommenen, phallischen Haltung boten die passend weichen Federn für das Schwirrholz. Die Töne, die es erzeugte, wenn es benutzt wurde, ließen sich als das Schnurren von Ziegenmelkern verstehen. Sie waren nicht verräterisch. Die Zwergohreule tarnte vorher mit ihrem spätabendlichen und nächtlichen Flöten im Duett die ganz ähnlich klingenden, lockenden Töne der echten Flöten, mit denen ein Stelldichein im Schutz der Dunkelheit vereinbart wurde. Der Ziegenmelker aber war wohl eher als Umschreibung für ein sexuelles Geschehen zu verstehen denn als wirklicher Milchdieb. Symbol des Sexuellen war auch die milchsaugende Schlange. Sie kann nicht saugen, weil ihr Wangen fehlen. Schlangen sind anatomisch untauglich dafür. Mit dem Saugen beziehungsweise Milchtrinken war anderes gemeint. Der Hintergrund geriet in Vergessenheit, die Mär von der ›Milchschlange‹ blieb ebenso bestehen wie die entsprechende vom Ziegenmelker.

Schwirrhölzer gab es auf Jahrmärkten noch bis in die 1960er Jahre hinein, und zwar solche, an deren Holzkreuz kleine weiche Hühnerfedern angebracht waren, die mit den Spitzen gut einen Zentimeter weit über das Holz hinausragten. Solche ohne Federn gab es noch häufiger. Sie erzeugten ein hartes Surren. Warum andere Federn trugen, wusste anscheinend kaum noch jemand. Kinder kauften das Spielzeug, das die Federn rasch verlor, weil zu heftig gedreht wurde, um Töne zu erzeugen.

Erotisches steckt häufig in den alten Mythen und Fabelwesen. Ursprünglich kam es sicherlich direkter zum Ausdruck als in den späteren Übertragungen in andere Kulturen. Die Übersetzer hatten sich an die jeweils geltenden Moralvorstellungen mehr zu halten als an die Genauigkeit der Wiedergabe. Sicher gilt dies auch für das fabelhafteste der Fabeltiere, für das Einhorn.

Das Einhorn

Quellen und Wurzeln

O dieses ist das Tier, das es nicht gibt.
Mit dieser Zeile beginnt das bekannte Gedicht über das
Einhorn von Rainer Maria Rilke. Darin fasst er den Kern
des Einhorn-Mythos zusammen. Das ganze Gedicht lautet:

O dieses ist das Tier, das es nicht gibt.
Sie wussten's nicht und habens jeden Falls
– Sein Wandeln, seine Haltung, seinen Hals,
Bis in des stillen Blickes Licht – geliebt.

Zwar war es nicht. Doch weil sie's liebten, ward
Ein reines Tier. Sie ließen immer Raum.
Und in dem Raume, klar und ausgespart,
Erhob es leicht sein Haupt und brauchte kaum

Zu sein. Sie nährten es mit keinem Korn,
Nur immer mit der Möglichkeit, es sei.
Und die gab solche Stärke an das Tier,

Dass es aus sich ein Stirnhorn trieb. Ein Horn.
Zu einer Jungfrau kam es weiß herbei –
Und war im Silberspiegel und in ihr.

Um etwa 400 v. Chr. beschrieb Ktesias, ein griechischer Arzt
in Diensten des persischen Herrscherhauses, in seinem Werk

Indica das Einhorn als ein Tier so groß wie ein Pferd oder größer, mit weißem Körper, rotem Kopf und blauen Augen. Es ist sehr schnell und stark. Man kann es nicht lebend fangen. Das Horn ist lang mit schneeweißer Wurzel und leuchtend roter Spitze. Trinkt man aus dem Horn, so schützt das vor Gift und Krämpfen. Ziemlich genau 2400 Jahre später, am 12. September 2001, nannte Professor Dr. Herbert Hagn, der sich intensiv mit diesem Fabeltier beschäftigt hatte, »das Einhorn ein Fabeltier, dem auch der schärfste Verstand nichts anhaben konnte«. Das war in einem Vortrag in der Paläontologischen Staatssammlung München.

Herbert Hagns Urteil ist berechtigt. Mit keinem Fabeltier, der Drache vielleicht ausgenommen, hat man sich in der Neuzeit mehr befasst als mit dem Einhorn. Es übt eine merkwürdige, schwer nachvollziehbare Faszination aus. Was aber soll an diesem Tier – um ein Tier handelt es sich zweifellos – so besonders sein? Dass es (nur) ein Horn trug?! Alles Übrige, was der kurzen Beschreibung von Ktesias zu entnehmen ist, war doch sehr normal, fast gewöhnlich: Pferdegröße, Schnelligkeit und Aussehen. Nicht einmal der Zusatz, dass ein Trank aus seinem Horn vor Gift schützt, verrät Besonderes. Es entsprach dem Volksglauben, dass es Mittel gegen Gift gibt. Auch unsere Zeit bedient sich alter Volksrezepte bei (leichten) Vergiftungen. Glaube, Aberglaube und echte Wirkung lassen sich im medizinischen Bereich bekanntlich nicht immer so recht voneinander trennen. Hagn hatte dennoch gute Gründe, den Stand der Kenntnisse über das Einhorn wie oben zu charakterisieren. Zu viel wurde nachträglich mit dem Einhorn verbunden, ihm angedichtet oder uminterpretiert.

Nur ein Befund steht zweifelsfrei fest: Es gibt keine Fossilien vom Einhorn. Um ein ausgestorbenes Tier, etwa wie im Falle der Schädel von Zwergelefanten der Mittelmeerinseln, die als einäugige Menschen von riesenhafter Größe, als Zyklopen, gedeutet worden waren, hatte es sich mit an Sicherheit grenzender Wahrscheinlichkeit nicht gehandelt. Die vermeintlich konkreten Belegstücke für sein Horn sind leicht als Stoßzähne des im Nordpolarmeer lebenden Narwals (*Monodon monoceros*) zu identifizieren. Carl von Linné kannte und benannte diesen Delphin-Verwandten im Jahre 1758, was Zahlungskräftige und Gutgläubige nicht davon abhielt, den teuer erworbenen Narwalzahn für das Horn des Einhorns zu halten. Warum sich so ein Zahn (!) als Täuschung für ein Horn (!) eignete, ergibt sich aus der näheren Betrachtung der Beschreibung des Einhorns. Es war seit dem späten Mittelalter ähnlich wie ein Hirsch dargestellt worden und nicht mehr pferdeartig wie ursprünglich. Das Hirschgeweih besteht aus einer grundsätzlich ähnlichen Knochensubstanz wie der Narwalzahn, der ein zwar besonderer, nichtsdestotrotz aber ein echter Zahn ist, nämlich hauptsächlich aus Kalziumphosphat. Gebildet wird das Geweih jedes Jahr neu. Eine besondere, reich durchblutete Haut, der Bast, nährt das Wachstum. Von alters her gilt dieser Bast als etwas Besonderes. In der chinesischen Volksmedizin hat sich seine Verwendung bis heute erhalten; vor allem wegen der angeblich erotisch anregenden Wirkung. Das aus dem Bast hergestellte Pulver gilt als Aphrodisiakum. Das Horn, das auf einem durchbluteten Knochenzapfen sitzt, besteht hingegen wie unsere Finger- und Zehennägel aus Horn. Dieser entsteht durch eine paarig angelegte Auswachsung der Stirnknochen des Schädels. Er bleibt lebenslang erhalten und wird nicht wie bei den Hirschen abgeworfen und erneuert. Daher zeigen manche Hörner deutlich erkennbare Bildungen ähnlich den Jahresringen von Bäumen.

Das Besondere des Einhorns war also nicht das Horn an sich, sondern die Einzahl des Horns. So etwas gibt es bei den Hornträgern, den Rindern, Ziegen, Schafen, Antilopen und Gazellen tatsächlich nicht; es sei denn es handelt sich um eine Fehlbildung. Unmöglich ist ein einzelnes Horn deswegen nicht, aber als Normalbildung äußerst unwahrscheinlich. Denn der Schädelknochen, aus dem Hörner wie auch Geweihe wachsen, ist paarig angelegt. Erzeugt der rechte Teil ein Horn, der linke aber nicht, so ist das eine Missbildung, vergleichbar dem Fehlen eines Ohres oder eines Auges. Sogar unsere Nase ist, wie die beiden Nasenlöcher beweisen, eine Doppelanlage. Anders sieht es aus, wenn das Horn gar kein richtiges Horn gewesen war, sondern ein falsches; ein Hautgebilde ohne Knochen darin. Dann kann es sehr wohl als Einzelhorn entstehen. Die lebendigen Beispiele hierfür sind allgemein bekannt: die Nashörner. Ob sie ein, zwei oder drei ›Hörner‹ tragen und ob diese lang und spitz oder kurz und stumpf sind, spielt letztlich keine Rolle. Sie werden als Bildungen der Haut, als feste Verwachsungen von Haaren, nicht paarig angelegt. Allein diese Tatsache reichte aus, dass schon in der Antike, verstärkt aber im Spätmittelalter das Einhorn als Nashorn gedeutet worden ist. Ich komme darauf zurück, weil das Horn des Nashorns tatsächlich eine durchaus wichtige Rolle im Komplex spielt, der sich um das ursprüngliche Einhorn entwickelt hat.

Das Horn allein, seine Einzahl, die namensgebend wurde, reicht somit keinesfalls aus, konkrete Hinweise auf die ursprüngliche Natur des Einhorns zu bekommen. Es ist nötig, andere Eigenschaften genauer zu betrachten, so wie sie aus den alten Beschreibungen hervorgehen. Die erste, zumindest die bekannteste unter den ersten Charakterisierungen des Einhorns, war die oben angeführte von Ktesias. Doch schon um 303 v. Chr., also nur ein Jahrhundert nach Ktesias' Erstbeschreibung, war das Einhorn bei Megasthenes bereits sehr stark verändert worden. Dieser hatte Indien besucht und das Einhorn zwar auch wieder pferdeartig beschrieben, aber versehen mit einem Hirschkopf, dem Schwanz eines Wildschweins und Füßen wie von Elefanten. Außerdem war das Tier seiner Beschreibung nach schwarz, sein Horn nach unserem Maß knapp einen Meter und damit doppelt so lang wie nach Ktesias. Harmonierten bei diesem die Merkmale für einen funktionstüchtigen Tierkörper noch ganz gut, so war das bei Megasthenes nicht mehr der Fall. Beide kannten jedoch das Einhorn sicherlich nicht. Sie waren zwar weit gereist, aber gewiss nicht in unwegsamem Gelände gewesen. Ktesias war Leibarzt des Herrschers und nicht etwa ein Jäger, der mit der einheimischen Bevölkerung in Regionen hätte kommen können, in denen andere Tiere als in Griechenland lebten. Was Ktesias und Megasthenes schrieben, stammte aus Erzählungen, die ihnen zugetragen wurden. Sie hatten sich daraus ihre eigenen Vorstellungen zusammengereimt. Leider hielt sich Plinius der Ältere in seiner vielbändigen Naturgeschichte bei der Behandlung des Einhorns um 77 n. Chr. nicht an Ktesias, sondern an Megasthenes, wodurch die abstruse Kombination nicht zusammenpassender Eigenschaften weitere eineinhalb Jahrtausende lang weitergegeben wurde. Lediglich Aelianus Claudius, der von 170 bis 235 n. Chr. lebte, ergänzte, dass das Horn des Einhorns spiralig gedreht und im Mittelteil schwarz war. Auch er verwies darauf, dass es vor Gift schütze, und fügte etwas Wichtiges hinzu, nämlich dass das Einhorn in der Paarungszeit gesellig und durch »weiblichen Einfluss zahm wird«.

Nach der Antike verlor sich das Interesse am Einhorn, das schon zur Römerzeit abnahm, so gut wie vollständig. Erst die spätmittelalterliche Scholastik griff es wieder auf. Dem Einhorn erging es in dieser Hinsicht wie den anderen bereits behandelten Fabelwesen. Ein Zeitmuster wird erkennbar. Ihr Ursprung lag vor der hellenistischen Zeit; einer Zeit also, die auch im Hinblick auf andere Bereiche historisch die Zeit der Mythen genannt wird. Die griechische Antike deutete die Mythen. Mit ihrer Niederschrift waren die Autoren gezwungen, Eigenschaften zu konkretisieren, die im Mythos vielleicht nur angedeutet waren. Frühe Darstellungen wurden auch ausgeschmückt. Zum Wirklichen kam Unwirkliches, nicht selten Unmögliches hinzu. Die Römer übernahmen, was sie selbst nicht anders oder besser kannten. Ein weiterer Zusatz mehr oder minder großer Veränderungen kam hinzu. Auf den Zusammenbruch des Römischen Weltreichs folgten Jahrhunderte der Wirren und der Völkerwanderung. Sie dauerten ein halbes Jahrtausend an. Nachdem sich gegen das Jahr 800 n. Chr. mit der Kaiserkrönung Karls des Großen am 25. Dezember in Rom die Verhältnisse dank der verbindenden Kraft des Frankenreiches im europäischen Westen stabilisiert hatten, begann eine vergleichsweise ruhige Zeit. Die Kultur erblühte wieder. Die 500 Jahre des Hochmittelalters ließen das Christentum erstarken. Der Islam, der auf der Iberischen Halbinsel und auf Sizilien Fuß gefasst hatte, wurde zurückgedrängt. Ein Ziel der Kreuzzüge, die im 11. Jahrhundert begannen, bestand auch darin, Ostrom / Byzanz, zu schwächen und dem römischen Papst die Alleinherrschaft über die Christenheit zurückzugewinnen. Das Vorhaben misslang. Bis zur Eroberung Konstantinopels durch die Türken im Jahre 1453 existierte das Byzantinische Reich. Dort und noch ausgeprägter im arabisch-islamischen Raum entwickelten sich die Kenntnisse über die Natur weiter, nicht im Westen, im Heiligen Römischen Reich Deutscher Nation. Doch die großen Krisen des Spätmittelalters mit den Seuchenzügen der Pest, den verheerenden Naturkatastrophen und der drastischen Verschlechterung des Klimas im 14. Jahrhundert bereiteten die Umwälzungen vor, aus denen die Neuzeit hervorging. In dieser Phase, insbesondere in der Renaissance mit ihrer Wiederentdeckung der Antike und in der Scholastik als neuer Geistesströmung, erstanden die Fabeltiere aufs Neue. Sie erhielten nicht nur ein verändertes, der Zeit angepasstes

Aussehen, sondern vor allem eine ganz neue Bedeutung. Sie
wurde zur Grundlage für die neuzeitliche Form des Einhorns. Fast zwei Jahrtausende lang hatte es geruht. Umso
munterer feiert es Urständ in Filmen, wie *Das letzte Einhorn*, in zahllosen Abbildungen und Nachbildungen. Man
könnte es geradezu als Indikator für die so wechselvolle Zu-
wendung der Menschen zum Mystischen betrachten: Nach
der anfänglich natürlichen Einstufung im Altertum verlor
das Einhorn nach und nach seine Realität und mutierte im
Mittelalter vollends zum Fabelwesen. Mit der Aufklärung
setzte seine Profanisierung ein. Die wissenschaftliche Zoologie des 18. und 19. Jahrhunderts machte aus dem Tier eine
Antilope aus Tibet. Als sich herausstellte, dass dem nicht so
ist, büßte das Einhorn seine reale Existenz gleich wieder ein.
Im 20. Jahrhundert wurde es wiederum zum Fabeltier. Für
eine ernsthafte naturwissenschaftliche Fragestellung eignet
es sich nicht mehr. Oder vielleicht doch? Was war das Einhorn wirklich?

Diese historische Entwicklung zwingt dazu, das Einhorn
in zwei Formen seiner »Existenz« zu betrachten; in seiner
ursprünglichen, so wie es als Tier gemeint gewesen war, und
in seiner abgeleiteten, was daraus gemacht worden ist.

Zum ursprünglichen Einhorn gibt es weit mehr Stoff als
das, was von Ktesias und Megasthenes überliefert ist. Eine
wichtige Quelle ist die althebräische Bibel, insbesondere die
Thora (fünf Bücher Mose). Im 4. Buch Mose (Numeri) heißt
es, Gott habe sein Volk aus Ägypten geführt, »seine Stärke
ist wie die eines Einhorns«. Im Deuteronomium, dem 5.
Buch Mose, geht es weiter im Sinne der Stärke: »seine Hörner sind wie eines Einhorns: mit denselben wird er die Völker zugleich stoßen bis an das Ende der Welt ...« Verschie-
dentlich wird das Einhorn auch in den Psalmen genannt.
»Hilf mir aus dem Rachen des Löwen und errette mich vor
den Hörnern der Einhörner« und »Wer machet sie springen

wie ein junges Kalb, den Berg Libanon und Sirion, wie ein junges Einhorn«. Das Horn selbst wird auch angesprochen: »Aber mein Horn wird erhöhet werden, wie eines Einhorns: Ich werd mit frischem Oel gesalbt werden.« Und etwas ist im Alten Testament angedeutet, was mit der Zähmung des Einhorns zu tun hat. In veränderter, der Zeit angepasster Form ist es erst von den Scholastikern wiederaufgegriffen worden, obgleich es Aelianus Claudius bekannt war, aber den altgriechischen Autoren anscheinend nichts gesagt hatte (Buch Hiob): »Wird das Einhorn so zahm, dass es dir diene oder dass es sich in deiner Kripfen lege? Kannst du es auch mit einem Sail binden, dass es die Furchen mache, oder dass es dir nachegge?« In Isaias 34 wird das Einhorn sogar direkt mit dem starken Ochsen verglichen. Der Prophet Isaias wurde wahrscheinlich im Jahre 765 v. Chr. geboren und lebte und predigte in Jerusalem.

Herbert Hagn, dem ich die Bibelzitate aus der Züricher Bibel von Scheuchzer aus dem Jahre 1731 verdanke, wies darauf hin, dass spätere Fassungen das Einhorn mit Wildstieren und Büffeln ersetzten. Doch auch die Scheuchzer vorliegende Fassung war bereits die Bearbeitung von Bearbeitungen, kein Original. Der hebräische Pentateuch, die fünf Bücher Mose, war in der sogenannten Fassung der Septuaginta um etwa 250 v. Chr. ins Griechische übersetzt worden. Im Auftrag von Papst Damasius fertigte auf dieser Grundlage 383 n. Chr. Hieronymus eine lateinische Fassung, aus der, verbunden mit anderen lateinischen Übersetzungen, die im Mittelalter sogenannte lateinische Volksbibel, die Vulgata, entstand. 1534 übersetzte sie Martin Luther ins Deutsche der damaligen Form. Im Zuge dieser Übersetzungen wurde aus dem ursprünglich hebräischen Ausdruck *re'em* zunächst griechisch *monokeros* und *rhinokeros*, dann das Lateinische *unicornu* und schließlich Einhorn. Die alte hebräische Form wird uns gleich näher beschäftigen. Denn sie bestätigt die zoologische Analyse, um welches Tier es sich beim Einhorn gehandelt hatte. Sichten wir dazu weiteres Material. Rüdiger Robert Beer (1972) hat die wohl umfangreichste Zusammenstellung dazu gefertigt. Daraus geht hervor, dass das meiste nachträglich hinzugefügt worden ist. Einige Erläuterungen dazu enthält bereits das Kapitel über das Einhorn in meinem Buch *Warum die Menschen sesshaft wurden* (2008). Sie lassen sich ganz erheblich erweitern und ergänzen.

Die Angaben von Ktesias entsprechen am ehesten einem konkreten Tier. Aber welchem? Beginnen wir mit der Geographie. Das Einhorn kam in Griechenland nicht vor. Es war auch im weiteren Umfeld Europas, Kleinasiens, Palästinas und Nordafrikas nicht vorhanden. Die Angaben aus Persien und Indien weisen bereits bei Megasthenes Vermischungen auf, die eigentlich nur bedeuten können, dass man dort die echten Einhörner, so es solche gegeben hatte, auch nicht kannte. Diese geographischen Gegebenheiten grenzen das mögliche Vorkommen auf die Arabische Halbinsel und Afrika ein. Tibet und Innerasien lassen sich ausschließen, da die Versuche, das Einhorn dort dingfest zu machen, aus viel späterer Zeit stammen. Es gibt auch keine konkreten Hinweise darauf, dass das Einhorn im Gebirge vorkommt oder dichte Wälder bewohnt. Dass man es nicht fangen kann, drückt indirekt aus, dass man es nicht in Engpässe treiben und gegebenenfalls mit Netzen erbeuten kann. Weites, offenes Land dürfte hingegen als Lebensraum geeignet gewesen sein. Es war »weiß«, was sehr hell bedeutet, denn das reine Weiß ist erst seit den mittelalterlichen Darstellungen des Einhorns symbolhaft für die Reinheit zu verstehen. Weiß meint bei einem frei lebenden Tier wahrscheinlich nur hell, vergleichbar den Weißen Bergen Kretas.

Erst in der frühen Neuzeit kehrte Konrad Gesner zu den Quellen zurück. In seinem *Thierbuch* bildete er 1669 ein

Pferd mit gespaltenen Hufen ab, das auf der Stirn ein gedrehtes Horn trägt. Nun gewann die zoologische Betrachtung die Oberhand. Sie gipfelte in der Mitte des 19. Jahrhunderts in Zuordnungen, wie sie etwa Johannes Lennis, Professor am Josephinum in Hildesheim, in seiner *Synopsis der drei Naturreiche*, einem *Handbuch für höhere Lehranstalten und für Alle, welche sich wissenschaftlich mit Naturgeschichte beschäftigen wollen* von 1844 vorgenommen hatte. Er schreibt darin: »Dem Residenten der ostindischen Compagnie zu Nepaul, Herrn Hogdsen, gelang es von einem gestorbenen Einhorn aus der Menagerie des Rajah von Nepaul die vollständige Haut mit dem noch auf dem Schädel sitzenden Horne zu erhalten, welche er an die wissenschaftliche Gesellschaft von Calcutta einsandte und dadurch alle Zweifel löste. Das Einhorn lebt in der Provinz Dzeng in Tibet, ist scheu u. wild, röthlich, unten weißlich u. hat nur e i n sehr spitzes, schwarzes, aufrechtes Horn auf der Stirn (wie es im Wappen der Engländer abgebildet wird) u. den schlanken Bau der Antilopen, weshalb man es *Antilope monoceros* nannte.« Hodgsen verließ sich, wie einstens schon Ktesias, auf ihm zugetragene Schilderungen und zweifelhafte Felle bzw. Hörner. Gesehen hat er das tibetische Einhorn nicht, weder lebendig noch tot. In der zweiten Hälfte des 19. Jahrhunderts war die Suche nach unbekannten Tieren verstärkt worden wie nie zuvor und auch seither nicht mehr. Die entlegensten Winkel der Erde wurden abgesucht. An der Wende zum 20. Jahrhundert entdeckte man die Waldgiraffe im Kongo, das Okapi. Eine im Offenland vorkommende Tierform von Pferdegröße hätte nicht unentdeckt bleiben können. Das Einhorn musste wieder zum Fabeltier zurückgestuft werden.

Also verbleibt nur die Möglichkeit, dass es im Altertum vorkam, aber frühzeitig ausstarb, so dass schon die griechischen Historiker und Naturforscher Herodot und Aristo-

teles keine konkrete Kenntnis davon mehr bekommen hatten.
Den wesentlichen Beschreibungen der Antike zufolge deuten die Kennzeichen ganz klar auf ein Huftier hin. Aber weil die Hufe gespalten waren, gehörte es nicht zu den Pferden, den Einhufern, sondern zu den Paarhufern und als Hornträger zur Familie der Rinderartigen. Das lange, spießartige Horn mit auffällig ringelartigen Querwülsten verweist auf die Großantilopen. Darin gibt es die Gruppe der sogenannten Pferdeböcke. Nach Körpergröße, Fellfarbe und der Form der Hufe gehörte das Einhorn zur Gattung der Oryx-Antilopen.
Zu diesen hatte es Johannes Lennis Mitte des 19. Jahrhunderts tatsächlich ganz folgerichtig gestellt. Er führte drei Arten bzw. Unterarten von Oryx-Antilopen an, nämlich den südafrikanischen Gems- oder Spießbock (*Oryx gazella gazella*), die ostafrikanische Beisa-Antilope (*Oryx gazella beisa*) und die Milchweiße Antilope Arabiens, auch Weiße Oryx (*Oryx leucoryx*) genannt. Sie wird als eigene Art angesehen und von den afrikanischen Unterarten der Oryx abgegrenzt. Der südwestafrikanische Spießbock kommt wegen der geographischen Entfernung nicht in Betracht. Doch zur (nord)ostafrikanischen Beisa-Antilope in Lennis' Darstellung passen die alten Beschreibungen:»Hörner gerade, Körper isabellfarbig, Hirschgröße. Nicht vorige (die Arabische oder Milchweiße Oryx) sondern diese, erst kürzlich wieder aufgefundene Art, soll der wahre, auf egyptischen und nubischen Denkmälern so oft und als einhörnig dargestellte Oryx der Alten sein. Zu dieser rechnete man auch das früher für fabelhaft gehaltene Einhorn. ... Allein obige Antilope hat zwei Hörner, ..., auch ist es nicht wahrscheinlich, dass die Egypter ein Thier so oft auf ihren Denkmälern verstümmelt dargestellt hätten.«Aufgrund dieser Überlegungen und im Hinblick auf die Nachrichten aus der ostindischen Com-

pagnie verwirft Lennis nun unverständlicherweise die Oryx und siedelt das Einhorn im Hochland von Tibet an. Die zweite Art seiner Auflistung, die Arabische Oryx, hätte allerdings den alten Beschreibungen noch sehr viel besser entsprochen: »Körper milchweiß, Hals u. Nase rostbräunlich; Hirschgröße. Arabien.«

Eine Beisa-Oryx fotografierte ich 1977 in Südäthiopien als »Einhorn« so von der Seite, dass beide recht eng beisammen stehenden Hörner optisch zur Deckung kamen. Sie wäre gut und gern als Einhorn in Frage gekommen, hätten die Zeiten ihr ursprüngliches Aussehen nicht so sehr verändert. Doch so gut die ostafrikanische Oryx auch passt, die arabische Weiße Oryx entspricht noch viel besser den Anforderungen. Sie hat einen weitgehend weißen Körper, »rotes« Gesicht, blaue, also tiefgründig spiegelnde Augen, ist so groß wie ein Pferd (ein kleines Araberpony), hat dunkle Beine und ausgeprägt pferdeartige, gleichwohl gespaltene Hufe. Schnelligkeit und Ausdauer gelten für sie wie für die anderen Formen der Oryx-Antilopen, auch die Lebensweise. Es ist klar, dass in den Weiten der Halbwüsten Arabiens ein so schnelles Tier, das ins flimmernde Nichts hineinflüchten und darin verschwinden kann, auch nicht zu fangen ist. Die kräftigen Oryx-Antilopen verteidigen sich mit ihren meterlangen Hornspießen erfolgreich gegen Löwen. Megasthenes hatte die Hornlänge durchaus richtig angegeben. Wie bei Antilopen und Gazellen üblich, werden die Böcke zur Fortpflanzungszeit weniger vorsichtig und nähern sich mit hochgezogenen Lippen »flehmend« den brünstigen Weibchen ihrer Art (auch anderen, wenn diese weibliche Sexualdüfte verströmen). Die nordostafrikanische Oryx wird über 200 kg schwer, die arabische bleibt kleiner. Beide Arten waren den Alten Ägyptern so gut bekannt, dass sie diese häufig und zoologisch ganz zutreffend auf Reliefs darstellten. Theodor Haltenorth (1977) merkte in seinem Text über die

Oryx-Antilopen an, »in alten Hochkulturen Vorderasiens wurde *leucoryx* (also die Weiße Oryx) halbdomestiziert zu Opferzwecken zahlreich gehalten«. Man hatte sie auch »einhörnig« dargestellt, nämlich genau in Seitenansicht, bei der sich beide Hörner wie in meinem Foto überlagern, zumal diese tatsächlich sehr eng stehen und bei der Beisa-Oryx im Extremfall über zwei Meter lang werden können. Bei diesen Antilopen entwickeln die Weibchen, anders als sonst üblich, deutlich längere und kräftigere Hörner als die Böcke. Sie setzen diese als sehr gefährliche, durchaus tödliche Waffe gegen Feinde ein und verteidigen so zumeist erfolgreich ihr Junges. Die Böcke hingegen stechen mit ihren Spießen nicht aufeinander ein. Sie drücken mit ihnen, Kopf an Kopf, seitwärts und messen so ihre Kräfte, zumeist ohne einander Verletzungen zuzufügen. Im Eifer des Gefechts kommt es durchaus gelegentlich vor, dass dabei ein Horn abbricht. So entsteht tatsächlich ein »Einhorn«. Es wäre vorstellbar, dass so eine Oryx, die sich nach dem Verlust eines Horns, das nicht mehr nachwachsen kann, behindert fühlt, ganz besonders gefährlich wurde. Gefährlich, weil diese großen Antilopen, wie oben ausgeführt, in großer Zahl zu Opferzwecken in Gehegen gehalten wurden. Die von der Enge ausgelösten häufigen Kämpfe können dazu geführt haben, dass einhörnige Oryx nicht die seltene Ausnahme waren, sondern vielleicht sogar die Regel. Die Bitte in den Büchern Mose, vor den Einhörnern verschont zu bleiben, wird so durchaus verständlich. Denn diese Antilopen mussten gefüttert und versorgt werden. Mit bloßer menschlicher Körperkraft waren sie wohl kaum in Schach zu halten, wie Widder und Ziegenböcke oder auch Gazellen.

Die Arabische Oryx qualifiziert sich somit ganz klar am besten als ein Vorbild für das Einhorn. Ihre Spießhörner stehen eng. Sie sind schwach nach hinten gebogen, aber bei weitem nicht so stark wie bei der Säbelhorn-Oryx (*Oryx dammah*) Nordafrikas. Diese Oryx kam westlich des Nils am Südrand der Wüsten der Sahara vor. Auch von ihr gibt es altägyptische Abbildungen, die beweisen, dass sie von Menschen gehalten und geführt wurde. Die nordostafrikanische Beisa-Oryx mit besonders langen, geraden Spießen, die westlich des Roten Meeres lebt, ist mit über 200 Kilogramm Gewicht erheblich größer als die Weiße Oryx und die Säbelhorn-Oryx. Sie vereinigt gleichfalls die wichtigsten Eigenschaften des Einhorns in sich und war den Alten Ägyptern sicherlich auch bekannt. Mit ihr legen sich selbst Löwen normalerweise nicht an. Deshalb können ihre Eigenschaften durchaus auch mit denen der Weißen Oryx vermengt worden sein, als beide aus dem ägyptisch-griechisch-persischen Kulturkreis verschwanden. Persien, von wo aus Ktesias berichtet hatte, lag dem ursprünglichen Verbreitungsgebiet dieser Oryx nachbarschaftlich nahe. Denn es erstreckte sich damals praktisch über die ganze Arabische Halbinsel, reichte bis Syrien, an den Libanon und an den Rand des Sinai. Die größere Beisa-Oryx Afrikas kam in jenen Zeiten noch an den Rändern des Alten Reiches der Ägypter vor. Vor diesem Hintergrund fügen sich die von Ktesias angegebenen Merkmale in schlüssiger Weise zusammen. Er hatte die Gestalt treffend charakterisiert. Der Körper der Weißen Oryx wirkt pferdeartig. Dies umso mehr, als es im hellenistischen Raum keine andere Antilope gegeben hatte, mit der man sie hätte vergleichen können. Die viel kleineren, in der Gestalt eher rehartigen Gazellen kamen nicht in Frage. Und wie Herbert Hagn ausführte, bedeutet das hebräische *re'em* tatsächlich Oryx-Antilope. Im Arabischen heißt es *rim*. Nun ergibt auch das »blaue Auge«, auf das Ktesias hingewiesen hatte, einen Sinn. Im großen dunklen Antilopenauge spiegelt sich der über der Halbwüste zumeist wolkenlos blaue Himmel. Die alte arabische Bezeichnung, die ins Griechische übernommen zu *anthelops* umgeformt wurde, bedeutet glänzendes, strahlendes oder »blühendes« Auge. Bei der Arabischen Weißen Oryx stehen zudem die wie bei allen Paarhufern und Rinderartigen gespaltenen Hufe so eng beisammen, dass nur aus nächster Nähe zu erkennen ist, ob es sich um den geschlossenen Huf eines Pferdes handelt oder nicht. Pferdeartig sind ihre Bewegungen, sehr schnell ihr Lauf. Bei Gefahr flüchten die Oryx in die lichtgefluteten Weiten, in denen sie verschwinden. Wer wollte sie mit den Mitteln der damaligen Zeit hinaus ins scheinbare Nichts verfolgen, um sie zu fangen?! Zum Erfolg geriet der Fangversuch nur bei Jungtieren, die nicht mehr ausschließlich von der Mutter abhängig waren, aber die Ausdauer der Erwachsenen noch nicht erreicht hatten – und keine so lebensgefährlichen Hörner trugen. Es waren sicherlich Spezialisten, die diese Antilopen für die Opferfeste fingen. Besondere Wächter waren gewiss auch nötig, wenn die Oryx in Gehegen gehalten wurden. Sie können hoch und weit springen. Sollen im südwestlichen Afrika Zäune die Spießböcke fernhalten oder einschließen, müssen diese extra hoch gebaut werden. Der Schwierigkeitsgrad, sie herzustellen, übertrifft die Anforderungen bei der Schaf- und Ziegenhaltung bei weitem.

In der Genauigkeit der alten Beschreibungen spiegeln sich somit die damaligen Kenntnisse über die Oryx-Antilopen recht gut. Spätestens um die Zeitenwende gingen sie verloren. Später mag die Feststellung, dass es sich beim Einhorn um Oryx-Antilopen gehandelt hatte, zu »gewöhnlich« gewesen zu sein, um glaubhaft zu wirken. Das fabelhafte Einhorn war den Menschen längst eine zu bedeutsame Besonderheit. Die Diagnose, dass es sich »nur« um eine große Antilope gehandelt habe, reichte offenbar selbst unserer Zeit nicht als Erklärung für das »Phänomen Einhorn«.

Warum aber machte man schon vor dem Klassischen Altertum so viel Aufhebens von diesem Tier, obwohl man sich in hellenistischer Zeit nicht mehr so dafür interessierte? Bei den Römern hatte es offenbar kaum noch Bedeutung. Dann aber mutierte es im Mittelalter zu einer so besonderen Allegorie.

Für eine vertiefte Analyse des Phänomens Einhorn ist es nötig, das später Hinzugefügte vom Ursprünglichen zu trennen. Tatsächlich hat man dem Einhorn einiges angedichtet, als man es als reales Tier nicht mehr kannte. So etwa die Wirkung seines pulverisierten Horns. Es sollte Wasser entgiften und Schlangenbisse heilen können. Diese dem Horn des Einhorns zugeschriebene Eigenschaft stammt jedoch von einem anderen »Einhorn«, nämlich vom Indischen Panzernashorn, das Albrecht Dürer in seinem bekannten Bild so meisterhaft und naturgetreu abgebildet hatte. Zu Pulver zerriebenes Nashornhorn, das nur aus Horn besteht und keinen Knochen im Innern trägt, erzeugte wohl eine ähnliche Wirkung wie heutzutage Aktivkohlepulver. Die Hornsubstanz (Keratin) bindet Stoffe, die giftig wirken können, physikalisch durch die sogenannte Adsorption. In alten Zeiten, in denen Vorkoster für die Herrschenden unabdingbar waren, weil sie stets versuchter Giftmorde gewahr sein mussten, war ein derartiges Pulver sicherlich Gold wert. Und mit Gold wurde das Einhorn(pulver) auch aufgewogen. Die Panzernashörner waren jedoch schon im Mittelalter so selten, dass dem ›Mittel‹ ganz von selbst ein entsprechend hoher Wert zukam. Denn je rarer etwas wird, von dem man sich eine Wirkung verspricht, desto höher steigt bekanntlich der Preis. Fälschungen wurden angeboten und mussten vom »echten Einhorn« unterschieden werden.

Das echte Pulver stammte natürlich nicht mehr von der bis auf winzige Restvorkommen im fernen Süden der Arabischen Halbinsel ausgestorbenen Weißen Oryx. Ihre dünnen, langen Hörner hätten sich auch dann kaum als Trinkgefäß geeignet, wenn sie in bestmöglicher Weise vom Knochenzapfen abgelöst worden wären. Die giftbindende Wirkung des

Oryxhorns wäre zudem gleich null gewesen. Wie hätte man es auch pulverisieren können? Wahrscheinlicher ist es, dass es sich auch im Altertum schon um die Hörner von Nashörnern gehandelt hatte. Diese bestehen ganz aus Horn. Sie sind innen verhältnismäßig weich, weil sie aus dem Keratin von verdichteten Haaren bestehen. Sie werden nicht annähernd so kompakt wie das Horn von Rinderhörnern. Nashornhörner lassen sich aushöhlen. Im Jemen sind sie auch in unserer Zeit noch so begehrt, dass die Wilderei die mit weitem Abstand größte Bedrohung für das Überleben der Nashörner darstellt. Die Hörner dienen als Scheide für die Dolche, die damit ihre Schärfe nicht verlieren. Einen Dolch mit einer Scheide aus Nashorn zu besitzen, soll augenfällig die Potenz des Trägers ausdrücken. Der alte griechische Name *rhinokeros*, der im Gegensatz zu *monokeros* ganz direkt die Nase benennt, bezieht sich zweifellos auf das Nas(en)horn. Dass diese Tiere aus Indien bekannt waren, macht nicht zuletzt der Indienfeldzug Alexander des Großen im Jahre 326 v. Chr. wahrscheinlich. Megasthenes lebte in dieser Zeit und war selbst in Indien. Sein »Einhorn« hatte die Füße von Elefanten und das Schwänzchen eines Ebers. Und es war schwarz. Was er mit dem Körper eines Pferdes meinte, ist unklar, aber nicht unbedingt ein Widerspruch, wenn es ihm etwa darum ging, das Nashorn von anderen großen Tieren zu unterscheiden. Schließlich heißt das Flusspferd / Nilpferd seit jener Zeit auch »Pferd des Flusses« (*hippo-potamos*). Lediglich der Kopf eines Hirsches will nicht so recht zum Nashorn passen, doch da wissen wir nicht, welche Hirschform gemeint gewesen sein könnte. Der indische Sambar (*Rusa unicolor*) ist für uns auch nicht gerade der Inbegriff des Hirsches. Doch er hat auffallend löffelförmige Ohren wie ein Nashorn. Von dieser Restunschärfe abgesehen, beschrieb Megasthenes also wahrscheinlich jenes andere »Einhorn«, das die Griechen zutreffend Nashorn genannt hatten. Vielleicht hatte er ein Jungtier zu sehen bekommen, weil sich solche im Gegensatz zu den bis über zwei Tonnen schweren Erwachsenen noch einfangen und transportieren lassen. In Indien spielt die Behandlung von Schlangenbissen eine ganz besondere Rolle. Giftschlangen, insbesondere Kobras, sind häufig. Es gibt sie überall in den halbtrockenen Regionen und den Monsungebieten Nord- und Nordwestindiens. Schlangen und Menschen trafen in den Anbaugebieten von Getreide häufig zusammen, weil gelagertes Korn Mäuse anzog, hinter denen die Schlangen her waren. Der Umgang mit Giftschlangen, die »Schlangenbeschwörung«, hat in Indien eine uralte Tradition. Bisse traten infolgedessen häufiger auf als in Vorderasien, im Niltal und in Griechenland, wo es nur wenige und vergleichsweise harmlose Giftschlangen gibt. Bei den Alten Ägyptern hielten Katzen die Speicher einigermaßen frei von Mäusen und Ratten. Die katzenköpfige Göttin Bastet war ihre Beschützerin. Wie hoch sie geschätzt waren, geht aus den vielen Katzenmumien hervor, die man gefunden hat. Schlangen, noch dazu giftige, brauchte man im Alten Ägypten für diesen Zweck nicht. Das Ichneumon (*Herpestes ichneumon*), eine Schleichkatze ähnlich wie der Indische Mungo, bekämpfte die Schlangen. Sein Name bedeutet im Griechischen »der Aufspürer«. Den Ägyptern aus der Zeit des Alten Reiches und der Ptolemäer war das Ichneumon als Schlangenjäger heilig. In Indien, wie auch sonst in Süd- und Südostasien kam hingegen den Schlangen die Aufgabe der Vertilgung der Nager zu. Entsprechend unterschiedlich gestaltete sich der Bedarf an Gegenmitteln gegen Schlangenbisse und anderes Gift. Die Wirkung von pulverisiertem Horn wurde wahrscheinlich in den schlangenreichen Gebieten Asiens entdeckt. Inwieweit es auch gegen pflanzliche Gifte wirkte, ist unklar, aber aus den oben schon geschilderten Gründen der großen Adsorptionsfähigkeit des feinen

Hornmaterials nicht von vornherein auszuschließen. Hieraus ergibt sich, dass das Indische Einhorn, das Nashorn, eine ganz andere Bedeutung als das vorderasiatisch-nordafrikanische hatte. Als die Zeiten im Mittelalter wieder besonders »giftträchtig« wurden, verlagerte sich das Gewicht sehr deutlich auf diese Form des Einhorns. Nashorn war aber kaum zu beschaffen. Es wurde nach Ersatz gesucht. Diesen brachten Seefahrer aus dem Hohen Norden nach Europa als die mittelalterliche Erwärmung des Klimas das Nordmeer befahrbar werden ließ. Wikinger, vielleicht auch schon die Basken, dürften die Hauptlieferanten dieses »Stoßzahn-Einhorns« gewesen sein. Sein Träger war und ist der Narwal. Der Nähe Schottlands zum Nordmeer gemäß gelangte dieser Zahn ins schottische Wappen und drückte damit den nahezu unablässig schwelenden Konflikt Schottlands mit England aus. Da der Wal als Träger dieses »Horns« nicht bekannt(-gegeben worden) war, wurde der schraubig gedrehte Narwalzahn im Wappen einfach dem pferdeartig dargestellten Einhorn auf die Stirn gesetzt.

Einen ganz anderen Weg nahm das mystisch verwandelte Einhorn in der höfischen Zeit des Mittelalters. Zwar hatte noch Hildegard von Bingen im 12. Jahrhundert empfohlen, den Aussatz (Lepra) mit einem Brei aus Eidotter und der Leber des Einhorns zu behandeln, aber woher die Einhornleber kommen sollte, verriet sie nicht. Gemeint war vielleicht Lebertran, der zum Narwal als Meerestier gepasst hätte, aber von großen Meeresfischen wie Dorschen stammte. Das Einhorn hingegen ruhte bereits friedlich im geschlossenen Garten, dem *Hortus conclusus*, und legte sein Horn in den Schoß der Jungfrau (Maria). Das Weiß des Tieres drückte die Reinheit aus, so wie es der Mythos will und wie wir es vom Weißen Hirsch mit dem Kreuz auf der Stirn kennen. Weiß bedeutete nicht nur rein, sondern auch zahm und friedlich, auf jeden Fall aber edel. So friedvoll und der Welt entrückt die Bilder auf uns wirken mögen, sie trugen eine verborgene Botschaft. Das lange, spitze Horn symbolisierte den Phallus. Es verwies als Allegorie auf die körperliche Liebe. Die Dame, die das wilde Einhorn so zähmte, dass es ihr seine stärkste Waffe, das Horn, in den Schoß legte, bedeutete keineswegs nur die Jungfrau Maria, sondern die verborgene Kraft des Weiblichen, der stärkste Männer verfallen. Die Keuschheit war jedenfalls mitunter nur sehr vordergründig gemeint, etwa wenn dem »gezähmten Einhorn« der (lateinische) Satz unterlegt wurde »so wirkt die Liebe zur Tugend«. Als im späten 15. und im 16. Jahrhundert im christlichen Abendland die Zeiten freizügiger wurden, tauchten Darstellungen des Einhorns bei Hochzeiten auf. Der flämische Gobelin »Die Dame und das Einhorn« ist ein Beispiel für die direkter gewordene Anspielung. Eine Gegenbewegung mystifizierte das Einhorn umso mehr. Es wurde Jesus gleichgesetzt, den der Erzengel in Gottvaters Auftrag Maria in den Schoß getrieben hatte. Die allegorische Vermengung von Erotik und Spiritualismus erscheint immer wieder in veränderten, der jeweiligen Zeit gemäßen Formen.

Das mittelalterliche Einhorn befindet sich jedenfalls eingefriedet in einem schönen Garten. Es ist gezähmt. Es lebt in Gefangenschaft. Sein Horn wird nicht mehr zu Pulver gegen Gift verarbeitet. Seine Statur ist die eines edlen Pferdes. Die Bildnisse naherten es wieder dem alten Vorbild an, das niemand mehr kannte. Es kam die Zeit, die Blicke auf echte, lebendige Nashörner ermöglichte. Albrecht Dürer zeichnete eines, dass es schwerfällt, zu glauben, er hätte keines gesehen. Die Geschichte des Dürer-Nashorns ist tatsächlich etwas ganz Besonderes. Sie entkleidete das »Zweite Einhorn« seines Mythos.

Im Januar des Jahres 1515 verließ die ›Nossa Senhora da Ajuda‹ zusammen mit zwei weiteren portugiesischen Schiffen den Hafen von Goa an der Westküste Indiens. Es hatte eine ungewöhnliche Fracht an Bord, ein Rhinozeros. Der Sultan Muzafar II. von Cambay (im heutigen Gujarat nördlich von Bombay gelegen) machte es aus diplomatischen Gründen dem portugiesischen König Manuel I. zum Geschenk. Fünf Jahre waren gerade vergangen, seit die Portugiesen ihren Stützpunkt Goa in Indien errichtet hatten. Über Verträge und Handelsbeziehungen mit den örtlichen Herrschern festigten sie ihre Vorherrschaft im Indischen Ozean und im Arabischen Meer. Für den König von Portugal würde das Geschenk, so die Einschätzung von Alfonso de Albuquerque, seines Vertreters in Indien, große Bedeutung haben, weil Portugal mit Spanien noch immer heftig konkurrierte. Papst Alexander VI. hatte zwar 1494 im Vertrag von Tordesillas den Globus unter den beiden allerchristlichsten Rivalen Spanien und Portugal aufgeteilt. Die östliche Hälfte ging an Portugal, aber dort lagen die Grenzen noch nicht fest. Portugal fand fast zwei Jahrtausende nach den Phöniziern den richtigen Seeweg nach Indien um Afrika herum. Von dort strömten nun die Reichtümer Arabiens und Indiens über Lissabon nach Europa, während sich die Spanier am Gold der Neuen Welt Amerikas berauschten.

Kein Tier hätte in dieser weltpolitischen Lage ein besseres Geschenk an König und Papst abgegeben. Gepanzert war es wie die Ritter jener Zeit und dazu ungemein stark. Das spitze Horn ließ sich mit schweren mittelalterlichen Stichwaffen vergleichen. Es sah aus wie eine Kampfmaschine. Als solche sollte es am Hof Manuels I. erprobt werden. Doch vorerst musste das Rhinozeros die lange Seefahrt überstehen. Zwischenlandungen zur Aufnahme von Wasser und Futter waren an der ostafrikanischen Küste, auf der Insel Sankt Helena im Südatlantik und auf den Azoren notwendig. Am 20. Mai 1515 erreichten die Schiffe schließlich den Hafen von Lissabon. Das gepanzerte Tier hatte über-

lebt. Es war nach über 1200 Jahren das erste Nashorn, das
wieder nach Europa kam. Hocherfreut steckte es der König in seine Menagerie im Ribeira-Palast. Darin lebte auch
ein Elefant. Nach zwei Wochen hielt der König die Zeit für
gekommen. Er wollte die auf Plinius den Älteren zurückge-
hende Meinung überprüfen, dass Elefant und Nashorn Tod-
feinde seien. Für den 3. Juni 1515 wurde das Schauspiel angesetzt. Eine große, sehr laute Menschenmenge hatte sich
versammelt. Elefant und Nashorn wurden aufeinander los-
gelassen. Das Nashorn zeigte sich unbeeindruckt. Der wohl
noch zu junge Elefant geriet in Panik und lief unter dem
Johlen der Menschenmenge davon, ohne sich zum Kampf
zu stellen. Das vom Mythos verklärte Rhinozeros hatte mit
diesem Sieg durch bloßes Erscheinen noch mehr Ansehen
gewonnen. Manuel I. hielt es bis Ende des Jahres 1515 in
seiner Menagerie. Dann wurde es erneut auf ein Schiff gebracht. Der Medici-Papst Leo X. sollte es als Geschenk erhalten. Die portugiesische Krone wollte sich damit das
Wohlwollen des Heiligen Stuhles sichern. Manuel I. wusste
um die Wirkung solcher Gesten. Ein Jahr vorher hatte er
dem Papst bereits einen Indischen Elefanten namens Hanno
geschenkt. Die Fama des Nashorns war zudem schon bis
nach Rom vorgedrungen. Ein Dichter hatte launige Verse
darüber verbreitet. Zum Transport über das westliche Mittelmeer bekam es zu seinem Lederhalsband einen grünen
Kragen aus Samt, der mit vergoldeten Ösen ausgestattet und
mit Rosen geschmückt war. Doch da der gerade in der Pro-
vence weilende König von Frankreich das Nashorn auch
sehen wollte, wurde die Reise dafür am 24. Januar 1516 an
einer kleinen Insel in der Bucht von Marseille unterbrochen.
Von dort aus ging es weiter – aber nicht nach Rom, sondern
in den Tod. Denn das Segelschiff geriet vor der ligurischen
Küste in einen Wintersturm und havarierte. Das Nashorn
ertrank, weil es mit schweren Ketten ans Deck gefesselt

worden war. Seine Reise war damit noch immer nicht zu
Ende. Das tote Rhinozeros wurde nämlich bei Nizza wieder
an Land gespült und aufgefunden. Die Haut hatte sich gut
gehalten. Man schickte sie nach Lissabon zurück, wo diese
ausgestopft und präpariert wurde. Lebensnah aufgestellt,
gelangte es nun mit mehreren Wochen Verspätung doch
noch nach Rom. Es fand dort wenig Beachtung. Seine Spur
verlor sich mit der Zeit. Berühmt wurde es auf ganz andere
Weise.

In Lissabon hatte der Kaufmann Valentin Fernandes das
Rhinozeros gesehen. Beeindruckt, wie er war, schrieb er
einem Nürnberger Geschäftsfreund davon. Ein weiteres
Schreiben, dessen Absender nicht bekannt ist, gelangte zusammen mit einer recht guten Skizze des Tieres gleichfalls
nach Nürnberg. Beide kamen in die Hände von Albrecht
Dürer. Dieser machte eine Zeichnung mit Feder und Tinte
auf Papier. Das Original davon befindet sich im Britischen
Museum in London. Eine weitere Skizze fertigte Dürer für
einen speziellen Zweck. Sein Formschneider erhielt sie als
Vorlage für einen Druckstock. Mit diesem wurde nun der
berühmte Holzschnitt des Dürer'schen Nashorns vervielfältigt. In der Beschreibung dazu ist allerdings die Ankunft des
Nashorns in Lissabon mit dem Jahr 1513 falsch angegeben.
Dürer selbst sah also das Rhinozeros nie. Dass er dennoch
eine durchaus passable, den Interessen der Zeit entsprechende Darstellung zustande brachte, drückt sein Genie
aus. Dürers Bild ist es auch zuzuschreiben, dass das Indische Nashorn den deutschen Namen Panzernashorn erhielt.
Die Panzerung, insbesondere die »Kettenpanzerung« an
den beweglichen Teilen der Haut, hatte Dürer allerdings
stark übertrieben und mittelalterlichen Rittern nachemp-
funden. Eine Erfindung Dürers oder seiner Gewährsleute ist
auch das nach vorn gerichtete Horn auf dem Vorderrücken.
Es hätte einen passenden Sattelknauf für die Zügel eines

Panzerreiters abgegeben. Überhaupt würde ein Ritter bestens auf den »Sattel« dieses Nashorns passen. Dürers Bild wurde zwei Jahrhunderte lang immer wieder kopiert, bis 1746 ein weiteres Panzernashorn, Clara genannt, nach Europa gelangte. Ein Holländer zog mit ihm von Stadt zu Stadt. Auch dieses stammte aus Indien. Afrika war den Europäern damals noch immer der finstere Kontinent. Dabei hatten bereits die Alten Römer afrikanische Nashörner bestaunt. Die Kaiser Domitian, Commodus und Caracalla hielten welche in ihren Menagerien für den Circus. Die beiden afrikanischen Arten, das Spitzmaul- und das Breitmaulnashorn gab es zu Zeiten der Römer noch in Teilen Nordafrikas, wohin sich später die Sahara ausgebreitet hat. Die eher trägen, was ihre Kampfbereitschaft anbelangt unberechenbaren afrikanischen Nashörner eigneten sich nicht sonderlich für die Tierkämpfe im römischen Circus. Da boten die Schlachten zwischen Gladiatoren und hungrigen, gepeinigten Löwen schon erheblich mehr Nervenkitzel. Die riesigen Nashörner mit ihren tonnenschweren Körpern waren als Erwachsene sicherlich auch kaum zu kontrollieren. Ein herrliches Mosaik aus der Villa del Casale in Sizilien, das aus dem 3. oder 4. Jahrhundert stammt, zeigt folgerichtig ein noch recht junges, »handsames« Spitzmaulnashorn. Im Vergleich zu den beiden Männern, die das Tier begleiten, ist es klein. Die »spitz« auslaufende, zum Ergreifen von Blättern an Büschen und kleinen Bäumen geeignete Oberlippe weist es als Spitzmaulnashorn aus.

Obwohl seit den Zeiten der Römer mehr als tausend Jahre lang kein Rhinozeros mehr nach Europa kam, war es ein bekanntes Tier geblieben. Begehrt war sein Horn, nicht das Tier selbst. Mit der Verfrachtung lebender Nashörner nach Europa hatte es als »Einhorn« ausgedient. Seine andere, die frühere Version von Ktesias war übrig geblieben. Was mag es ursprünglich für einen Sinn gehabt haben?

Wir müssen wieder zurückblenden. Die zur zoologischen Bestimmung herangezogenen Eigenschaften hatten ergeben, dass sehr wahrscheinlich die Arabische oder Weiße Oryx das Vorbild für das Einhorn gewesen war. Nachdem sich nunmehr die indische Version, das (Panzer)nashorn, davon klar hat trennen lassen, bleibt die Frage, warum ausgerechnet eine scheue, wegen ihrer spitzen Hörner gefährliche Antilope ein solcher Mythos geworden ist. Beim Nashorn bot das Horn als Mittel zum Binden von Gift eine plausible Begründung. Weltliche wie kirchliche Herrscher hatten reichlich Gründe, sich gegen Giftanschläge möglichst gut zu wappnen. Der sichtbare Hinweis, dass das beste Gegenmittel, das Horn des Einhorns, verfügbar ist, kann vergleichbar einer ungeladenen Pistole abgeschreckt haben. Das Horn war ja mit Gold aufgewogen worden. Was hätte im Vergleich dazu die Antilope bieten können? Dass sie davonläuft, dass sie nicht zu zähmen ist? Den phallischen Charakter des Horns verlieh diesem ersten Einhorn eine viel spätere Zeit, in der das Sexuelle verdrängt werden musste und nur in verdeckter Weise angedeutet werden durfte. In jener Zeit, in der das Einhorn möglicherweise noch lebte und das Hohe Lied Salomons entstand, herrschte ein weitaus freizügigerer Umgang mit Liebe und Sexualität.

Der Schlüssel zum Verständnis des ursprünglichen Einhorns steckt im Hinweis auf seine Stärke und dass es sich sogar des stärksten natürlichen Feindes, des Löwen, erfolgreich erwehrt. Als einziges der im Altertum bekannten Tiere war der Elefant dazu in der Lage. Man wusste wohl auch, dass Löwen sogar starke Büffel bewältigen. Und selbst wenn das afrikanische Nashorn schon bekannt gewesen sein sollte, spielte es bei der Abwägung von Kräften und Stärke keine Rolle. Samson und Herakles kämpften gegen Löwen. Elefanten waren keine Feinde. Es gab sie im Lybia genannten Afrika. Im kultivierten Bereich traten sie nicht auf. Hannibal hätte mit seinen Elefanten keine derartige Panik auslösen können, wären diese Riesen bekannt genug gewesen. Erstaunlich genug hatten sie sich so weit führen lassen, dass sie bis »über die Alpen« kamen. Denn die Afrikanischen Elefanten gelten als kaum zähmbar und im Vergleich zu den Indischen als ausgesprochen schwierig. Nashörner schieden für solche Vorhaben selbstverständlich von vornherein aus. Ihre Zähmung ist nie gelungen. Somit waren große Stiere der gezüchteten Rinder die stärksten Tiere, mit denen die Menschen direkt zu tun hatten. Gegen die Löwen reichte ihre Stärke nicht. Dass sich eine wesentlich kleinere Antilope erfolgreich der Löwen erwehrt, mag zwar beeindruckt haben, bot aber sicherlich zu wenig Stoff für ein Fabeltier. Das kleine Ichneumon bezwingt die große Giftschlange. Das Stachelschwein wird von den Löwen in Ruhe gelassen, weil sie seine Stacheln nicht in die Nase oder in die Pfoten bekommen wollen. Löwen laufen auch nicht besonders schnell. An ihre Beute müssen sie heranschleichen oder ihr am Wasserloch auflauern, wenn die Tiere zum Trinken kommen. Die kleinen Gazellen laufen in offenem Gelände den Löwen davon; die größeren Antilopen auch. Sicher ist es beeindruckend, wenn Oryx-Antilopen mit ihren spitzen Hörnern einen Löwen schwer verletzen. Aber wie oft geschieht das? Sind da nicht Hirtenhunde, die Wölfe verjagen, höher zu schätzen? Sie beschützen die Herde und riskieren durchaus ihr Leben dabei.

Man kann es drehen und wenden, wie man will. Eine wirkliche Besonderheit geht aus den Eigenschaften, die dem Einhorn zugeschrieben worden waren und die mit der Weißen Oryx übereinstimmen, nicht hervor. Somit verbleiben zwei Möglichkeiten. Entweder war von Anfang an die Nashorn-Version die wirklich wichtige, nicht die von Ktesias, und die mystische Auslegung im Mittelalter hatte ein neues Einhorn geschaffen, das zur Allegorie taugte, mit dem von

Ktesias aber fast nichts zu tun hatte. Oder die Hinweise in den Büchern Mose und die Darstellung von Ktesias waren wirklich bedeutungsschwer, aber das Besondere ist noch nicht erkannt worden. Greifen wir daher eine andere Quelle auf. Es sind dies die Darstellungen der Oryx-Antilopen auf altägyptischen Bildern. Gleich mehrere davon enthält das auch beim Phönix zitierte Buch von Joachim Boessneck (1988). Die Bilder zeigen, worum es damals wirklich ging: um Zähmung und Domestikation. Alle drei in der Umgebung Ägyptens vorkommenden Oryx-Antilopenarten sind auf Reliefdarstellungen nämlich nicht nur eindeutig als solche zu erkennen, sondern auch in ihrer Funktion dargestellt. Sie sollten Haustiere werden! Die Oryx-Antilopen treten zusammen mit echten Haustieren, wie Rind, Schaf und Ziege, auf und nicht als Jagdbeute. Sie werden gefangen vorgeführt, vielleicht um sie zur Opferung zu bringen. Höchstwahrscheinlich wurden sie als Tribut nach Ägypten gebracht, denn sie kamen im Land am Nil nicht vor. Die Darstellungen deuten sogar Zuchtversuche an, weil Alttiere mit Jungen zu sehen sind. Ganz offensichtlich ging es damals, als die Oryx noch Antilope und nicht das Fabelwesen Einhorn war, um ihre Domestikation. Es blieb bei den Versuchen. Das Einhorn wurde kein Haustier.

In freier Natur verschwanden alle drei Arten rasch aus dem Bereich des Klassischen Altertums unserer Geschichte. Die Arabische Oryx wurde in den Süden der Arabischen Halbinsel zurückgedrängt, wo sie in Oman in jüngster Vergangenheit in der freien Natur ausgerottet wurde, aber aus Zoonachzuchten in unserer Zeit wieder ausgewildert werden konnte. Die Beisa-Oryx (*Oryx gazella beisa*) zog sich bis jenseits von Äthiopien zurück in die Halbwüsten von Nordkenia und Somalia. Nur kleine Restvorkommen überleben noch in Südäthiopien. Die Säbelhorn-Oryx (*Oryx dammah*) entging in fernen Einöden der Sahara knapp der vollständigen Ausrottung und zählt auch gegenwärtig noch zu den akut bedrohten Säugetierarten. Am so drastischen Rückgang waren allerdings weniger die Menschen als das Klima schuld. Vor rund zweieinhalb Jahrtausenden ließ eine große Klimaveränderung weite Teile der Arabischen Halbinsel, des Vorderen Orients und die Sahara austrocknen. Aus früherem Savannenland sind Wüsten geworden. Die Orxy verlor mit diesem natürlichen Vorgang zwar große Teile ihrer ehemaligen Verbreitung, aber als Spezialisten für Halbwüsten konnten diese großen Antilopen sehr wohl in entlegenen, den Menschen nicht oder nur äußerst schwer zugänglichen Gebieten die Jahrtausende bis in unsere Zeit überleben. Sie überlebten in Trockenregionen, die Menschen kaum besiedeln können.

In ihrer Fähigkeit, unter solch harten Bedingungen zu überleben, äußert sich die ganz große Besonderheit dieser Antilopen. Ideale Haustiere wären sie für Hirtennomaden geworden, hätte man sie zähmen und domestizieren können. Denn die Oryx kann wochen-, mitunter sogar monatelang ohne Wasser auskommen. Sie erzeugt aus dem dürren Futter, das sie in den Halbwüsten aufnimmt, bei der Verwertung in ihrem Körper so viel sogenanntes Stoffwechselwasser, dass sie nicht regelmäßig zur Tränke muss wie Rinder und Schafe oder Ziegen. Mit einer Herde solcher Tiere unterwegs zu sein hätte die große Freiheit für die Nomaden bedeutet. Sie wären weit weniger abhängig vom Wasser geworden. Gutes Fleisch hätten diese Nutztiere geboten und Milch dazu, wenn die Muttertiere kalbten. Anspruchslose Tiere, so groß wie Hirsche oder wie kleine Rinder, die sich außerdem selbst gegen Löwen verteidigen und denen lange Wege durch die Halbwüsten nichts hätten anhaben können, was wären das für großartige Haustiere gewesen! Eigenschaften von Kamelen und Rindern hätten sie in sich vereinigt. Sie hätten sich selbst wie mit scharfen Lanzen bewaffnete Wächterhirten bewacht. Niemand und nichts vermag ihnen in die lebensfeindlichen Wüsten zu folgen, in die sie sich bei Gefahr zurückziehen. Falls nötig, können sie ihre Körpertemperatur um mehrere Grad Celsius absinken lassen, um den Verbrauch von Energie und den Bedarf von Wasser einzuschränken. Wer ihre Fähigkeiten erleben möchte, kann sie in der südwestafrikanischen Namib-Wüste aufsuchen. Es ist ein wahrlich seltsamer Anblick, diese große Antilope wie eine riesenhafte Ameise über die großen Dünen aus rotem Sand ziehen zu sehen. Oder sie dabei vom Auto aus zu verfolgen, wie sie in die gleißende Etoschapfanne hinauswandern, als wollten sie in der flimmernden Hitze Selbstmord begehen.

Doch die Natur der Oryx war gegen die Domestikation; die Zähmung des Wundertieres ist misslungen. Warum, das wissen wir nicht. Versucht wurde sie. Ein gewisses Maß an Zähmung hatten die Ägypter bereits erreicht. Denn die Tiere wurden mit Halsband und Stricken geführt. Lag es am Zerfall des Alten Reiches, dass die Domestikation nicht weiterging? Auch das wissen wir nicht. Dass sie sehr viel länger dauert als nur ein paar Generationen, das haben die Zuchtversuche von afrikanischen Antilopen im russischen Askania Nova im der ersten Hälfte des 20. Jahrhunderts ergeben. Die von Natur aus schon eher ruhigen Elenantilopen (*Taurotragus oryx*) schienen sich noch am besten zur Zucht zu eignen. Aber in so kurzer Zeit lässt sich auch mit modernen Auswahlmethoden nicht erreichen, was in früheren Zeiten viele Jahrhunderte, vielleicht Jahrtausende gedauert hat.

Die Oryx wäre in den Trockengebieten den Rindern, Ziegen und Schafen in jeder Hinsicht überlegen gewesen. Wo diese aus dem östlichen Mittelmeerraum und Vorderasien stammenden Haustiere in Afrika mit den Oryx-Antilopen konkurrieren müssen, ziehen sie den Kürzeren. Die Oryx sieht noch gut und gesund aus, wenn die Haustiere nur noch Haut und Knochen sind. Wenn ihre Lebensweise auch nur einigermaßen bekannt gewesen war, ist klar, dass ihr als Einhorn eine so hohe Wertschätzung zuteil geworden war. Ein besonderer Kult wäre angebracht gewesen. Die Alten Ägypter vergötterten den Widder und den Stier. Auch die europäischen »Rindervölker« betrieben den Stierkult. Im Neuen Testament ist es Jesus, der als Guter Hirte seine Herde sammelt. Auch wir sind dem Rind geradezu kulthaft zugetan. Die mehr als 1,6 Milliarden Rinder, die gegenwärtig auf der Erde existieren, übertreffen mit ihrem Lebendgewicht das aller Menschen um mindestens das Dreifache. Der Rinderkult ist nicht nur nicht überwunden, sondern er lebt fort im Stierkampf. Manche Feste, bei denen Ochsen gebraten werden, nehmen Züge alter Opferorgien an. Kein Wunder, dass der Mythos des Einhorns so lebendig blieb.

Er steigt in seiner ursprünglichsten Form im Kampf um das lebenerhaltende Wasser wieder auf. Die Ausbreitung der Wüsten, die Wasserknappheit und die Konflikte um seine gerechte Verteilung betreffen mehr als ein Drittel der Fläche der im historischen Sinne »Alten Welt« (Südeuropa, Afrika und Asien).

Zu Beginn der Domestikation der Ziegen, Schafe und Rinder herrschten noch andere Verhältnisse als in den Jahrtausenden, die darauf folgten. Das zeigen Felsbilder in der Sahara und in anderen Regionen. Noch zur Zeit des Alten Reiches am Nil gab es wesentlich mehr Niederschläge als in unserer Zeit. Noch bis zur Zeitenwende, als das Römische Weltreich den Gipfel der Macht erreicht hatte, waren große Teile der Sahara und der heutigen arabischen Wüsten ertragreiches Savannen- und Steppenland mit einem großem Reichtum an Wildtieren. Noch grüner waren die heutigen Wüsten, als vor rund siebentausend Jahren Menschen dort Wildtiere zähmten und domestizierten. Es lag wahrscheinlich am Rückgang der Niederschläge und am Vorrücken der Wüste, dass die Alten Ägypter Antilopen und Gazellen als Alternative zu den schon vorhandenen Haustieren in Betracht zogen. Sie experimentierten mit ihnen. Die klimatologischen Befunde, die dem Wasser unter der Wüste und zahlreichen anderen Indizien entnommen werden, bestätigen, dass das Aufblühen der Zivilisation am Nil in eine Zeit der Fülle fiel. Der Niedergang des Alten und das erst mit Verzögerung wieder entstehende Neue Reich lassen sich durchaus ganz gut mit klimatischen Schwankungen verbinden. Nichts ist so vom Wasser abhängig wie eine Flussoasenkultur. Denn sie kann nicht, wie die Hirtennomaden mit ihren Herden das machen können, von Ort zu Ort weiterwandern, wenn sich die Gegebenheiten verschlechtern. Wie angesehen das Vieh im Vergleich zum Ertrag des Ackerbaus im Alten Ägypten gewesen war, lässt sich der Genesis entnehmen. Im Konflikt zwischen dem Ackerbauern Kain und dem Hirten Abel geht es darum, welcher Stamm, den sie jeweils repräsentieren, Gott Jahwe gefälliger ist. Das Opfer Abels wird bevorzugt. Die Zeiten der Dürre trafen die Ackerbauern härter als die Nomaden, deren Vieh auch das für Menschen Ungenießbare noch verwerten kann.

Altägyptische Experimente zur Domestikation

Die »Wüste« am Nil war in der Pharaonenzeit sehr reich an Wild. Joachim Boessneck (1988) charakterisiert die Situation folgendermaßen:

>»Wild der Wüste‹ ist in der Ägyptologie ein feststehender Begriff. Die alten Ägypter benannten damit das in Toten-

tempeln der Pharaonen der 5. und der 6. Dynastie und in den königlichen Gräbern des Neuen Reiches vorgeführte Wild sowie das in den Gräbern der hohen Würdenträger vom Alten bis ins Neue Reich in einer zwar traditionell geprägten, aber im Detail unerschöpflichen Fülle von Jagdszenen in der Wüste abgebildete und schließlich das auf diesen Jagden erbeutete und unter die Speiseopfer fallende Wild. Diese Jagdszenen in der Wüste gehören in diesen Stätten des Totenkultes zur Grundausstattung. Sie nehmen auf den Wandbildern des Alten Reiches in Unterägypten ebenso wie im Mittleren Reich in Mittelägypten oder im Neuen Reich in Theben einen breiten Raum ein und wiederholen sich schließlich auch noch in der Spätzeit. Der Jagdherr jagte mit Pfeil und Bogen in einem mit Netzen oder Zäunen abgesteckten Revier, in dem man das Wild mit Hilfe von Hunden hetzte – soweit es sich nicht sogar um eingezäunte Wildreservate handelte. Lassowerfer fingen die Tiere für die Haltung in Gefangenschaft, wo sie dann für die Opferung vorbereitet wurden. (...) Im Rahmen der faszinierenden Vielfalt fallen Szenen auf, die sich vom Alten bis in das Neue Reich verfolgen lassen, etwa eine Hyäne, die versucht, sich von einem sie durchbohrenden Pfeil zu befreien, oder ein Löwe, der einen Wildstier am Flotzmaul gepackt hat.«

Dargestellt wurden auf solchen Jagdbildern vor allem folgende Tierarten:
Säbelhorn-Oryx (*Oryx (gazella) dammah*), Mendesantilope (*Addax nasomaculatus*), Pferdeantilope (*Hippotragus equinus*), Kuhantilope (*Alcelaphus buselaphus*), Dorkasgazelle (*Gazella dorcas*), Soemmeringgazelle (*Gazella soemmeringi*), Nubischer Steinbock (*Capra ibex nubiana*), Mähnenspringer-Schaf (*Ammotragus lervia*), Wildrind (*Bos primigenius*), Damhirsch (*Dama dama*), Nubischer Wildesel

(*Asinus africanus*), Giraffe (*Giraffa camelopardalis*) und Hase (*Lepus capensis*) als Pflanzenfresser sowie ein ganzes Spektrum von Raubtieren (*Carnivora*). Es enthielt Löwe (*Panthera leo*), Leopard (*Panthera pardus*), Wüstenluchs (Karakal), (*Caracal caracal*), Hyäne (*Hyaena hyaena*), Fuchs (*Vulpes vulpes aegyptiaca*), Goldschakal (*Canis aureus*), Ginsterkatze (*Genetta genetta*), Honigdachs (*Mellivora capensis*) und Streifenwiesel (*Poecilictis libyca*). Außerdem waren das Stachelschwein (*Hystrix cristata*), der Wüstenigel (*Paraechinus*) und Nagetiere vertreten sowie der Strauß (*Struthio camelus*). Eine Fülle von Knochenfunden bestätigt die Bestimmungen der abgebildeten Tiere.

Bei diesem Spektrum und bei der offensichtlich so herausragenden Stellung der Jagd»in der Wüste« zur Pharaonenzeit überrascht die Bezeichnung»Wild der Wüste«. Bei einem derartigen Wildreichtum kann von»Wüste« keine Rede sein. Es muss sich vielmehr um ein tierreiches Grasland vom Charakter der Savanne gehandelt haben, in dem es zahlreiche Wasserstellen gab. Denn nur wenige Arten, darunter die zur näheren Verwandtschaft der Oryx gehörenden Säbelhorn- und Mendesantilopen, können längere Zeit, ohne zu trinken, auskommen. Giraffen leben vorwiegend von Blättern der Baumakazien; das Wildrind kann in der Wüste ebenso wenig leben wie Damhirsche oder Kuhantilopen. Steinbock und Mähnenspringer benötigen in ihrem felsigen Lebensraum entsprechend reichlich Pflanzennahrung. Allenfalls kommt ein größerflächiges Mosaik aus Savanne und Halbwüste in Frage, wobei das Wüstenhafte auf die Trockenzeit beschränkt blieb. Viele der aufgeführten Arten, die tatsächlich mit halbwüstenhaften Lebensbedingungen zurechtkommen, führen weiträumige Wanderungen durch. Musterbeispiele hierfür sind die Gazellen. Sie ziehen in größeren Gruppen oder Herden im Rhythmus der Niederschlags- und Trockenzeiten übers Land.

Noch weniger wüstenhaft wird das Land, wenn man die
Jagdmethoden genauer betrachtet. Wildzäune, Kessel und
Netze taugen nur in wildreichem Gelände, in dem die zu
jagenden Tiere den Jägern bekannte Wechsel einhalten. In
der Halbwüste der heutigen Kalahari hätten solche Methoden kaum Aussicht auf Erfolg. Die San (Buschleute) be-
schleichen das Wild oder lauern ihm mit (vergifteten) Pfeilen
auf. Es mit einer Meute Jagdhunde hetzen zu wollen wäre
ähnlich vergeblich wie der Fang mit dem Lasso. Schließlich
bedeuten eingezäunte Wildreservate, dass es darin anhaltend genügend Nahrung sowie Wasserstellen für die gefangenen Tiere gegeben haben muss. Ein Wildreservat in der
Wüste müsste zwangsläufig ziemlich leer bleiben. Wüstensand verträgt sich nicht mit der Jagd von Wägen aus, die
von schnellen Pferden gezogen werden. Das geht nur, wenn
der Boden genügend fest ist. Zu steinig darf er auch wieder
nicht gewesen sein, denn die noch recht einfachen Räder
hätten verstreuten Felsbrocken nicht widerstanden. Nichts
von all dem, was Joachim Boessneck sicherlich ganz richtig
geschildert hat, passt zur Wüste, aber alles zur wildreichen
Savanne.

Mit einer Savannenlandschaft stimmen auch die Raubtiere überein. Ihr Spektrum entspricht dem der heutigen ostafrikanischen Savanne sogar mehr als einem baum- und was-
serarmen, offenen Grasland. In solchem jagen die schnellen
Geparden *Acinonyx jubatus* erfolgreich. Sie sind in der
Auflistung nicht vorhanden, waren aber in Altägypten sehr
wohl bekannt und geschätzt. Geparden hatte es damals vor
drei- bis viertausend Jahren noch sehr weit verbreitet in nahezu ganz Nordafrika, in Vorderasien und Nordindien und
sogar in den Steppen Zentralasiens gegeben. Wo Löwen jedoch häufiger vorkommen und Hyänen leben, haben es die
Geparde schwer, sich zu halten. Die Beute wird ihnen von
der zwar viel langsameren, dafür aber an Kräften bei wei-

tem überlegenen Konkurrenz abgenommen. Das Vorkommen von Löwen drückt aus, dass es nicht nur die »Mittelklasse« unter den jagdbaren Tieren gegeben hat, wie sie von den Gazellen vertreten wird, sondern auch die Großen in entsprechend großer Häufigkeit. Wie schon mehrfach angeführt war es noch zur Zeitenwende den Römern sehr wohl möglich, die im Circus benötigten Löwen für die Schaukämpfe mit Gladiatoren aus Nordafrika zu beziehen. Die Beurteilung der Leoparden fällt gleichfalls nicht schwer. Sie haben sich bis in die Gegenwart im vorderasiatisch-nordostafrikanischen Raum dort gehalten, wo sie in zerklüftetem Bergland Unterschlupf finden und wo es entweder noch Wild in ausreichender Menge oder Haustiere als Ersatz dafür gibt. Ziegen, die in für Menschen schwer zugänglichem Terrain herumsteigen, nimmt der Leopard wie wilde Steinböcke oder Gazellen, die auf ihren Wanderungen Schluchten passieren oder Wasserstellen aufsuchen müssen. Die drei großen Raubkatzen weichen so in ihrer Lebensweise einander so weit aus, dass sie koexistieren können.

Zusammen mit den mittelgroßen und den kleinen Raubtieren fügen sie sich zu einer komplexen Nutzergruppe der Pflanzenfresser zusammen, die in ihrer Struktur wiederum recht gut den heutigen Verhältnissen in wildreichen afrikanischen Savannen entspricht, die unter Naturschutz (!) stehen. Sogar der Honigdachs kommt im Spektrum vor. Dieser Spezialist lässt sich von einem Vogel, dem Honiganzeiger *Indicator indicator*, zu den Nestern von Wildbienen führen. Unempfindlich für die Stiche der recht aggressiven afrikanischen Honigbienen verzehrt er Honig und Bienenbrut, während sich der Vogel für das Wachs interessiert. Er kann es mit Hilfe symbiontischer Bakterien verdauen. Honigdachs und Honiganzeiger kommen im heutigen Wüstenbereich nicht mehr vor. Ihr Areal beginnt erst weit südlich der Sahara in der Sudan-Savanne und in Südäthiopien. Damit bekräftigen derartige Spezialisten die allgemeinen Schlussfolgerungen zur Zusammensetzung des Spektrums der Säugetiere, die von Pflanzen leben, und der Raubtiere, die sie als Beute nutzen: Das an das Niltal angrenzende Land muss zur Pharaonenzeit den Charakter einer Savanne gehabt haben. Die Alten Ägypter sind zur Jagd nicht in den Südsudan gefahren. Ihre Jagdgründe lagen gleich jenseits der Höhenzüge, die das Niltal eingrenzen. Die ökologischen Gesetzmäßigkeiten besagen, dass es große Wildvorkommen gegeben haben muss und die Jagd ein Vergnügen war. Das Jagdwild diente für Festopfer. Somit kann kein Mangel an Wild und an Tieren ganz allgemein geherrscht haben, deren Fleisch gegessen wurde.

Dieser Befund lenkt nun den Blick auf eine andere Gruppe von Tieren, die aus den angrenzenden Gebieten ins Alte Ägypten gebracht worden waren, sei es, weil die Ägypter sie erwarben oder weil es sich um Tribut der ihnen dazu verpflichteten Völker handelte. Handelsbeziehungen hatte es vor allem nach Südosten ins Land Punt und nach Nubien im Süden gegeben. Die auf den Bildern dargestellten Szenen enthalten, wie Joachim Boessneck schrieb, »neben Rindern und hängeohrigen Jagdhunden Giraffen, Löwen, Leoparden, Geparde und Strauße, massenhaft Grüne Meerkatzen (und) Anubispaviane aus Nubien sowie Mantelpaviane aus Punt. Man sieht die Grünen Meerkatzen am Hals von Giraffen hinaufklettern. Die Geparde und viele der Affen tragen Halsbänder. Jung eingefangene Geparde zu zähmen, macht keine Schwierigkeiten. Ob sie aber zur Hetzjagd Verwendung fanden, ist damit keineswegs zu unterstellen und für das Alte Ägypten noch nicht nachgewiesen.«

Zwei Hinweise in diesem Text halte ich für sehr aufschlussreich: »Massenhaft Grüne Meerkatzen« bedeutet, dass diese Affenart (*Cercopithecus aethiops*), die es gegenwärtig erst viel weiter südlich, vornehmlich in Ostafrika,

gibt, damals erheblich weiter nordwärts (nilabwärts) verbreitet und auch so häufig gewesen war, dass sie massenhaft
nach Ägypten gebracht werden konnte. Der zweite Hinweis
betrifft die Jagd mit Geparden. Sie wurde in Indien und
Vorderasien vor allem dort angewandt, wo man nicht nahe
genug an das seltene Wild herankommen konnte, um es
mit Bogenschüssen zu erlegen. Da die Alten Ägypter, wie
nachfolgend gezeigt werden wird, sehr geschickt im Halten
und Zähmen von Tieren waren, legt das den Schluss nahe,
dass sie keinen Bedarf für die Jagd mit Geparden hatten.

Aus dem Nordosten, aus dem Gebiet des heutigen Syrien,
kamen zwei besondere Tiere nach Ägypten, denen nähere
Betrachtung zuteil werden sollte. Sie bestätigen, dass nicht
nur die heutige ägyptische Wüste damals weit weniger wüs-
ten- und viel mehr savannenhaft gewesen war, sondern auch
die östlich anschließenden Regionen. Denn von dort kam
Tribut in Form eines Elefanten! Dabei handelte es sich um die
vorderasiatische Unterart des Indischen Elefanten *Elephas
maximus asurus* und nicht etwa um einen Afrikanischen *Lo-
xodonta africana*. Von diesem kam zwar viel Elfenbein aus
Nubien nach Ägypten, aber keine lebenden Exemplare. Elefanten benötigen sehr große Mengen an Nahrung; mehrere
Hundert Kilogramm pro Tag, je nach Ergiebigkeit der Pflan-
zenkost. Pharao Thutmosis III. erlegte angeblich am Orontes
in der Gegend von Quadesch 120 dieser Elefanten. Es gab
sie also, selbst wenn, was anzunehmen ist, die Menge der
erlegten übertrieben hoch angesetzt worden war, noch bis
ins erste vorchristliche Jahrtausend. Das zweite Tier ist die
Persische Kropfgazelle *Gazella subgutturosa*. Auch sie war
aus Syrien als Tribut nach Ägypten gebracht worden, was
bedeutet, dass sie damals noch so weit im (Süd-)Westen vorkam. Bemerkenswert, wenngleich gegenwärtig noch nicht
ganz ausgestorben, ist der Syrische Braunbär (*Ursus arctos
syriacus*). Er war, den Darstellungen zufolge, damals in Vor-

derasien, wohl bis zum Libanon, ziemlich häufig. Syrer führten ihn mit einem Halsband (!) nach Ägypten.
Aus dem Süden erhielt Ramses II. Oryx-Antilopen mit geraden Hörnern. Joachim Boessneck bemerkte dazu:»wird
der Verdacht auf *Oryx gazella beisa* gelenkt, die im Südosten anfänglich sicherlich weiter nach Norden und Westen
verbreitet war« und »während die Unterscheidung der für
Ramses II. aus dem Süden mitgebrachten Oryx versagte, ist
der in einem thebanischen Grab von einem Syrer herbeige-
führte Spießbock mit seiner weißen Färbung und den kon-
trastierenden schwarzen ›Stiefeln‹ eindeutig als Arabische
Oryx, *Oryx gazella leucoryx*, gekennzeichnet.« Das wahr-
scheinliche Vorbild des Einhorns war also tatsächlich damals noch bis Syrien vorgedrungen und die sehr nahe verwandte, größere Beisa-Oryx bis nach Nubien.
Eine weitere Besonderheit enthalten die altägyptischen
Bilder. Im Grab des Senet aus der 12. Dynastie gibt es das
Bild eines kranichartigen Vogels, bei dem es sich mit sehr
großer Wahrscheinlichkeit um einen Schneekranich (*Grus
leucogeranus*) handelt. Meine Deutung, es könnte sich
beim »Schwan«, der Phaeton so ergeben war, um den
Schneekranich gehandelt haben, findet darin eine konkrete
Stütze. Wie überhaupt die Vogeldarstellungen aus dem Alten Ägypten großartige Quellen für die Erschließung der
damaligen Verhältnisse sind.

Vögel im Alten Ägypten

Wer sich mit den Vogeldarstellungen des Alten Ägyptens näher befassen möchte, sollte über (sehr) gute Kenntnisse der
europäischen, nordafrikanischen und vorderasiatischen Vo-

gelwelt verfügen. Nicht wegen der Bestimmungsschwierig-
keiten, sondern wegen der Artenfülle und der nicht selten
sehr bezeichnenden Verhaltensweisen, mit denen die Vögel
dargestellt werden. So gibt es über dem von Papyrusstauden
durchsetzten Wasser rüttelnde Graufischer (*Ceryle rudis*)
und durch die wellenartige Befiederung an den Wangen be-
zeichnete europäische Eisvögel (*Alcedo atthis*), Weißbrust-
kormorane (*Phalacrocorax lucidus*), Rallenreiher (*Ardeola
ralloides*), sogar weißköpfige Schreiseeadler (*Haliaaetus vocifer*), mehrere, klar unterscheidbare Arten von Schwalben
und so fort. Oft und unverwechselbar dargestellt wurde
auch der Wiedehopf (*Upupa epops*). Die von Joachim Boessneck und Angela von den Driesch vorgenommene Auswertung der Funde von Vogelknochen erhärten und belegen die
Bestimmungen, die anhand der Abbildungen gemacht worden waren. Aber mit Abstand am bedeutungsvollsten waren
für die Alten Ägypter zweifellos die Enten, Gänse und Kraniche. Stockenten (*Anas platyrhynchos*), Spießenten (*Anas
acuta*), Brandgänse (*Tadorna tadorna*), Rostgänse (*Tadorna
ferruginea*), Nilgänse (*Alopochen aegyptiacus*) und in großer Zahl »echte Gänse«, nämlich Grau- (*Anser anser*), Bläss-
(*A. albifrons*) und Saatgänse (*A. fabalis*) sowie domestizierte
Grau-, also Hausgänse, sind am häufigsten vertreten. Zahlreiche Darstellungen zeigen die Jagd auf die Wasservögel mit
Netzen, Schlagfallen, Lockenten und Pfeilen. Die Mengen
der Vogelknochen geben eine ökologisch ganz passende Vorstellung von der relativen Häufigkeit der verschiedenen Arten. Boessneck (1988) listet allein 80 verschiedene Vogelarten von nur zwei Fundstellen auf. Insgesamt sind mehr als
100 Arten nachgewiesen, die nicht zu den Singvögeln gehören, und damit nicht nur alle, die gegenwärtig noch in Ägypten vorkommen, sondern auch solche, die es dort nicht mehr
gibt. Lediglich die beträchtliche Zahl der Kleinvögel (Singvögel) ist unzureichend repräsentiert.

Die genauere Betrachtung des Artenspektrums deckt aufschlussreiche Befunde auf. Erstens sind sehr viele Wasser- und Ufervogelarten vorhanden, die zur afrikanischen Vogelwelt gehören. Man kann diese Arten gegenwärtig in Ostafrika beobachten. Zweitens sind die aus Europa als Wintergäste zum Nil, vornehmlich ins Delta, geflogenen Wasservögel umfangreich vertreten. Dabei überrascht, dass auch hochnordische Gänse, wie die Saat- und Blässgänse, damals so weit in den Süden zogen. Doch das deckt sich mit den Grauen Kranichen (*Grus grus*) und den Jungfernkranichen (*Anthropoides virgo*) sowie mit den in großer Zahl nachzuweisenden Enten. Unter diesen ließen sich sogar in beträchtlicher Menge Tauchenten der Gattung *Aythya*, nämlich Reiher- (*A. fuligula*), Tafel- (*A. ferina*), Berg- (*A. marila*) und Moorenten (*A. nyroca*) nachweisen.

Fast vollständig vertreten sind die großen Stelzvögel, also Störche, Reiher, Ibisse und Kraniche sowie die am Wasser jagenden Greifvögel Seeadler (*Haliaaetus albicilla*) aus Europa, der schon angeführte afrikanische Schreiseeadler, der Fischadler (*Pandion haliaetus*) und der Schwarzmilan (*Milvus migrans*), der allerdings auch im Kulturland und Siedlungsbereich vorkommt, wo er nach Abfällen sucht.

Hieraus ergibt sich eine bemerkenswerte ökologische Aussage: Der untere Nil und sein Delta waren zur Zeit der Alten Ägypter sehr nahrungsreich. Es gab pflanzliche Nahrung, die nicht den angebauten Nutzpflanzen zuzurechnen war, in so großer Menge, dass nordische Gänse und Kraniche an den Nil flogen. Die Gewässer waren aber auch so fischreich, dass das gesamte Spektrum der Fischjäger von den großen Adlern und Reihern bis zu den kleinen Eisvögeln vertreten war. Da der Nil auf seinem Weg vom Sudan nach Unterägypten über Hunderte von Kilometern nahezu keine organischen Reststoffe mehr aufnimmt und solche auch aus den Quellgebieten kaum abtransportiert werden,

muss die für die Entfaltung eines großen Fischreichtums
notwendige organische Nahrung von den Ägyptern selbst
gekommen sein. Ihre häuslichen Abwässer düngten den
Fluss. Die organischen Reststoffe, die von Bakterien und
Pilzen abgebaut werden, verarbeiten zunächst die Kleintiere
des Bodenschlamms, nämlich Würmer verschiedener Gruppen, Muscheln und die Larven von Wasserinsekten. Von
diesen ernähren sich die Fische. Große Raubfische fressen
kleinere. So kommt eine lange, doppelte, gleichwohl aber
produktive Nahrungskette zustande:
(1) Organische Reststoffe (Detritus) – Kleintiere am Ge-
wässergrund – Kleinfische – Raubfische und Reiher –
Menschen
(2) Detritus – Kleintiere – Enten – Greifvögel und Menschen
Pflanzliche Stoffe verwertende Wasservögel ergänzen dieses
Netzwerk von Nutzern, so dass jener Vogelreichtum zustande kommt, der sich in den Bildern und Knochenfunden gezeigt hat. Die Mengen der Wasservögel waren so groß, dass
die Alten Ägypter arten- und gruppenspezifische Jagdtechni-
ken entwickelten. Manche Vogelarten fingen sie offenbar in
Mengen. Ihre Vorgehensweise führte trotz beträchtlicher
Jagderfolge offenbar zu keinen stärkeren Störungen. Die
durchaus auch mit der Hand gefangenen Vögel müssen ih
nen sehr vertraut gewesen sein. Fluchtdistanzen, wie sie in
unserer Zeit üblich sind, weil gerade das Wasserwild besonders stark bejagt wird, spielten anscheinend so gut wie keine
Rolle. Der Mensch war für die Vögel noch nicht zum tiefsit-
zenden Feindbild geworden.

Bei dieser Ausgangslage verwundert es nicht, dass die Alten Ägypter die unterschiedlichsten Wasservögel zu halten
und zu zähmen versuchten. Am einfachsten gelingt dies,
wenn die aus dem Ei schlüpfenden Jungvögel zunächst nur
den Menschen sehen. Dabei werden sie auf diesen »geprägt«,

d. h., sie halten Menschen für ihre Artgenossen. Mehrere altägyptische Darstellungen legen die Deutung nahe, dass die
betreffenden Wasservögel menschengeprägt waren. Die Prägung ist der erste Schritt für die kontinuierliche Haltung in
Gefangenschaft und damit für gezielte Zuchten und Domestikation. Die Alten Ägypter kannten bereits das »Stopfen« von
Gänsen zur Mast. Sie machten es sogar mit gefesselten Hyänen, um diese dick und fett werden zu lassen. Gefährliche
Zähne schliffen sie ab oder entfernten sie ganz, um nicht
gebissen zu werden. Auch Affen, vor allem Paviane, deren
Bisse sehr gefährlich sind, behandelten sie auf diese Weise.
Von den Wasservögeln führt ein kontinuierlicher Prozess
zur Domestikation der unterschiedlichsten Tiere. Verständlicherweise waren die Alten Ägypter in dieser Hinsicht an
den Säugetieren handhabbarer Körpergröße ganz besonders
interessiert.

Haustiere und solche, die es hätten werden können

Ziege, Schaf und Rind waren bereits domestiziert, als sich
die erste Hochkultur am Nil entwickelte. Geschehen ist das
schon mehrere Jahrtausende früher. Zwar wird nach wie vor
angenommen, dass der Anfang der Haustierwerdung im
Vorderen Orient, in der Region des sogenannten Fruchtbaren Halbmondes, zu suchen ist. Aber es verdichten sich die
Anzeichen dafür, dass Nordafrika daran einen wesentlichen
Anteil hat. Als sicher gilt, dass Schaf und Ziege von Wildfor-
men, dem Mufflon (*Ovis ammon*) und der ostmediterranen
Wildziege (*Capra aegagrus*), abstammen. Das stimmt geographisch mit den noch existierenden Restvorkommen der

wildlebenden Ausgangsarten für die Zucht überein. Beide
Arten bewohnten bergiges, felsiges Gelände, das sich nicht
zum Anbau von Getreide eignete. Beide nutzten Wildgräser
als Nahrung, aus denen die Hauptgetreidesorten Weizen
und Gerste gezüchtet wurden. Jungsteinzeitliche Jäger und
Sammler trafen in der vom Klima wie auch von der Qualität
der Böden begünstigten Region des Fruchtbaren Halbmondes am Ende der letzten Eiszeit zusammen. Der Fruchtbare
Halbmond reicht von Palästina über die Randbereiche des
Libanons, Syrien und die Osttürkei ins Zweistromland von
Euphrat und Tigris, also nach Mesopotamien. Wie eine breite Kappe schließt diese Region die Arabische Halbinsel gegen das Mittelmeer und den asiatischen Kontinent ab. Die
Halbinsel liegt eigentlich zwischen vier Meeren, nämlich
dem Persischen Golf im Osten, dem Indischen Ozean im Süden, dem Roten Meer im Westen und dem Mittelmeer im
Nordwesten. Geographisch wie klimatisch treffen hier tro-
pisch afrikanische Einflüsse, subtropisch vorderasiatische,
mediterrane und nördlich-gemäßigte aus den Gebirgen des
Kaukasus aufeinander. Klimatisch liegt das Gebiet zwischen
dem Monsunklima des Indischen Ozeans, dem Winterregen-
klima des östlichen Mittelmeerraumes und dem nordafrika-
nisch-arabischen Halbwüsten- und Wüstenklima.

Die Folge war eine Zonierung ergiebiger Grasländer und
savannenartiger Regionen wie in einer riesigen, von zwei
Meeresarmen durchbrochenen Schüssel mit Höhen und Gebirgen an den Rändern und Niederungen im Zentrum. Dorthin strömten die Flüsse aus dem Norden und Westen hin
zum im oberen Teil sehr flachgründigen Persischen Golf, in
den die beiden größten, Tigris und Euphrat, münden. Von
Süden her, aus dem Innern von Afrika, kam ein noch weit
größerer Fluss in das unmittelbare Randgebiet, der Nil. Flüsse entwässern nicht nur ihre Einzugsgebiete. Sie führen daraus auch die Nährstoffe ab und verfrachten sie an die Ufer

der Unterläufe und ins Mündungsdelta. Sie sind die »nährenden Adern« einer Landschaft. Alle drei großen Flüsse dieser Region des Fruchtbaren Halbmondes gehören ökologisch zum Typ des »Fremdlingsflusses«. Ihre Einzugsgebiete liegen in ganz anderen Regionen. Ihre hauptsächlichen Wassermassen erhalten sie nicht aus der unmittelbaren Umgebung des Hauptlaufes, sondern aus der Ferne. Die an die Flusstäler solcher Flüsse angrenzende Landschaft scheint daher gar nicht zu ihrer Flussnatur zu passen: Trockene (aride) oder halbtrockene (semiaride) Gebiete beginnen gleich jenseits der Reichweite der Hochwasser.

Diese Konstellation begünstigt die Interessen der Menschen, befriedigt aber auch die Bedürfnisse bestimmter Arten von Tieren, die Wasser brauchen, die von üppiger Vegetation bedeckten Feuchtgebiete aber meiden. Denn wo die Pflanzenwelt dauerhaft leben kann und anhaltend günstig mit Wasser versorgt ist, entwickelt sie wirkungsvolle Abwehrstoffe gegen Tierfraß. Die in dieser Hinsicht am besten ausgestatteten Regenwälder der Tropen bleiben tierarm, weil die Bäume und all die anderen Pflanzen geradezu eine Giftküche darstellen. Nur Spezialisten, meistens Insekten und andere Kleintiere, sind in der Lage, den Giftcode chemisch zu knacken. Damit werden sie zu Spezialisten. Sie bleiben entsprechend selten. Das gesamte Lebendgewicht der Tiere erreicht auf einem Hektar im tropischen Regenwald günstigstenfalls ein paar Hundert Kilogramm. Das sind wenige Promille der mindestens tausend Tonnen Pflanzenmasse. Auf dem Grasland der Savannen und semiariden Steppen sieht das ganz anders aus. Weidende Säugetiere sind so häufig, dass sie das in einer Saison gewachsene Gras nahezu vollständig abweiden und somit ihre Lebensgrundlage scheinbar zerstören. Doch da sie weiterwandern, keimen oder treiben die Gräser mit dem nächsten Regen wieder. So kommt ein neuer Produktionsschub zustande. Gazellen und

Antilopen, Ziegen und Schafe, mancherorts auch Rinder wie Büffel sind auf diesen Wechsel der Jahreszeiten eingestellt. Sie richten ihre Wanderungen danach aus. Seit den Urzeiten der Entstehung unserer Art Mensch, *Homo sapiens*, folgten wir den Wanderungen der Weidetiere. Wir sind unserer Natur nach Nomaden. Sogar in der modernen Zeit erfasst dieser uralte Drang zum Wandern die Menschen. Sie haben das Bedürfnis nach Ortsveränderung, auch wenn diese, wie im Urlaub oder mit der Benutzung teurer Verkehrsmittel, viel kostet. Sesshaft zu werden war eine Zumutung für die Natur des Menschen. Dass sich der (weitgehend) sesshafte Lebensstil durchgesetzt hat, zeigt, wie erfolgreich er ist, aber nicht, dass das ein ursprünglich menschliches Bedürfnis gewesen wäre. Es ist hier nicht der Platz, auf die Sesshaftigkeit weiter einzugehen. Ich habe das in meinem Buch *Warum die Menschen sesshaft wurden* (2008) bereits ausführlich getan. Hier geht es um einen anderen, im genannten Buch nicht behandelten Aspekt, nämlich darum, welche Tiere sich für die Domestikation eigneten und welche nicht – und warum.

Das mit Abstand älteste Haustier des Menschen, der Hund, verhilft zum Einstieg in die engere Problematik, und die Bilder aus dem Alten Ägypten bauen die Bühne auf. Der Hund passte zum nomadischen Leben der Menschen, weil seine Stammart, der Wolf, ähnlich lebt. Schon für noch nicht zu Hunden weitergezüchtete Wölfe war es kein Problem, den langsam umherwandernden Menschengruppen zu folgen. Auch unsere Haushunde sind nicht wirklich ans »Haus« gebunden, sondern an die Menschen, mit denen sie leben. Insofern sind Bezeichnungen wie »Haus-Hund« und »Domestikation« unpassend gewählt. Haus- muss nicht vorangestellt werden. Im Alten Ägypten gab es bereits zahlreiche Hunderassen, darunter auch unregelmäßig gefleckte, die wie Vorstufen zur Dalmatinerfleckung wirken. Zwei

Grundformen heben sich heraus: Langbeinige, schlanke Jagdhunde, die oft auch angeleint geführt wurden, und kurzbeinige, die wie Riesendackel aussahen. Die großen Jagdhunde machten möglicherweise Jagdgeparden überflüssig. Diese auf der Kurzstrecke schnellsten Jäger ließen sich wahrscheinlich auch von den Alten Ägyptern nicht züchten. In Bezug auf Haltung und Zucht waren die Jagdhunde sicherlich viel günstiger als die Geparde. Jagdhunde gab es im Altertum in allen Regionen von Nordafrika über den Vorderen Orient und Europa bis über fast ganz Asien. Hunde waren lange vorher schon nach Australien gelangt, wo sie zum Dingo verwilderten, und nach Amerika. Ihre Domestikation geschah zweifelsfrei noch in einer Periode, als die Menschen als Jäger und Sammler umherstreiften.

Die altägyptischen Darstellungen zeigen Hunde in vielseitigem Einsatz. Sie halfen bei der Jagd, machten der Oberschicht Vergnügen und waren offenbar auch an der Viehhaltung beteiligt. Neben den gleichfalls schon seit Jahrtausenden domestizierten Schafen und Ziegen sowie Rindern in klar unterscheidbaren Rassen kommen auch weniger bekannte Haustiere vor: zum Beispiel Schraubenhornschafe und Schraubenhornziegen mit sehr langen, schraubig gedrehten, aber schräg vom Kopf abstehenden, gestreckten Hörnern, und Rinder mit sehr langen Hörnern, wie sie gegenwärtig in der Rasse der afrikanischen Watussirinder oder bei ungarischen Steppenrindern vorkommen. Dargestellt sind sogar hornlose Rinder, zum Beispiel eine Kuh, vor der ihr Kalb steht. Die Kuh hat ein pralles Euter. Ihre Milch wird gerade in ein kalebassenartiges Gefäß gemolken. Einer Langhornkuh sind beim Melken die Hinterbeine zusammengebunden und der Kopf mit einem Seil zurückgedreht worden. So muss sie nahezu unbeweglich stehen bleiben, bis das Melken beendet ist. Mastochsen schleppen sich mit riesigen Bäuchen dahin. Ihr kleiner Kopf passt ebenso wenig wie die Beine zur Massigkeit ihres Körpers. Erstaunlicherweise gibt es eine kleine Rinderplastik, die wie das Kalb eines Buckelrindes (Zebu) aussieht. Es deutet Austausch bis nach Indien an. Bilder von Markierungen der Rinder mit Brandzeichen und von der Führung ganzer Gruppen durch Rinderhirten sowie Gespanne, die einen Holzpflug ziehen, beweisen, dass die Rinderhaltung schon damals viel komplexer entwickelt war als die Schaf- und Ziegenhaltung. Aus den und mit den Rindern ließ sich offensichtlich mehr machen als mit dem Kleinvieh. Immerhin weisen Bilder von Ziegen, die Getreide aus Näpfen fressen, darauf hin, dass man auch Futter zu den Tieren gebracht hatte und diese nicht nur auf die Weide geführt worden waren. Ein sehr aussagekräftiges Bild zeigt Hirten, die Ziegen bewachen. Eine ist gerade dabei, ins Astwerk eines Baumes zu steigen, wie das Ziegen gerne tun, während eine andere ihr Zicklein gebiert. Ein langbeiniger, dünner Hund mit Stehohren bewacht mit nach vorn gerecktem Kopf den Vorgang. Hunde setzten die Alten Ägypter also auch zur Bewachung der Ziegen ein.

Im Niltal pflegte man auch die Schweinehaltung. Die hochbeinigen, eher schlank gebauten Tiere trugen eine markant stehende Mähne. Muttersauen sind mit Gruppen kleiner Ferkel dargestellt. Die Schweinehirten tragen Peitschen mit zahlreichen Knoten. Normale Peitschen sind offenbar zum Treiben der Schweine nicht wirksam genug gewesen.

Esel wurden zum Dreschen von Getreide auf Tennen eingesetzt; Pferde gab es natürlich auch, und zwar vor allem zum Ziehen von kleinen, zweirädrigen Wägen. Zum gewöhnlichen Reiten dienten Esel, denen eine Art Sänfte aufgesetzt war. Feingliedrige Pferde ritten höher gestellte Personen, die mit Pfeil und Bogen unterwegs zur Jagd waren. Die Verwendung des Pferdes im Krieg hatten die Ägypter wohl im Wesentlichen von den Hyksos kennengelernt, die sie immer wieder mit ihrer Reiterei bedrohten.

Und so geht die Reihung weiter zu den Enten und Gänsen, die in Massen gehalten wurden, zu den aus Südasien stammenden Haushühnern und schließlich zu einer ganz besonderen Tierart, die für würdig befunden wurde, eine Göttin, Bastet, zugeteilt zu bekommen: die Hauskatze. Zumindest dieser ihr nordostafrikanischer Zweig stammt von der Falbkatze ab, einer frei lebenden Unterart der (europäischen) Wildkatze (*Felis silvestris*). Als Mäusevertilgerin genoss sie aus naheliegenden Gründen besondere Wertschätzung.

Es ließen sich noch weitere, in der Folgezeit weniger bedeutsame Tiere, wie das Ichneumon oder die zahmen Affen, Grüne Meerkatzen vornehmlich, hinzufügen. Die Bühne ist »voll besetzt«. Zusammen mit den so vielfältigen und detailreichen Darstellungen des Jagdwildes und der Vogelwelt bringt sie zwei Befunde ganz klar zum Ausdruck. Erstens: Es herrschte kein Mangel an Tieren im Alten Ägypten, sondern Fülle. Und zweitens: Die Alten Ägypter experimentierten mit weitaus mehr Tierarten als den bekannten Haustieren, die als solche auch erhalten geblieben sind. Ihre Domestikationsversuche galten Gazellen und Antilopen sowie verschiedenen Wasservögeln. Eine wichtige Aufgabe der Tribute, die andere Völker an die Ägypter zu entrichten hatten, bestand offensichtlich auch darin, Tiere zu erhalten, die sich für die Domestikation eignen könnten. Diese geschah nicht aus den Zwängen der Notwendigkeit heraus. Es gab genug von den in Frage kommenden Tieren. So viel, dass man damit experimentieren konnte. Die Sahara war noch weithin keine Wüste, sondern wildreiches Grasland. Auch die heute halbwüsten- bis wüstenhaften Landstriche unter dem Bogen des Fruchtbaren Halbmondes müssen damals viel grüner als heute gewesen sein. Vom achten bis zum zweiten vorchristlichen Jahrtausend gab es dort überall vergleichsweise gutes, produktives Land. Nicht der Mangel ließ die dort lebenden

Völker so geschichtsträchtig werden, sondern die gute Zeit. Sie ist inzwischen längst vorüber – und wir machen uns ein falsches Bild davon. Die Ägypter verdankten dieser Gunst der Natur ihre lange Vormachtstellung. Der Prozess der Austrocknung schritt wahrscheinlich von Süden nach Norden fort, d. h., die zentrale Sahara und die Zentralwüsten Arabiens wurden zuerst davon verursacht. Wie die Beisa-Oryx aus Nordafrika, so musste sich die Weiße Oryx in Arabien südwärts bis in die niederschlagsreicheren Regionen des Oman in der Nähe des Ozeans zurückziehen. Zur altägyptischen Zeit gab es sie noch im heute syrischen Norden. Sie war daher auch bis Persien als besonderes Tier bekannt, aber zur Zeit des Aufenthalts von Ktesias längst aus der Region verschwunden.

Damit ist der Bogen zum Einhorn geschlossen. Eingefügt in diesen größeren Rahmen aller tatsächlichen und möglichen Haustiere, kam ihm jene herausragende Position zu, die ich schon hervorgehoben habe. Das Einhorn hätte gleichsam alle Vorzüge der Rinderartigen in sich vereint, nämlich Milch und Fleisch zu liefern, und es hätte diese mit den besonderen Eigenschaften seiner Wehrhaftigkeit und seiner Genügsamkeit, was Wasser anbelangt, verbunden. Die Befunde aus dem Panoptikum der bildlichen Darstellungen und der Knochenfunde aus dem Alten Ägypten beweisen, dass in jener Zeit alle Formen der Oryx am Nil lebten. Die am besten geeignete, weil handhabbar kleinere Weiße Oryx war mit dabei. Ihr entsprechen also aus guten Gründen die alten Beschreibungen des Einhorns am besten. Das Tier hatte eine herausragende Bedeutung, aber es war nicht zu zähmen. Das Einhorn hatte es gegeben, doch es entzog sich der Unterwerfung durch die Menschen. Diese Unabhängigkeit hat es erhöht und zum Mythos gemacht.

Himmlische Tiere

Tierkreiszeichen

Im Jahreslauf bewegt sich die Sonne (scheinbar, wie wir wissen) durch den Tierkreis, Zodiak genannt. Dieser setzt sich zusammen aus zwölf jeweils 30 Grad des Himmelsumfanges (360°) einnehmenden Abschnitten, die ursprünglich, dem griechischen Astronomen Geminos zufolge, auch jeweils dreißig Einzelabschnitte (also Nächte) umfassen sollten, was aber mit den 365 Tagen des Jahres nicht konform ging. Anpassungen waren daher nötig und sind auch mehrfach vorgeschlagen bzw. vorgenommen worden. Das »Technische« der Einteilung steht hier nicht zur Debatte, vielmehr geht es um die Tiere, die unter den Sternbildern des »Tierkreises« zu finden sind. Um sieben der zwölf handelt es sich, die restlichen fünf stammen direkt aus der ›Menschenwelt‹ (Zwillinge, Jungfrau, Waage, Schütze und Wassermann). Unter den astronomischen Sternbildern machen die von Tieren abgeleiteten Tierkreiszeichen also weniger als ein Zehntel aus. Umso bedeutungsvoller müssen sie in alten Zeiten gewesen sein, da sie sonst schwerlich dem Sonnenlauf zugeordnet worden wären. Bezogen worden war der »Beginn« auf die tropische Tag-und-Nacht-Gleiche im Frühjahr, den »Frühlingspunkt«. An diesem Tag »überschreitet« (wiederum nur so genannt, weil es auf einer als ruhend empfundenen Erde den Anschein erweckt, dass es sich so verhalte) die Sonne den Äquator in Richtung Norden. Zur Mittsommerzeit, am 21. Juni, erreicht sie nördlich des Äquators ihren Höchststand mit den längsten Tagen und den kürzesten Nächten. Daraufhin beginnt die Rückwanderung. Diese führt zu einer weiteren, nun südwärts gerichteten Tag-und-Nacht-Gleiche am 21. September und kontinuierlicher Abnahme der Tageslänge, bis am 21. Dezember mit der Wintersonnenwende der kürzeste Tag den erneuten Wendepunkt markiert. Die Sonne steht zu diesem Zeitpunkt am Südlichen Wendekreis, dem Wendekreis des Steinbocks, senkrecht. Bei unserer Sommersonnenwende ist dies der Wendekreis des Krebses.

Zwar folgt die Einteilung der davon abgeleiteten Sternbilder, durch die sich die Sonne in ihrem auf- und absteigenden Bogen bewegt, der ägyptischen Astronomie, wie sie etwa um 500 v. Chr. dort praktiziert worden war. Aber sie war nicht eigenständig entstanden. Vielmehr bedienten sich die Alten Ägypter des astronomischen Wissens der vorausgegangenen Zeiten des Alten Reiches sowie der Kenntnisse der babylonischen und sumerischen Astronomie bzw. Astrologie. Denn schon in diesen frühen Hochkulturen hatte es die enge Verbindung von astronomischen Feststellungen und ihren Deutungen (Astrologie) gegeben. Das antike Griechenland übernahm die jahreszeitliche Einteilung des Zodiaks von den Ägyptern. Herodot berichtete im 5. vorchristlichen Jahrhundert davon und wies auch auf die Vorhersagen hin, die die Ägypter aus den Zeiten ableiteten, um die es sich im jeweilig konkreten Fall handelte:

»Ferner ist von den Ägyptern auch zuerst festgestellt worden, welcher Monat und Tag den einzelnen Göttern heilig ist und welche Schicksale, welches Ende und welchen Charakter die an diesem oder jenem Tage Geborenen haben werden. (…) Und Vorzeichen haben die Ägypter weit mehr herausgefunden als alle anderen Völker. Wenn etwas Auffälliges geschieht, achten sie auf dessen Folgen und schreiben sie auf. Bei einem ähnlichen Vorfall in der Zukunft glauben sie dann, es müssten wieder die gleichen Folgen eintreten.«

Dieses aus der Antike übernommene System der Einteilung des Jahres als Ablauf, der auf die Menschen von Geburt an wirkt, ersetzte als »himmlisches System« die alten Formen der Weissagung, wie sie bei den Römern oder den Germanen weit verbreitet und üblich waren. Allen rationalen Argumenten und Befunden zum Trotz hat sich der persönliche Bezug auf den Tierkreis in allen Schichten der Bevölkerung gehalten. Der Astrologie wird nicht selten mehr Glauben geschenkt als den Lehren der Kirche oder den Forschungsergebnissen der Wissenschaft.

Man mag das dem unveränderten Hang der (aufgeklärten) Menschen zum Geheimnisvollen, zum Mystischen, zuschreiben oder einfach Aberglaube nennen. Erklärt werden dadurch weder die Astrologie noch die befremdliche Tatsache, dass winzigen Lichtpünktchen am Nachthimmel Bilder zugeordnet werden, die sich daraus wirklich nicht ergeben. Die Sterne, die für die verschiedenen Bilder gruppiert werden, ließen sich auf vielerlei Weise mit Linien verbinden oder in Bilder einfügen. Wem ein bestimmtes Sternbild, und sei es der Orion, nicht bereits als »Bild« vorgegeben wird, der wird ohne Vorkenntnisse bestimmt keinen »Wilden Jäger« mit Gürtel, Schwert und zwei Jagdhunden darin erblicken. Vermutlich kennen die allermeisten der Horoskopgläubigen unserer Zeit die Sternbilder am Nachthimmel auch gar nicht. Ich nehme an, dass wenigstens 90 Prozent der in einer sternklaren Nacht solcherart Befragten keines der zum Tierkreis gehörigen Sternbilder richtig angeben könnten. Allenfalls der Orion mag eine Ausnahme bilden – und ausgerechnet er gehört nicht zum Tierkreis. Schon mit dem Großen und dem Kleinen Wagen (Bären) und dem Polarstern haben die allermeisten Erwachsenen Probleme. Kinder, die aus Eigeninteresse zum Sternenhimmel hoch schauen, finden sich noch eher zurecht, wenn sie über Vorkenntnisse verfügen. Am schlechtesten schneiden meinen eigenen Tests zufolge ausgerechnet jene ab, die am meisten von den Sternzeichen halten: die Frauen.

Seit Magnetkompass und elektronische Navigationsgeräte verfügbar sind, müssen nicht einmal professionelle Seefahrer die Sternbilder kennen, um sich an ihnen bei der Navigation zu orientieren. Denn diese »drehen« sich im Lauf der Nacht und des Jahres um den nördlichen bzw. südlichen Himmelspol, so dass man über kalendarische Kenntnisse verfügen muss, um sie auch nutzen zu können. Zugvögel können das. Sie beherrschen angeborenermaßen die Sternkompass-Orientierung. Im Nachtflug lassen sie sich aber meistens stärker von der Richtung der Kraftlinien des Erdmagnetfeldes als von der Position der Sterne leiten. Am Tag entnehmen sie dem polarisierten Sonnenlicht die Richtung, selbst wenn die Sonne nicht direkt zu sehen ist, weil sie von dichten Wolken verdeckt wird. Bei Fernflügen, die sie über Kontinente und Meere führen, liegt die Notwendigkeit solcher Orientierungsmechanismen auf der Hand. Doch wozu sollten sie beim Menschen gut (gewesen) sein? Die offenbar durchschnittlich beträchtlich größeren räumlichen Orientierungsschwierigkeiten der Frauen passen ganz und gar nicht zu ihrem Hang zu den Sternen. Die sich am besten orientierenden Männer sollten der Astrologie am stärksten zugetan sein, so es denn eine Verbindung mit dem Orientierungssystem gäbe. Dem ist aber nicht so.

Damit stellen uns die Tierkreiszeichen vor ein doppeltes Rätsel. Sie dienen ganz offensichtlich nicht der Orientierung, und diejenigen Menschen, die sie konkret am wenigsten kennen, glauben am stärksten daran. Boulevardzeitungen können es sich offenbar nicht leisten, auf das tägliche, wöchentliche, monatliche und jährliche Horoskop zu verzichten. Anspruchsvolle Blätter aber sehr wohl. Spiegelt sich darin also lediglich der Bildungsstand? Dann müssten so manche historisch wichtige Persönlichkeiten geradezu schwachsinnig gewesen sein, ließen sich doch durch die Zeiten Könige und Kaiser, Feldherren und erfolgreiche Kaufleute von ihren Sterndeutern Zukünftiges vorhersagen. Vielleicht wäre die Weltgeschichte anders verlaufen, hätte die Vernunft und nicht die Astrologie das Vorgehen bestimmt. Manch Modernes, zur Prognoseindustrie Gewordenes, unterscheidet sich in der Vorhersagequalität kaum vom Blick in die Glaskugel der Seherin. Die angewandte Methode ist auch zumeist unschlagbar, weil so etwas wie eine stille Übereinkunft zwischen den Astrologen und ihren computertechnisch ausgestatteten Nachfolgern einerseits und den Empfängern ihrer Prognosen andererseits besteht. Trifft die Vorhersage zu, war sie gut. Falls nicht, wird nicht darüber gesprochen. Dann hatten (unbekannte) gute Sterne / Geister oder die von den möglicherweise Betroffenen getätigten Gegenmaßnahmen die Katastrophe(n) verhindert und das Geschehen doch wieder in gute Bahnen gelenkt. Eine Rechtfertigung der Fehlprognosen unterbleibt seltsamerweise. Selbst die krassesten Falschaussagen werden nicht zur Rechenschaft gezogen und dem Ausmaß ihrer Folgen gemäß bestraft. »Dummheit ist nicht strafbar«, meint der Volksmund und damit oft genug sich selbst, wenn es um Leichtgläubigkeit geht.

Erklärt dies den Ursprung der Himmelstiere? Ich meine nicht! Die Tierkreiszeichen kamen nicht »in den Himmel«, um den Menschen zu zeigen, wie töricht sie sind. Die dumpfen Gefühle der großen Mehrzahl der Menschen, denn um eine solche handelt es sich bei den Astrologie-Gläubigen, können auch nicht einfach mit »Dummheit« abgetan werden. Wer sich nur ein wenig näher mit dem Phänomen des Tierkreises befasst, wird nicht umhin kommen, einen vernünftigen Hintergrund zu vermuten. Machen Sie mit mir einen Versuch, diesen zu ergründen.

Zunächst wiederum ein paar Fakten: Die Tierkreiszeichen stammen aus dem Großraum des Fruchtbaren Halbmondes (1). Sie entstanden dort in der Zeit der ersten Hochkulturen (2). Ihre Abfolge repräsentiert den Jahreslauf der Sonne (3). Als »Bilder« geben sie eine optische Hilfestellung im einzigen nicht vom Wetter beeinflussten System des Jahreskreises (4). Mit dem Geburtsdatum der Menschen wird darauf Bezug genommen (5). Am meisten richten sich die Frauen danach (6). Sie sind als die Gebärenden, viel stärker als die Männer, die Geborenen, in biologische Zyklen eingebunden (7). Gemeinsam ist diesen sieben Punkten die Zeitbezogenheit. Es geht um konkrete Zeitpositionen in der zyklischen Wiederkehr des Jahreslaufes. Das System verfeinert das allgemein bekannte der vier Jahreszeiten. Diese unterliegen allerdings recht ausgeprägt den Schwankungen der Witterung, so dass einzelne mitunter nur stark verkürzt oder auch ungewöhnlich lang auftreten. Festzustellen, dass es Frühling oder Sommer geworden ist, stellt keine besondere Leistung dar, weil wir auf äußere Zeichen in der Natur, wie den Austrieb der Blätter, das Erblühen von Obstbäumen oder auf das erntereife Getreide hinweisen. Für den Herbst stehen bei uns reifendes Obst und fallende Blätter, für den Winter Frost und Schnee. Doch diese Zeiträume verwischen sich an den Rändern. Nicht selten fallen sie sogar im Kern ihrer Zeit unpassend aus, etwa wenn es ausgerechnet im Hochsommer lang anhaltend regnet und zu kalt ist oder im Winter so warm, dass eine verfrühte Blüte einsetzt. Das Wetter ist kein zuverlässiger Zeitgeber. Wir richten uns daher aus guten Gründen nach der kalendarischen Zeit aus. Ihre gänzlich witterungsunabhängige Vorgabe ist der Sonnenkreis von Höchststand zu Höchststand oder von der einen Tag-und-Nacht-Gleiche zur nächsten. Die auf dem älteren Sechsersystem der Zählung aufgebaute Unterteilung in zwölf Monate hat die Grundgliederung des Kalenders ergeben. Sie musste naturgemäß ungenau ausfallen, weil das Sonnenjahr mit seinen 365 Tagen und einigen Minuten nicht in ein Sechser- oder Zwölfersystem hineinpasst. Es ließe sich auch nicht dezimal besser unterteilen, denn die Zahl der Tage gibt die Grundzahl. 365 ließe sich durch 5 teilen. Das Ergebnis, 73, passt jedoch zu keiner weiteren praktikablen Unterteilung. Am günstigsten liegt tatsächlich die Abfolge von 12 Monaten, das Duodezimal-System. Sie müssen mit abwechselnder Dauer von 30 und 31 Tagen angepasst und mit einem Korrekturmonat von 28 Tagen versehen werden. Dann ergeben sich praktikable Monate. Warum Monate? Andere Unterteilungen gingen auch. Aber für den Menschen würde sich keine wirklich besser eignen als die Unterteilung in Monate. Denn diese leiten sich von den sichtbaren Mondzyklen ab. Die Menschen können dem Werden und Vergehen des Mondes folgen. Wiederum passen die Mondzyklen nicht genau ins Jahr, dafür entsprechen aber die Zyklen der Frau der Länge des Mondzyklus sehr genau. Weshalb, ist nach wie vor umstritten. Aber dass es so ist, kann nicht bezweifelt werden. Und nun kommt der Tierkreis mit ins Spiel. Er bildet die zwölf vollen Menstruationszyklen eines Jahres ab. Die nicht ganz genau stimmende Zeit der Passage der einzelnen Sternbilder wird mit dem Durchgang der Sonne durch das Sternbild des Schlangenträgers Ophiuchus im Herbst ausgeglichen. Es zählt nicht zu den zwölf Tierkreiszeichen und es kann auch gar nicht dazu zählen, weil diese ja den vollen Sonnenkreis von 360 Grad in genau zwölf Abschnitte von 30 Grad am Nachthimmel unterteilen. Sie sind damit unabhängig von der nötigen etwas »ungeraden« Gliederung des Jahres in die zwölf Monate von unterschiedlicher Dauer. Mythologisch geht der Schlangenträger auf den Helden Herakles zurück, den dieses Sternbild repräsentieren soll. Eine andere antike Deutung besagt, dass nicht Herakles, sondern der Vater der Ärzte Asklepios damit dargestellt wird. Denn das Zeichen der antiken griechischen Ärzte

war der Stab, um den sich eine Natter windet. Diese Äsku-
lapnatter ist allerdings ungiftig und für jedwede medizini-
sche Anwendung unbrauchbar.

Die unvermeidbare Ungenauigkeit hat allerdings zur Folge, dass sich die Sternbilder verschieben. Seit ihrer Festlegung macht das inzwischen bereits einen ganzen Monat aus.
Für die Lebenszeit von Menschen mehrerer Generationen
spielt das keine Rolle. Sie wird erst über Jahrhunderte und
Jahrtausende wirksam. An der 30-Grad-Unterteilung des
Himmels in Bezug auf den Jahreslauf ändert das nichts. Es
passen nur mit der Zeit die zugeordneten Sternbilder immer
weniger. Das soll uns nicht weiter beschäftigen. Wichtiger
ist die Verbindung zu den drei großen Rhythmen, denen der
Mensch unterworfen ist. Denn die einzelnen Tage mit ihrem
Hell-Dunkel-Wechsel, die das Grundmaß abgeben, wissenschaftlich circadianer Rhythmus genannt, werden so mit
dem Mondrhythmus (lunarer Rhythmus) und dem Jahresrhythmus (circannualer Rhythmus) verbunden. »Circa-
dian« bzw. »circ(a)-annual« bedeutet, dass unser interner
Rhythmus hierzu erkennbar ungenau (»circa«) läuft und
zwar mit der Tendenz, sich zu verlängern, wenn keine äußeren Zeitgeber die Rückstellung bewirken. Dann würde der
Tag allmählich auf 25 und 26 Stunden und das Jahr scheinbar auf 370 Tage und mehr anwachsen. Untersuchungen im
Max-Planck-Institut für Verhaltensphysiologie, die in den
1960er Jahren in unterirdischen Bunkern durchgeführt worden waren, haben das ergeben. Die am Experiment teilneh-
menden Personen waren von allen äußeren zeitgebenden
Einflüssen abgeschirmt. Ihre inneren Rhythmen blieben erhalten, tendierten aber zur Verlängerung.

Merkwürdigerweise hält sich der Menstruationszyklus
der Frau in einem recht engen, der Mondmonatsdauer gut
entsprechenden Schwankungsbereich. Im Gegensatz dazu
macht der Jahresgang eine je nach geografischer Breitenla-

ge unterschiedlich starke Schwankung durch. Die Tageslänge nimmt im außertropischen Bereich vom innertropisch ausgeglichenen Wechsel von zwölf Stunden Tag und zwölf Stunden Nacht zu. Wie stark, das hängt von der Entfernung von den Tropen ab. Mittlere Breiten erreichen zur Zeit der Sommersonnenwende 16 und mehr Stunden Helligkeit. Entsprechend länger dauert zur Mittwinterzeit die Nacht. Exakt am Pol gibt es genau ein halbes Jahr Tag und ein halbes Jahr Nacht.

Diese kurze Zusammenfassung der beiden bzw. drei großen Zeitrhythmen ermöglicht nun einen anderen Blick auf den Tierkreis. Drei Rhythmen hat die Frau zu bewältigen, weil zum Tages- und Jahresrhythmus ihr Monatszyklus hinzukommt. Dieser fehlt beim Mann. Dies könnte ein erster Hinweis darauf sein, dass Frauen deutlich stärker und emotionaler als Männer auf das jahreszyklische Auf und Ab der Tageslänge reagieren. Sie müssen ihren Monatszyklus damit in Übereinstimmung bringen. Dieser hat einen »aufsteigenden« und einen »absteigenden« Teil, wobei sich die beteiligten Hormonkonzentrationen verändern. In der Mitte des Zyklus findet normalerweise der Eisprung statt. Die zwei bis drei Tage davor und danach ergeben das befruchtungsfähige Zeitfenster im Zyklus. Die Blutung als Abschluss nimmt den Organismus der Frau in Anspruch. Vergleichbares beim Mann gibt es wiederum nicht. Sein Organismus kann gleichsam gemächlich durch das Jahr laufen, ohne das Auf und Ab des Menstruationszyklus. Dieser versetzt die Frau in unterschiedliche Stimmungen. Sie »verstehen« damit gefühlsmäßig die Untergliederung der Tierkreiszeichen in den Aszendenten, den Anstieg, und den Deszendenten, den Abstieg. Auch hierauf näher einzugehen erübrigt sich, da es nicht um astrologische Deutungen oder Vorhersagen geht, sondern um den möglicherweise biologischen Hintergrund und seine Bedeutung. Denn Licht ist nicht nur ein äußerer

Zeitgeber über seine Dauer, sondern es wirkt auf den Organismus über seine Stärke oder sein Fehlen ein. So verursacht Mangel an Licht mit UV-B Rachitis, weil dieses Vitamin in der Haut durch Einwirkung des »weichen« Ultraviolettlichtes gebildet wird. Werden Kinder in die sonnenarmen Monate hineingeboren und erhalten sie nicht frühzeitig genug Ausgleich für den Mangel durch Nahrungsmittel, die das Vitamin enthalten, werden ihre Knochen nicht stabil genug. Im Hohen Norden mit den schier endlos langen Winternächten und den kurzen Tagen sind zur unpassenden Zeit geborene Kinder davon besonders betroffen. Fischleber (›Lebertran‹) ersetzt den Mangel. Muttermilch enthält (zu) wenig Vitamin D, wenn die Mutter keine entsprechend vitaminreiche Nahrung zu sich nehmen kann. Das gilt auch, wenngleich nicht so ausgeprägt für Vitamin C in der Nahrung und für die verschiedenen Formen von Vitamin A. Überhaupt hängt sehr viel in der nachgeburtlichen Entwicklung des Kindes vom Ernährungszustand der werdenden und stillenden Mutter ab und davon, welche Art von weiterer Nahrung als Muttermilch das Baby bekommen kann. Wir können uns das in unserer heutigen Zeit des Überflusses und der praktisch das ganze Jahr über allgemeinen Verfügbarkeit von künstlicher Babymilch und vitaminreicher Nahrung kaum vorstellen, wie stark in früheren Zeiten die Menschen vom Jahresrhythmus abhingen.

Hieraus folgt, dass die Geburtszeit im Jahr – einen Zeitpunkt festlegen zu wollen wäre in der Tat zu übertrieben – früher ganz wesentlich für das Gedeihen des Kindes gewesen sein muss. Auch Herrscher, denen von ihren Untergebenen alles Nötige zugetragen wurde, blieben der Jahreszeit und ihrer Entwicklung verhaftet. Es machte sicherlich einen erheblichen Unterschied, ob ein Kind zum Frühjahrsbeginn, in der Zeit des Widders, zur Welt kam und in den ersten Wochen und Monaten das »aufsteigende« Jahr vor sich hatte oder im Spätherbst mit den beginnenden Regenfällen und schwacher Sonne. Ob es zur Mittsommerzeit in seinem sich ausbildenden und festigenden Jahresrhythmus sehr langen Tagen ohne erkennbare Zu- oder Abnahmetendenz der Helligkeit ausgesetzt war oder ob es als spät im Jahr Geborenes hineinkam in die rasche Zunahme der Tageslänge nach der mittwinterlichen Kurztagszeit, hat sicherlich Einfluss auf die weitere Entwicklung genommen. Die Wirkungen pflanzen sich, da rhythmisch wiederkehrend, kontinuierlich fort. Beginnt das Kleinkind nach einem Jahr mit dem Laufen, macht es wiederum einen Unterschied, ob dieses so wichtige Geschehen in sich aufbauende Langtage oder in sich verkürzende Kurztage hineinfällt. Und so fort. Die umfassende rhythmische Organisation des Menschen muss sich mit dem Zeitmuster seiner Umgebung auseinandersetzen und sich daran anpassen. Wie schwer das fallen kann, wissen wir von den Erfahrungen mit raschen Zeitumstellungen nach Langstreckenflügen gegen den inneren Rhythmus.

Das Grundmuster erhält Abwandlungen, je nachdem wie nah oder wie fern der tag- und nachtgleichen Tropen der Ort liegt, an dem ein Kind aufwächst. Wir Menschen sind »Kinder der Tropen«. Unsere Urheimat lag im innertropischen Afrika. Unser Stoffwechsel ist noch heute nach mehr als 70 000 Jahren, die unsere Vorfahren schon außerhalb von Afrika lebten, auf tropische Verhältnisse eingestellt. Unser Grundumsatz an Energie liegt ganz typisch im tropisch-niedrigen Bereich. Deshalb frieren wir leicht, zumal wenn die Außentemperatur unter 27 Grad Celsius abgesunken ist. Bei 27 Grad befindet sich unser Körper im sogenannten Thermoneutralzustand. Das bedeutet, dass er unbekleidet ohne nennenswerte Anstrengung intern gerade so viel Wärme erzeugt, wie durch Wärmestrahlung nach außen abgegeben wird. Sinkt die Temperatur, brauchen wir Bekleidung und zwar umso dickere, je kälter es wird. Über 27 Grad setzt das kühlende Schwitzen ein. Die Bekleidung verschiebt diese Beziehung ein wenig, aber ändert sie nicht grundsätzlich. Deshalb empfinden wir ein Sommerwetter mit etwa 25 Grad Außentemperatur als ideal, Werte unter 20 Grad als zu niedrig und über 30 Grad als schweißtreibende Hitze. Dem Kleinkind geht das nicht anders, vor allem dann nicht, wenn es, wie in früheren Zeiten üblich, eigentlich nackt herumlaufen (können) sollte. Das geht eben nur innerhalb der Tropenzone, wo im wechselfeuchten Bereich lediglich ein Wechsel zwischen Regen- und Trockenzeiten stattfindet, nicht aber zwischen Sommer und Winter. Temperatur und Licht wirken daher im wirklichen Leben eng zusammen. Bei viel Licht und hoher Lichtstärke ist es warm und umgekehrt. Licht beeinflusst das Wachstum, nicht nur beim Menschen, sondern auch beim Vieh. Tiere wählten nach Möglichkeit die Paarungszeit so, dass der Nachwuchs zur günstigsten Zeit geboren wird. Wo sich die Kontrolle nicht lohnte, weil sie zu aufwändig gewesen wäre, tötete man den zur falschen Zeit gekommenen Nachwuchs einfach. Die »Herbstkätzchen« sind ein noch in unserer Zeit bekanntes Beispiel dafür. Sie entwickeln sich in der Regel weit weniger gut als im Frühjahr und Frühsommer geborene Kätzchen. Häufig kränkeln sie. Nicht sterilisierte, frei laufende Hauskatzen entziehen sich der Kontrolle, produzieren aber selbst weit weniger solche jahreszeitliche Spätgeburten als an sich möglich wären. Ganz allgemein ist die Fortpflanzungszeit der größeren Tiere sehr klar in ihren jeweiligen Jahresrhythmus eingepasst. Wir müssten also eigentlich die umgekehrte Frage behandeln, warum wir Menschen uns eine jahreszeitlich »freie« Fortpflanzung leisten konnten.

Von einem grundsätzlichen Einfluss der Jahreszeit auf das Gedeihen des Menschenkindes muss daher ausgegangen werden. Dass er von den »Kundigen« übertrieben wird, ist bekannt und in unserer Zeit nicht anders. Auch wir sind unablässig Übertreibungen ausgesetzt, auch wenn sich diese als Nachrichten oder seriöse Prognosen ausgeben. Der bloße Geburtstermin würde aber in der Tat zu wenig aussagen, wie das Neugeborene in den Jahresrhythmus hineinkommt. Denn es hat neun Monate Vorgeschichte im Mutterleib. Diese neun Monate überstreichen die Zeit von neun Tierkreiszeichen. In den zugehörigen Monaten herrschen von Natur aus in der Natur unterschiedliche Angebote an Nahrung, Licht oder Betätigung der Schwangeren. Diese Außenfaktoren wirken auf den Fötus ein. Er entwickelt sich zwar kontinuierlich, aber keineswegs so gleichmäßig wie ein wachsender Kristall. Die verschiedenen Differenzierungsprozesse haben ihre Zeit. Jedes heranwachsende Lebewesen hat eine Zeitstruktur; eines, das wie der Mensch ein sehr langes Wachstum durchmacht, eine entsprechend differenziertere als ein schnell heranwachsendes und kurzlebiges. Die Grobstruktur der vier Jahreszeiten bekommt daher über die Einflüsse, die auf den Köper der Mutter wirken und die auf den Fötus weiterwirken können, eine Feinstruktur. Diese rechtfertigt die Unterteilung in etwa monatslange Abschnitte, in die zwölf Tierkreiszeichen. Die Tiere haben darin wenig zu bedeuten. Der Jahresrhythmus im Detail aber durchaus viel. Dass sich die sieben konkreten Tiere einigermaßen nachvollziehbar in den Jahreslauf einfügen, mag hilfreich, aber nicht unbedingt notwendig gewesen sein.

Für unseren Kulturkreis im Bereich der nördlichen Breiten mit gemäßigtem Klima fällt es leicht, einen Jahreslauf zu konstruieren, zu dem die Tiere der Tierkreiszeichen passen. Der Widder als »ungestümer Anfang« des neuen Jahres zur Frühjahrstagundnachtgleiche passt dazu wie auch der kraftvoll folgende Stier, der auf die Weide mit dem frischen Grün hinaustrabt. Zur Zeit, in der sich das Jahr wieder zu neigen begonnen hat, geht der Krebs rückwärts. Die Fülle des Sommers drückt sich im Kraftakt des Löwen aus, des-

sen Frucht ein neuer Widder werden kann. Mit Beginn der
Winterregen erwachen die Skorpione aus der sommerlichen
Zurückgezogenheit, durch die sie sich der Hitze entziehen.
Und die Steinböcke kämpfen im Winter um die Weibchen.
Die Fische lassen sich in die Zeit einfügen, in der das Eis
im Vorfrühling taut und sie wieder munter werden. So kann
man fast mühelos eine »Zoologie« formulieren, die passt.
Ob das so sein muss, sei dahingestellt. Denn wie schon betont, ging es beim Zodiak gar nicht um die Tiere, sondern
um die Menschen, ihre Geburt und ihre Zukunft. Werfen
wir daher noch einen Blick auf die oben zusammengestellten sieben Punkte: Das Geburtsdatum eines Menschen wird
in den rhythmischen Kreislauf des Jahres eingeordnet.
Demzufolge fühlen sich die gebärenden Frauen unmittelbar
betroffen, während sich die Männer nur im Bedarfsfall danach richten zu müssen glaubten. Dazu befragten sie Astrologen. Nicht geklärt sind damit aber die ersten vier Punkte.
Warum entstand dieses auf die Sterne bezogene System im
Großraum des Fruchtbaren Halbmondes in der Zeit der
ersten Hochkulturen zur Bestimmung des Jahreslaufes?
Und warum genügten dazu nicht einzelne Sterne?

Ein kurzer Ausblick auf die chinesischen Tierkreiszeichen
vermittelt Hinweise darauf, was hinter dieser jahreszykli-
schen Einteilung gestanden haben mag. Die chinesischen
Tierkreiszeichen ersetzen die vorderasiatisch-westlichen
nicht, sondern sie ergänzen den Jahreskreis mit dem um das
Zehnfache verlängerten Zyklus von zwölf Jahren. Das ist
nicht zufällig, denn die Lebensbedingungen folgen tatsächlich in den Breiten mit gemäßigtem und kaltem Klima einem
solchen Zyklus. Die Aktivität der Sonne gibt ihn vor. In
zehn- bis zwölfjährigem Abstand bringt sie besonders warme, meistens für die Menschen recht gute Jahre. Dann ist
ihre Aktivität, ausgedrückt in der Häufigkeit der Sonnenflecken, hoch. »Schlechte Jahre«, kalte und verregnete Som-

mer und oft auch sehr kalte Winter kommen, wenn sie ein
Minimum erreicht. Zwischenstufen liegen auf- wie abstei-
gend dazwischen. Ganz grob könnte man den Ablauf mit
den Jahreszeiten im Zwölf-Monate-System des Jahres vergleichen. In diesem geht es für uns um eine präzisere Unterteilung
des Jahres, in jenem um eine Abschätzung der Entwicklung
der Jahre über mehr als ein Jahrzehnt hinaus. Zuordnungen
des Geschehens und Erwartung des Kommenden erhalten
so ihre Ordnung. Das macht Gegenwart und (nahe) Zukunft beherrschbar. Astronomie und Astrologie waren daher ursprünglich eine Einheit. Der Raumbezug auf den
Fruchtbaren Halbmond und seine weitere Umgebung, in Indien auf die nord- und nordwestindischen Flusskulturen, in
China auf das zentrale Agrarland zwischen Hwangho und
Jangtse und auf der anderen Seite der Erde in den Kulturen
der Inkas, Mayas und Azteken mit ihren Vorläufern ging es
dabei übereinstimmend um die Landbewirtschaftung. Es
war vom Nil bis zum Indus entscheidend, rechtzeitig fest-
stellen zu können, wann die Flut kommt, die die Felder
bewässern sollte. Nicht anders war es an der peruanischen
Westseite der Anden in der Nasca-Kultur. Und bezeichnend
ist, dass der Ertrag der Kulturen jeweils davon abhing, dass
das Wasser rechtzeitig und in der nötigen Menge aus anderen, fern liegenden und nicht direkt zugänglichen Regionen
geflossen kam. Ich hatte aus gutem Grund betont, dass der
Fruchtbare Halbmond seiner geographischen Grundstruk-
tur nach eine große Schüssel ist. Das Wasser fließt von den
Rändern her ins Zentrum bzw. im Fall des Nils an das dem
Großraum zuzurechnende Mittelmeer.

In dieser geographischen Lage zwischen den Subtropen
und den gemäßigten Breiten gab und gibt es sehr viel mehr
klare Nächte als im wolken- und niederschlagsreichen Mitteleuropa. Das Sommerhalbjahr veränderte sich nur allmäh-

lich; die Veränderung der Tageslänge verlief (und verläuft) aufgrund der Nähe zum Wendekreis weit weniger auffällig als in nördlicheren Breiten. Je weiter vom Äquator entfernt, desto größer werden die jahreszeitlichen Längenunterschiede von Tag und Nacht. In Mitteleuropa kann das Wetter noch so große Kapriolen schlagen, es wird die Prägung durch den Jahresrhythmus nicht überdecken können. Das ist 20 bis 30 Breitengrade weiter südlich ganz anders. Eine Unterteilung des Jahreslaufes in konkrete Zeitabschnitte, die sich am Stand der Gestirne eindeutig ablesen lassen, stellte für die von »Fernwasserversorgung« und saisonalen Niederschlägen abhängigen Kulturen eine grundlegende Notwendigkeit dar. Ihr vorgeschaltet und damit noch weiter zurück in die Vergangenheit reichend, war die entsprechende Zeitbestimmung für die Hirtennomaden und für die Stämme, die noch als Jäger und Sammler umherstreiften. Denn auch das Wild hat Jahreszyklen. Geburt der Jungtiere, oftmals auf einen kurzen Zeitraum synchronisiert, Paarungszeit und vor allem aber die Abfolge der weitläufigen Wanderungen bestimmten die Jahreszeit. Das Wild hatte sich nach den Niederschlägen und der davon ausgelösten Entwicklung des Grases zu richten – wie die Hirtennomaden mit ihrem Vieh auch. Die Witterung schwankte, wie sie das seit eh und je tut, aber auf den Jahresrhythmus war Verlass. Deshalb war es schon vor der Entwicklung der Ackerbaukulturen angebracht, die Zeichen des nächtlichen Sternenhimmels richtig zu deuten. Die Entstehung der ersten Hochkulturen hing wohl auch mit der Möglichkeit zusammen, die Zeit in den Griff zu bekommen. Warum der Stand der Gestirne mit Bildern belegt wurde, wissen wir zwar nicht, aber wir können gut begründete Vorstellungen dazu entwickeln. Dazu mehr im nächsten Abschnitt.

Der vor über zweitausend Jahren festgelegte zwölfjährige Rhythmus des chinesischen Tierkreises hat sich längst von dem der Sonnenflecken so weit entfernt, dass kaum noch Übereinstimmungen zustande kommen. Die Sonne erzeugte auch nicht konstant genug diesen »dodekadischen Rhythmus«. Es gab Zeiten, wie im 16. Jahrhundert, da fielen die Sonnenflecken mehrere Perioden lang gänzlich aus. Die Folge war die schlimmste Zeit für die Menschen in der ›Kleinen Eiszeit‹. Noch viel stärker verändert und ganz massiv abgeschwächt in der Wirkung wurde der westliche Jahreszyklus mit der Einführung des künstlichen Lichts und dem globalen Güteraustausch. Seit gut einem Jahrhundert steuern wir mit dem Kunstlicht gegen den Jahresgang des Hell-Dunkel-Wechsels. Nahrung steht in guter Qualität rund um das Jahr nahezu gleichmäßig zur Verfügung. Der Jahresrhythmus scheint ausgedient zu haben – und mit ihm die Tierkreiszeichen als Kalender, der von der Witterung nicht verändert werden kann. Längst verfügen wir über einen perfekten Kalender. Wir sind unabhängig geworden von der Außenzeit. Doch mitunter bekommen wir die Wirkung der Rhythmen doch ganz kräftig zu spüren, wenn uns die »Frühjahrsmüdigkeit« plagt oder die »Herbstmelancholie« überkommt. Mit künstlicher Hormonregulation können die Frauen ihr Auf und Ab im Monatszyklus regulieren und dessen turbulentes Ende im Klimakterium abmildern. Umso mehr beharren dennoch viele Frauen auf dem Horoskop, das einst nicht viel mehr als ein guter Jahreskalender gewesen war.

Sternbilder

Sicherlich schon lange vor Festlegung der Tierkreiszeichen hatten sich Menschen Sternbilder gemacht. Ein ganzes Bündel von Fragen lässt sich daran knüpfen. Offensichtlich ist, dass es diese Bilder gar nicht gibt. Die Vielzahl der winzigen Lichtpunkte unterschiedlicher Helligkeit am dunklen Nachthimmel gruppiert sich nicht zu Mustern, geschweige denn zu Bildern. Nicht einmal der Orion, das wohl markanteste Sternbild, würde unvoreingenommen und ohne Kenntnis des ihm verliehenen Namens als solcher erkannt werden. Doch das ändert nichts an der Tatsache, dass seit alten Zeiten die Sterne zu Bildern gruppiert worden sind und zwar zu sehr irdischen Bildern von Tieren, Menschen und Mythen. Am Anfang mögen die Plejaden gestanden haben, das »Siebengestirn«, von dem jedoch nur sechs eng beisammen stehende Sterne zu sehen sind. Die »Sieben« ist allegorisch zu verstehen. Wann es tatsächlich zur ersten Benennung von Sternkonstellationen gekommen ist, wissen wir ebenso wenig, wie wir den Ort oder die Region kennen, wo das geschah. Die ältesten Observatorien, in aller Regel handelt es sich dabei um bearbeitete oder speziell errichtete Steine, geben kaum mehr als ungefähre Vorstellungen, denn ihrer Errichtung waren sicher lange Zeiten vorausgegangen, in denen die Sternkonstellationen bereits benannt worden waren. Es ist anzunehmen, dass schon Menschen der Altsteinzeit ihre Blicke zu den Sternen richteten. Betrachten wir zunächst die Rahmenbedingungen.

Die wichtigste halten wir für so selbstverständlich, dass sie offenbar kaum Beachtung gefunden hat: Zum Sehen und Wiedererkennen von Sternkonstellationen bedarf es Augen, die auf Fernsicht eingestellt sind. Kurzsichtige können die Sterne ohne technische Hilfsmittel nicht sehen. Damit sind nicht nur Menschen gemeint, sondern auch viele Säugetiere. Hunde, Pferde, Löwen oder Elefanten richten ihre Blicke nicht zum Nachthimmel. Ihre Augen sind auf diese Fernsicht nicht eingestellt. Die winzigen Lichtpunkte würden ihnen nichts bedeuten, auch wenn sie in der Lage sein sollten, diese erkennen zu können. Anders die Vögel. Viele nächtlich ziehende Arten können die Positionen der Sterne und ihre Veränderung im Lauf der Nacht zu einer Sternenkompass-Orientierung nutzen. Das ist unter dem künstlichen (und verstellbaren) Sternenhimmel von Planetarien experimentell nachgewiesen. Stark vereinfacht hieß das Ergebnis: Die Sterne weisen ihnen den Weg! Ich komme darauf zurück, wenn es um die Frage geht, warum die Menschen überhaupt den Sternenhimmel betrachteten. Die zweite Rahmenbedingung einzusehen fällt uns leichter: Der Himmel darf nicht überwiegend wolkenverhangen sein. Die feuchten inneren Tropen kommen daher für Sternbetrachtungen ebenso wenig in Frage wie neblige Küsten und Regionen mit häufiger, lange anhaltender Bewölkung in den klimatisch gemäßigten Breiten. Die meisten klaren Nächte gibt es, von den Polarregionen und Berggipfeln, die über die Wolkendecke hinausreichen, abgesehen, in den subtropischen und randtropischen Trockengebieten sowie in den innerkontinentalen Halbwüsten und Wüsten. Es sind dies jene Regionen, die sich durch einen jahreszeitlich auch sehr ausgeprägten Wechsel der Witterung auszeichnen. Auf lange Trockenzeiten folgen, meistens sehr regelmäßig, kurze Perioden mit Wolken und Niederschlägen. Unter solchen Bedingungen ist der Sternenhimmel dank klarer Luft mit sehr geringem Feuchtigkeitsgehalt nicht nur gut zu sehen, sondern in seiner Veränderung von Vollmond zu Vollmond, also von Monat zu Monat, auch bestens mitzuverfolgen. Infolgedessen decken sich die Stätten und die Bauwerke, an denen es um die Beobachtung der Sterne ging, mit den entsprechenden Klimazonen. Sonnenauf- und -untergang und die Veränderungen der Tageslänge können auch in wolkenreicheren Regionen mit Hilfe fest stehender Einrichtungen ausgemacht werden. Für die Sternbeobachtung gelten andere Bedingungen. Dass dem so ist, sagt uns jedoch noch nichts darüber, warum den Sternen eine so große Bedeutung beigemessen wurde, dass man sie zu Bildern gruppierte und benannte. Auch hierzu gibt es eine Vorbedingung, die wir berücksichtigen sollten. Wir Menschen wollen überall Bilder sehen, zumindest Strukturen, an denen wir uns orientieren und die wir zur Deutung des Geschauten heranziehen können. Wo Bilder nicht offensichtlich vorhanden sind, suchen wir danach. Finden wir keine, neigen wir dazu, solche zu erfinden, hineinzuinterpretieren. Das Musterbeispiel in dieser Hinsicht sind die Sternbilder. Es gibt sie nicht. Menschen haben sie geschaffen. Die »Erschaffung der Sternbilder« war so erfolgreich, dass sie Bestand hatten. Bis in unsere Zeit und wohl darüber hinaus. Ihre ursprüngliche Bedeutung lag sicherlich in der genaueren Bestimmung der Jahreszeit. Die Sternkonstellationen durchlaufen einen regelmäßigen, scheinbar unveränderlichen Jahreszyklus. Dass sie sich dennoch mit der Zeit ändern, war in der Antike ebenso bedeutungslos wie in der Gegenwart. Für uns ändert sich der Sternenhimmel nicht. Über die Jahrtausende aber durchaus. So war unser Nordstern, der Polarstern, vor dreitausend Jahren nicht an dieser Position. Der Pol des Nordhimmels lag ein Stück davon entfernt. Er wird sich in weiteren Jahrtausenden weiter verschieben, weil die Erdachse nicht langfristig stabil bleibt. Doch für die Orientierung während der Lebenszeit eines Menschen sind diese langfristigen Verschiebungen ohne Belang. Man konnte sich, war die Drehung des Sternenhimmels erst einmal mental erfasst worden, daran besser orientieren als am Tag an der Sonne. Denn der Aufgang der Sonne im Osten, im Orient – von dem wir unsere »Orientierung« übernommen haben –, wechselt im Jahreslauf über eine breite Strecke. Der Pol, um den sich nächtens die Sterne drehen, bleibt dagegen auf derselben Stelle. Als Azimut kann davon eine Senkrechte zum Horizont gedacht werden. Sie gibt die Nordrichtung an. Eindeutig. Wanderungen spielten – und spielen immer noch – in den Wüsten und Halbwüsten des Vorderen Orients in der Kühle der Nacht eine große Rolle. Die Hitze des Tages zwang zur Rast. Über die Sternbilder ließ sich der Gang der Nacht zeitlich erfassen; gefühlsmäßig wenigstens, bis sich irgendwo im Osten der erste Schimmer des Morgenlichtes zeigte. Wir, die wir Kalender haben und zur Orientierung nicht mehr zum Himmel aufschauen, haben längst das Gefühl dafür verloren, die Zeit während der Nacht oder im Lauf des Jahres in der ursprünglichen Weise zu empfinden. Zurückgeblieben sind die Sternbilder, deren einstige Bedeutung so gut wie ganz verschwunden ist und einer anderen, einer mythischen, Platz gemacht hat. Altes, einst Lebenswichtiges entschwand. Es wurde ersetzt durch anderes, an das man glauben kann oder auch nicht.

Der schöne, böse und gute Drache

Fabelwesen aus jeder Tiergruppe?

Unter den Fabeltieren nimmt der Drache eine Sonderstellung ein. Kein anderes taucht in den Mythologien und Fabeln so vielfältig, doch allen Variationen zum Trotz so einheitlich auf wie der Drache. Keines erreicht auch nur annähernd den Grad seiner Bekanntheit, vor allem was sein Aussehen betrifft. Drachen hatten mit Prinzessinnen und Helden zu tun, mit Schätzen und Zauberkräften. Sie spien Feuer, tyrannisierten ganze Landstriche und verbreiteten Angst und Schrecken. Sie lebten in tiefen Wäldern oder in Höhlen an Bergen, in denen sie rumorten wie Donnergrollen oder Erdbeben. Manche flogen auch durch die Luft.

Die Deutung des Drachen wird zur größten Herausforderung für die Brauchbarkeit der hier angewandten, historisch-biologischen Analyse. Sie sollte sich auch am Drachen bewähren. Das Ergebnis wird zeigen, inwieweit sie in Konflikt gerät mit den geisteswissenschaftlichen und historischen Betrachtungen oder aber mit diesen übereinstimmt. Da alle einzelnen Schritte der Vorgehensweise für sich genommen kritisch überprüft und mit gesicherten Befunden oder besseren Argumenten widerlegt werden können, bleibt meine Deutung der Drachen weiteren Bearbeitungen, Verbesserungen oder Abänderungen offen. Von folgenden Annahmen gehe ich aus:

(1) Auch für den Drachen hatte es ein wirkliches Vorbild gegeben, das seit langem aber (so) nicht mehr existiert.

(2) Drachen müssen wichtig gewesen sein im Leben der Menschen jener »Drachenzeiten«.

(3) Die grundlegenden Eigenschaften der Drachen sollten Aufschluss über ihre Herkunft geben, nicht die späteren Überformungen, die zustande kamen als sie längst schon zu Fabelwesen gemacht worden waren.

Betrachten wir zum Einstieg in das konkrete Vorgehen noch einmal kurz und zusammenfassend die beiden anderen Leitarten der Fabeltiere, das Einhorn und den Phönix. Das Einhorn ist ein Säugetier. Es war eines und blieb ein solches über all seine Abänderungen, die im Lauf der Zeiten zustande kamen. Das Einhorn ließ sich an seinen Merkmalen diagnostizieren. Auch die Versionen unserer Zeit änderten nichts an seinem Status als vierfüßiges Säugetier von pferdeähnlicher Gestalt mit dem bezeichnenden Horn auf der Stirn, mochte es auch noch so von Licht durchflutet und ätherisch erscheinen. Es galoppiert oder stolziert, hebt den Schweif und behält das Geschehen im Blick mit Augen, die mädchenhaft vergrößerte Wimpern tragen. So durchläuft die Gestalt des Einhorns Variationen, die den jeweiligen »Umweltverhältnissen« entsprechen. Auf diese Weise kommen Metamorphosen zustande. Gestaltet werden diese von den in ihre Zeiten eingebundenen Gesellschaften. Für Biologen liegen die Ähnlichkeiten solcher (kultur)historischer Vorgänge mit evolutionären Prozessen auf der Hand: Das ursprüngliche, in den Beschreibungen sehr reale Einhorn mutiert nach und nach zu seinen neuen Erscheinungsformen, ohne dabei die Grundform zu verlassen. Wie in einer evolutionsbiologischen Analyse heutiger Tierarten kann man die Gestalten des Einhorns auf ihren Ursprung zurückverfolgen. Die Kulturgeschichte gibt nicht nur hilfreiche Hinweise, sondern auch die Begründungen dafür, welche Eigenschaften des Fabeltieres zu welchen Zeiten für die Menschen von besonderer Bedeutung gewesen waren. Den selektierenden Wirkungen der Umwelt vergleichbar, verändern sie Form und Inhalt des nicht mehr real existierenden Tieres. Losgelöst von der Hülle der lebendigen Tierform, erreicht es neue Freiheiten in Deutung und Bedeutung. Ist dieser Prozess weit genug gediehen, wird das natürliche Vorbild überflüssig. Als gedachtes Wesen kann es sich frei entfalten in der nichtmateriellen Welt.

Der Phönix ist ein Vogel. Als solcher machte auch er Wandlungen nach den Grundprinzipien der Evolution durch. Mit zunehmender zeitlicher Distanz vom Ursprung verlor er seine Vogelgestalt zwar nicht, wohl aber seine Greifbarkeit als wirklicher Vogel. Auch er wurde zum »weitergedachten Wesen«, das sich über die Folklore verselbständigte. Dabei büßte er seine feste Substanz ein und begann ein Eigenleben im Denken und in den Erzählungen von Menschen. Vogel blieb er dennoch. Er wurde während seiner Gestaltwandlungen weder Fisch noch Mensch. Als Fabelwesen blieb er auf die Kulturen von Orient und Okzident begrenzt, die seit Jahrtausenden miteinander in Verbindung und Austausch standen, auch wenn sein Mythos weit über die altägyptische Region ausstrahlte, aus der er ursprünglich gekommen war. Menschen, die dem Kulturraum des Mediterranen im Westen und des Orients im europäischen Südosten und seiner Fortsetzung über Indien, Zentral- und Ostasien bis in die von Hinduismus und Islam beeinflusste (heutig) indonesische Inselwelt nicht angehörten, konnten mit dem Phönix nichts anfangen. Dass Vogelgestalten aus anderen Kulturkreisen von eurozentrischen Mythologieforschern im Sinne der ihnen vertrauten Fabelwesen (um)gedeutet wurden, steht zu dieser Feststellung nicht im Widerspruch. Erklärt wird nahezu unweigerlich aus dem eigenen Gesichtskreis heraus.

Vergleichsweise entstanden bei »Seevölkern« Vorstellungen von Ungeheuern in Seen und Meeren, wie vom Levia-

than, Moby Dick der Walfängerzeit oder auch von »Nessie«
bei den Landratten unserer auf Dinosaurier so erpichten
Zeit. Jeden großen Lebensbereich der Erde statteten die
Menschen mit Fabeltieren aus, Luft und Gewässer, Wälder
und Berge, auch ihre Gemeinschaft selbst mit den herum-
geisternden, nicht zur Ruhe kommenden Menschen. Erzählen und Weitererzählen reichen aus, um aus Mücken, wie
es heißt, Elefanten zu machen. Auch in unserer Zeit trifft
es keineswegs nur in der banalen Weise des Sprichwortes
zu, dass aus bedeutungslos Winzigem durch Hörensagen
und Ausdeutung Riesenhaftes entsteht. Inzwischen können
Insekten oder Spinnen täuschend lebensecht auf Elefanten-
größe gebracht werden. Die bloße Vergrößerung zum Ungeheuer ist ein einträgliches Geschäft für die Erzeuger dieser
›Fiction‹ geworden. Bedient wird, wie in alten Zeiten, die
Neigung der Menschen zum Unwirklichen, zum Irrealen.
Vom Anbeginn seiner Entstehung schöpft der Mythos immer wieder neue Kraft zur Ausgestaltung. Es wäre im Hinblick auf die bereits »verarbeiteten« Tiere, wie Löwen und
Einhörner, Adler und Phönix, nachgerade verwunderlich,
könnte der Mythos nicht auch aus Kriechtieren, aus Reptili-
en, Fabelwesen schaffen. Indianischen Mythen zufolge ist es
eine gigantische Schildkröte, die das Weltengebäude trägt.
Schlangen gingen in vielfältigsten Formen in mythologische
Vorstellungen ein. Sie zu deuten gehört zu den besonders
attraktiven Themen der Psychoanalyse. Schlangenmytholo-
gien reichen von der Weltenschlange, die alles umgibt, über
das Symbol des Uroboros (wörtlich griechisch: Schwanzver-
schlinger), der sich selbst in den Schwanz beißt und ver-
schlingt, bis zur Schlange als Symbol des Teufels, der im
Paradies den Anstoß zum Sündenfall gibt, und der sehr direkten Verknüpfung mit dem Sexuellen. Am Asklepios (Äs-
kulap)-Stab diente die Schlange dazu, den Berufsstand der
Ärzte zu kennzeichnen. Und wenn in unserer Zeit – aus

vergleichend anatomischen Gründen – Hirnforscher vom
Reptiliengehirn als Bauteil unseres Menschenhirns sprechen, nähren sie ungewollt die Phantasien vom Reptilien-
haften im Menschen.

All das gibt besten Nährboden ab für das fabelhafteste
aller Fabelwesen: für den Drachen. Es muss ihn geradezu
gegeben haben, weil nicht einzusehen wäre, dass unserem
Hang zum Verzaubern der Wirklichkeit kein Über-Reptil
entsprungen sein sollte. Quetzalcoatl, die Federschlange der
Alten Azteken, wäre (uns) zu wenig. Für einen kraftvollen
Mythos ist sie fast zu niedlich. Die Reptilien geben mehr
her, zumindest seit Knochen ihrer ausgestorbenen Riesen-
verwandtschaft, den Dinosauriern, gefunden worden sind.
Es müsste daher einfach sein, das natürliche Vorbild des
Drachen ausfindig zu machen, selbst wenn es deren mehrere
gegeben haben sollte. Machen wir uns also auf die Suche
danach.

Drachenechsen

Vorbild für den Drachen müssten Kriechtiere, Reptilien, gewesen sein. Das scheint so gut wie sicher. Zumindest passen
die üblichen Schilderungen zur Figur des Drachen am besten zur Körperform des Kriechtieres. Die zoologische Betrachtung verlangt Präzisierung: Schlangen bilden eine eigene Kategorie. Das Fehlen von Beinen, ihr »auf dem Bauche
kriechen«, unterscheidet sie ganz klar von den beiden anderen Hauptgruppen der Reptilien, den Echsen und den
Schildkröten. Die Schildkröten können wir bei der Suche
nach dem Ursprung des Drachen ausschließen. Ihr Panzer,
in den sie sich wie in ein sicheres Haus zurückziehen, entspricht der Panzerung der Drachen ebenso wenig, wie das

Rundliche ihrer Körper zur langgestreckten Form des Drachen passt. Es ist der Echsentyp, der mit weitem, drohendem Maul voller spitzer Zähne, mit Schuppenpanzer, Fortbewegung auf Beinen und langem Schwanz dem Typ des Drachen entspricht. Drachen waren groß, beeindruckend groß und furchteinflößend.

Dass sie in alten Abbildungen oft mit Flügeln dargestellt werden, soll vorerst die Suche nicht behindern oder auf (nicht existierende) Flügelechsen einschränken, denn solche Zusätze können später hinzugekommen sein, als der Mythos bereits existierte und die Freiheiten zur zweckdienlichen Ausformung bot. Somit hat unsere Suche bei den Riesenechsen zu beginnen. Diese Untergruppe der Echsen bietet zwei konkrete Möglichkeiten sowie eine Rekonstruktion und darüber hinaus ein »Psycho-Modell«.

Die beiden konkret in Frage kommenden Reptilien(formen) sind die großen Warane und die Krokodile. Von Waranen gibt es mehr als 30 Arten in Afrika, Süd- und Südostasien und Australien. Ihr Größenspektrum reicht von 20 Zentimetern bis gut drei Metern Körperlänge, ihr Gewicht von 20 Gramm bis 150 Kilogramm. In der Körperform entsprechen sie am ehesten den Vorstellungen, die man sich gemeinhin von Dinosauriern macht, wenngleich nicht annähernd in deren Vielfältigkeit. Warane können sehr schnell laufen, weil ihr Körper von Beinen getragen wird, die ihn besser als bei unseren Eidechsen vom Boden abheben. Denn ihre kräftigen Beine setzen näher zur Körpermitte hin an. Das erleichtert die Aufrichtung. Die Zähne in den Gebissen der Warane eignen sich zum Herausreißen von Fleischstücken auch aus größerer Beute. Die größten Warane, die Komodowarane (*Varanus komodoensis*) leben auf der indonesischen Insel Komodo. Sie können mit ihren ausgesprochen kräftigen Gebissen durchaus Hausbüffel töten. So sind sie als einzige Art der Großwarane auch für

Menschen gefährlich. Alle übrigen Warane stellen keine Bedrohung dar. Geraten sie selbst in Bedrängnis, weil sie ihres Fleisches wegen gejagt werden, verteidigen sie sich mit heftigen, sehr schmerzhaften Schlägen ihres langen, zur Spitze hin peitschenartig auslaufenden Schwanzes. Beißen sie zu, können sie insofern gefährliche Verletzungen verursachen als die von den spitzen Zähnen verursachten Wunden häufig Leichengift tragen. Doch alles in allem bleiben die bis zwei Meter langen südostasiatischen Bindenwarane (*Varanus bengalensis*) und die ähnlich großen afrikanischen Nilwarane (*Varanus niloticus*) harmlos. Bedrohungen von Menschen, ganzen Siedlungen oder Landstrichen gehen – und gingen sicherlich – von ihnen nicht aus. Wo sie vorkommen, können die Menschen seit jeher mit ihnen umgehen. Das gilt grundsätzlich auch für den mit Abstand größten der Warane, den auch als »Komodo-Drachen« bezeichneten Komodowaran. Er kommt nur auf den kleinen (indonesischen) Inseln Komodo, Rindja und Flores vor. Den Europäern war er bis zur Kolonisierung der südostasiatischen Inselwelt durch die Holländer im frühen 17. Jahrhundert unbekannt. Es gibt auch keine Hinweise darauf, dass dieser Waran in früheren Zeiten mit der Vorstellung von Drachen verbunden war und als stark vergrößerte Version in den arabischen, indischen oder persischen Bereich Eingang gefunden hätte. Nur die kleinen, für das Leben der Menschen auf dem Land ziemlich bedeutungslosen Versionen der »Drachen von Komodo« existierten in Afrika und Südasien. Es darf daher mit Fug und Recht bezweifelt werden, dass sie als Vorbild für das Schrecknis, das Drachen verbreiteten, geeignet gewesen wären. Inzwischen ausgestorbene, bis in frühe historische Zeiten lebende Riesenwarane sind nicht bekannt. Es gibt keinerlei Fossilfunde, die auf eine entsprechende Verbreitung in den »Kulturraum des Drachen« verweisen könnten. Die Komodowarane wurden nachträglich, erst in unserer Zeit, als »Drachen« benannt, nachdem ihre Lebensweise auf Fotos und in Filmen entsprechend sensationsheischend dargestellt worden war. Die Warane kommen daher meiner Ansicht nach als Vorbild für die Drachen nicht in Frage. Nicht von ihnen, sondern ungleich mehr von tödlich giftigen Schlangen, wie den Kobras, gingen Gefahren für die Menschen aus. Doch von Südasien bis Nordafrika verstanden es seit alten Zeiten die Schlangenbeschwörer, mit Giftschlangen umzugehen. Es bestand keine Notwendigkeit, sie in mythische Drachen umzuwandeln. Dazu wären sie auch viel zu vertraut gewesen.

Von ganz anderem Kaliber als die großen Warane sind die Krokodile. In Afrika fallen dem Nilkrokodil (*Crocodylus niloticus*) mehr Menschen als den Löwen zum Opfer. Vom Persischen Golf bis nach Nordostaustralien ist das Leisten- oder Salzwasserkrokodil (*Crocodylus porosus*) entlang der Küsten an Flüssen und Lagunen als »Menschenfresser« gefürchtet. Es gilt mit bis zu zehn Metern Länge als das größte und mit Abstand gefährlichste unter den lebenden Krokodilen, aber das Nilkrokodil steht ihm in Größe und Angriffsbereitschaft kaum nach. Krokodile greifen urplötzlich aus dem Wasser heraus an. Sie töten, indem sie die erfasste Beute unter Wasser drücken und ertränken. Mit ungemein kraftvollen Seitwärtsbewegungen des Kopfes reißen sie ganze Körperteile ab. Ihre aus Knochenplatten unter der ledrig-derben Haut bestehende Panzerung machte sie bis zur Entwicklung durchschlagskräftiger Feuerwaffen unangreifbar für Beschuss mit Pfeil und Bogen oder das Speeren mit Lanzen. Allenfalls Kehle und Bauch wären verwundbare Bereiche an den Panzerechsen, doch diese Partien zeigen sie in aller Regel nicht. Sehr gefährlich sind die Schläge mit dem Schwanz, die allein schon einen Menschen oder ein von Wanderhirten zum Wasser gebrachtes Haustier töten können. Wer in Gebieten lebte, in denen es Nil- oder Leistenkrokodile gab, tat gut daran, die Orte ihres Vorkommens zu meiden. Die Herden konnten nur mit größter Vorsicht ans Wasser geführt werden. Allerdings schränkten zwei Umstände die wirkliche Gefahr stark ein. Erstens brauchen Krokodile nur sehr selten Nahrung, weil sie langsam und gründlich verdauen und ihr Stoffwechsel auf sehr niedrigem Niveau verläuft. Zweitens verbringen Nilkrokodile die Trockenzeit, in der das Wasser knapp wird, in Schlammlöchern in einer Art Schlafzustand. Über Wochen oder Monate geht daher von ihnen keine Gefahr aus. Wo Salzwasserkrokodile leben, wird kein Vieh zum (salzigen) Wasser getrieben. Fischer, die mit kleinen Booten, z. B. Einbäumen, flache Gewässer mit Krokodilen befahren, geraten am ehesten in Gefahr. Das Nilkrokodil ist zudem viel weiter als das Salzwasserkrokodil landeinwärts verbreitet. Es kam bis zu seiner Zurückdrängung durch Abschuss fast überall im tropischen und randtropischen Afrika vor, wo es Seen, Flüsse und Sümpfe gibt. Zum Drachenmythos hätten die Großkrokodile also vor allem in Süd- und Südostasien sowie in Afrika werden können. Die Geographie der mythischen Drachen passt weder mit den Vorkommen der Krokodile noch mit einigen wichtigen ihrer Eigenschaften zusammen. Davon gleich mehr.

Betrachten wir vorher noch fossile und spirituelle Drachen.

Funde versteinerter Knochen riesenhafter Reptilien verliehen den Drachenmythen gleichsam feste Substanz. Schädel mit Zähnen so groß wie bei keinem lebenden Tier schienen die Vorstellungen, was Drachen gewesen sein könnten und wie sie ausgesehen haben sollten, zu bestätigen. Lange Zeit galten sie als Beweise dafür, dass es Drachen wirklich gegeben hatte. Doch die Wissenschaft entzauberte diese Fossilien von ihrem Sagenhaften und wies sie einer längst ausgestorbenen Gruppe von Reptilien zu, die sie mit der Sammelbezeichnung Dinosaurier (= Schreckensechsen) benannte. Diese Reptilien gibt es aber schon lange nicht mehr. Sie lebten im Erdmittelalter, also weit vor der Zeit der Menschen. Nicht einmal in deren frühester Frühzeit unserer Entwicklungsgeschichte gab es sie noch. Die letzten Dinosaurier starben vor gut 65 Millionen Jahren aus; die Gattung Mensch gibt es aber erst seit zwei bis zweieinhalb Millionen Jahren. Nicht einmal Menschenaffen hatte es in der Ära der Dinosaurier gegeben. Damals lebten nur ursprüngliche, von den heutigen Formen sehr verschiedene Säugetiere. Somit können in unseren Köpfen auch keine uralten Erinnerungen an die Riesenechsen erhalten geblieben sein, wie mitunter angenommen worden war. Und selbst wenn es sie zur Menschenzeit noch gegeben hätte, wären die gewaltigen Reptilien keine sonderliche Gefahr gewesen, da sie für uns zu langsam waren. Elefanten können auf kurze Strecken erstaunlich schnell laufen und, einmal in Wut geraten, Menschen bedrohen oder töten. Doch Mythen, die dem Drachen einigermaßen vergleichbar wären, ranken sich nicht um solche »sanften Riesen«, etwa deren Eiszeitform des Mammuts. Zudem ist das Spektrum existierender Großtiere wohlbekannt. Im Innern des Kongobeckens suchen zwar Abenteurer immer noch nach dem dort sagenhaften Mokele, bei dem es sich um einen Dinosaurier handeln soll, aber ihre Expeditionen blieben genauso erfolglos wie die Suche nach dem Yeti, dem Schneemenschen auf entlegenen, eisigen Höhen des Himalaja. Längst können wir sicher sein, dass es keine Drachen in Form von überlebenden Dinosauriern mehr gibt. Denn auch die großen Reptilien unterliegen der Naturnotwendigkeit, in Beständen, in Populationen zu leben und sich fortzupflanzen. Einzelstücke können nicht auf Dauer existieren. Die Lebenserwartung der am längsten unter allen größeren Tieren lebenden Kriechtiere, der Riesenschildkröten, übertrifft selten 100 Jahre und erreicht vielleicht im Extremfall an die 200 Jahre. Kein Wirbeltier wird ein Jahrtausend alt oder noch älter. Langsam heranwachsenden Tieren, die sich in großen Zeitabständen fortpflanzen, weil ihre Stoffwechselrate niedrig ist, droht sogar ein erhöhtes Aussterberisiko. Denn sie können zu große Verluste nicht schnell genug ausgleichen. Hinzu kommt, dass solche »Rückzugsgebiete« wie die zentralen Kongosümpfe überhaupt nicht zu den Regionen passen, in denen in früheren Zeiten die Drachen angeblich ihr Unwesen getrieben hatten. Das sagenhafte Mokele lebte, so es dieses gäbe, ähnlich abseitig wie die Großwarane der Insel Komodo.

Stecken die Drachen also vielleicht doch nur in den Köpfen von uns Menschen? Verdanken sie ihre spirituelle Existenz den Übertreibungen, zu denen offenbar viele Menschen neigen? Die mentale Übersteigerung spielt sicher eine wichtige Rolle in der Formung der Bilder, die man sich von den Drachen machte. Aber anfangs sollte es dennoch etwas gegeben oder aber sich ereignet haben, das sich für die Vergrößerung ins Fabelhafte eignet. Riesenspinnen, die Jagd auf Menschen machen, sind deswegen gut vorstellbar, weil es kleine, sehr giftige Arten gibt, deren Biss durchaus tödlich sein kann. Die faustgroßen, haarigen Vogelspinnen des tropischen Südamerika sind zwar vergleichsweise harmlos, aber durch ihre schiere Größe und bedrohliche Bewegungsweise wirken sie furchteinflößend. Die Spinnenangst ist uns angeboren. Und nicht nur uns Menschen allein. Auch Schimpansen und andere Primaten ängstigen sich vor ihnen und gleichfalls vor Schlangen. Dass manche Menschen ausgeprägte Phobien gegen diese Gifttiere entwickeln und die allermeisten auch ohne besondere Angstgefühle vorsichtig Distanz halten, hat also gute Gründe. Was schon in der kleinen Version lebensgefährlich sein kann, lässt sich leicht zum ganz großen Schrecken nachvergrößern. Aus der mit einem

Stock in Schach zu haltenden Giftschlange wird schließlich die ganze Menschen verschlingende Riesenschlange; aus der Vogelspinne das Spinnenmonster. Ein entsprechendes Phänomen hatte ich bereits bei der siebenköpfigen Hydra beschrieben, die Herakles töten musste. Siege über stark übertrieben dargestellte Gefahren machen bekanntlich Helden und erheben sie. In Kreisen von Großwildjägern geht es immer noch um das größte Stück mit der besonders kapitalen Trophäe. Die »Rekorde« werden sogar genauestens ausgemessen. Solchen »Helden« fielen die größten Elefanten, Löwen und Büffel zuerst zum Opfer. Längst gäbe es keine »kapitalen Hirsche« mehr, hätte ihr Geweih nicht den besonderen Trophäenwert, dass es sich doch immer wieder lohnt zuzuwarten, bis dieser oder jener Hirsch die angestrebte Geweihgröße erreicht hat.

Übertreibungen sind wie die Selbstdarstellungen als Held so tief in unserem Menschsein verwurzelt, dass wir stets damit rechnen müssen, dass alles »halb so schlimm« war oder ist, wie es erzählt wird. Aus den täglichen Übertreibungen, von denen die Medien unserer Zeit leben, wissen wir, dass wir gerade das nicht glauben sollten, was uns als besonders sensationell dargeboten wird. Dabei stecken wir in einer psychologisch aufschlussreichen Klemme. Einerseits gieren wir emotional nach Sensationen, andererseits versucht uns die Vernunft auf gebührende Distanz davon zu halten. Bekanntlich mit eher geringem Erfolg, wenn wir uns selbstkritisch betrachten. Die Übertreibungen bedienen ein inneres Bedürfnis. Mit dem Geschichtenerzählen, mit den Märchen, fing es schon in der Kindheit an. Die Zusammensetzung der Medienprogramme haben wir unserer Sucht nach dem Unwirklichen zuzuschreiben. Vor allem Film und Fernsehen bedienen mit ihren bewegten Bildern die Sensationslust. Keine Übertreibung ist zu groß, wenn sie sich nur irgendwie darstellen lässt.

Starten wir nach diesen Zwischenbemerkungen die Suche nach dem Urbild der Drachen aufs Neue. Die »Großen«, wie die Krokodile und Warane, sind bereits aus den geschilderten Gründen ausgeschieden. Die Schlangen auch, denn auf sie beziehen sich eigene mythische Schlangen, wie die Midgardschlange der Germanen, die Hydra oder die sich selbst verschlingende Uroboros-Schlange. Als beinlose, auf dem Bauche kriechende Reptilien sind die Schlangen in all ihren Formen stets von den sich auf Beinen fortbewegenden, mitunter auch häutige Flügel tragenden Drachen klar unterschieden. Den Drachenmythos gab es längst, bevor die versteinerten Knochen von Dinosauriern gefunden wurden, die sich der Figur des Drachen leicht zuordnen ließen. Somit verbleiben für die Suche nach den Vorbildern nur noch die realen Mini-Drachen. In Form von Eidechsen kommen sie nach wie vor in Europa weit verbreitet vor. Noch viel arten- und formenreicher ist die Welt der kleinen Reptilien rund ums Mittelmeer und in den subtropisch-tropischen Zonen Afrikas und Asiens mit Agamen, Geckos, Skinken und Chamäleons. Viele von ihnen sind sehr schnell, können, wie manche Agamen, die Farbe bedrohlich wechseln oder tragen Halskrausen und bizarre Auswüchse an Kopf, Hals und Rücken. Als »kleine Drachen« wirken sie jedoch eher niedlich. Unter ihnen gibt es zudem keine gefährlichen Vertreter mit giftigem Biss, auch wenn manche Agamen beim Versuch, sie zu fangen, durchaus heftig zubeißen. Sie eignen sich zur verniedlichenden Übertragung von Eigenschaften der großen Drachen ähnlich wie die barocken Putten als kindliche Abbilder der Engel. Dass die kleinen Echsen die Ursprünge des Drachenmythos repräsentieren, ist kaum vorstellbar. Wer möchte etwa annehmen, dass sich ohne das wirkliche Vorbild des Adlers aus dem nur taubengroßen Sperber oder gar einem kleinen Singvogel der Aar als Wappenvogel oder der mythische Greif in der Vorstellungswelt der Antike ent-

wickelt haben könnte? Der wilde Jagdfalke braucht sich
selbst als Typus des edlen Falken; die Singvogel-Miniaturen
der »Würger« hätten ihn gewiss nicht hervorbringen können. Ich halte es daher für ausgeschlossen, dass kleine Echsen durch extreme Vergrößerung zu Drachen umgeformt
worden sind. Und ich sehe auch keine Alternativen in der
übrigen Tierwelt, weder bei Säugetieren noch bei den Vögeln, da es unter ihnen keine Formen gibt, die dem »Habitus« des Drachen entsprechen. Dieser als Mythos bereits
existierende Habitus war den Knochen der Dinosaurier
nachträglich übergestülpt worden. Von ihnen abgeleitet ist
er nicht. Das ist ein weiterer wichtiger Punkt für die Suche
nach dem Ursprung der Drachen. Sehen wir uns nun seine
»Figur« genauer an.

Die Figur des Drachen

Die bildlichen Darstellungen von Drachen suggerieren, dass
es sich bei ihnen um Reptilien gehandelt haben müsse. Aber
da sie erst im letzten Jahrtausend gefertigt worden waren,
beziehen sie sich bereits auf die mythische Figur des Drachen. Betrachtet man sie genauer, fallen die Ähnlichkeiten
mit Kriechtieren recht oberflächlich aus. Es ist daher nötig,
einmal die wesentlichen Eigenschaften der Drachen zusammenzustellen, so wie sie den Überlieferungen zu entnehmen
sind.

Diese Fabelwesen waren (1) groß, größer als Menschen
jedenfalls, und (2) lang gestreckt, so dass es im Deutschen
die Bezeichnung »Lindwurm« gab. Sie bewegten sich (3)
langsam auf Beinen, waren also keine beinlosen Schlangen
oder »Würmer«. Ihren Körper bedeckte (4) ein Schuppen-

panzer, der für die herkömmlichen Waffen der Menschen, wie Spieße und Schwerter, undurchdringlich war. Ihr Blut, das Drachenblut, machte (5) unverwundbar. Drachen stießen (6) aus ihrem zahnreichen Maul Feuer oder giftigen Atem aus, der nach Schwefel stank. (7) Sie lebten vornehmlich in Berghöhlen oder in Höhlen in tiefen Wäldern und rumorten (8) darin so heftig, dass die Menschen nicht wagten, in die Drachenhöhlen einzudringen. Aber man wusste, dass sie (9) darin Schätze wie Gold und Edelsteine horteten. Drachen terrorisierten (10) die Menschen der Gegend, in der sie eine Höhle bezogen hatten, und beanspruchten von diesen Nahrung nach Menschenart. Hinzu kam (11) von Zeit zu Zeit ihr Bedarf an Jungfrauen. Und (12) sie verschwanden nach geraumer Zeit auch wieder.

Regional kamen zu diesen allgemeinen Eigenheiten der Drachen besondere hinzu. So gab es im Gebirge auch Flugdrachen, die brennend (!) die Täler überflogen. Drachen suchten nur bestimmte Regionen heim, insbesondere Bergländer, jedoch keineswegs alle, während sie anscheinend von weiten, offenen Ebenen oder sumpfig-flachen Seeufern und weiten Sandstränden am Meer nichts hielten. Als Tiere hätten sie zu den Bergwaldbewohnern gezählt werden müssen, nicht zu Monstern aus Sümpfen, wie die großen Krokodile. Besondere Helden schafften es, die Drachen zu töten, weil sie deren verwundbare Stelle(n) kannten.

Im Mittelalter wurden Drachen dem staunenden, leichtgläubigen Publikum wie zahme Haustiere vorgeführt, wobei es sich offensichtlich um Nachbildungen gehandelt hatte, in denen Menschen steckten, wie wir das von »Pferden« im Fasching oder Zirkus kennen. Zwei Männer schlüpfen dazu in ein entsprechend gestaltetes, oft nach Art von Zebras gestreiftes Pferdehemd mit Kopf aus Pappmaché, lassen sich herumführen, keilen aus und werden sogar »geritten«. Wenn edle Ritter mit dem Zeichen des (über die heidnischen Vorstellungen siegreichen) Kreuzes einen entsprechend gestalteten Drachen im Mittelalter vorführten, mochte das Publikum glauben, Echtes zu sehen, wie bei den vielfältigen Taschenspielertricks der Gaukler. Solche Drachen hatten zwar ein Innenleben in Form von Menschen, waren aber nicht lebendig und das dürfte wohl so manchem Zeitgenossen durchaus bewusst gewesen sein. Doch das spielte keine Rolle, weil es um die Illusion des gefangenen und gezähmten Drachen ging.

Nehmen wir uns diese Zirkusversion etwas genauer vor und greifen wir dazu die alte Bedeutung der Bezeichnung ›Lind(t)wurm‹ auf. Im Gegensatz zum Bedrohliches ausdrückenden Wort Drache meint dieser alte Ausdruck einen »schönen Wurm«. Mit der Linde als Baum hat der Name nicht direkt zu tun, vielmehr überdauerte er den Wandel der Sprache im Frauennamen ›Linda‹, die Schöne! Und schön oder angenehm bedeutet ›lindo‹ auch im Spanischen. Damit stoßen wir auf einen merkwürdigen Kontrast. Wie kann der »schöne Wurm«, der Lindtwurm, der bedrohliche Drache sein? Schaurig schön vielleicht?! Und wie kommt der Drache an der Schnur in die Luft? Woher kommt die Bezeichnung Drache? Der »Kluge«, das *Etymologische Wörterbuch der deutschen Sprache* (24. Auflage von 2002) führt es auf das griechische Wort *drakon* zurück, das sogleich an die »drakonischen Strafen« erinnert, die der um 650 v. Chr. geborene Athener Drakon im Jahre 621 in (zweifellos harte) Gesetzestexte gefasst hatte. Damit löste er allerdings schlimmere Formen der Bestrafung ab, die früher üblich waren, auch wenn uns die »drakonischen Strafen« aus heutiger Sicht überzogen hart vorkommen. Mit *draco* übernahmen die Römer das Wort in ihre lateinische Sprache. Althochdeutsch ist es als *trahho*, altnordisch als *drecki* erhalten. Die Nähe zum lateinischen *trahere* (= ziehen) und (englisch) *treck* führt zu einer ergänzenden Deutung, die zum Lindwurm passt. Der Drache war ursprünglich so etwas wie ein »Zug« gewesen; ein durchaus schöner (Um)Zug, der sich schlängelte. Jedenfalls führt sein Namensursprung nicht zwangsläufig zu einer reptilienartigen Tiergestalt. Der »Kluge« bringt dazu folgende Erläuterung: »Das griechische Wort (gemeint ist *drakon*) bedeutet eigentlich ›der scharf Blickende‹ zu griechisch *dérkomai*, ›ich sehe‹. Das Fabeltier galt als geflügeltes Reptil mit lähmendem Blick.« Und beim Stichwort ›Dragoner‹ erläutert dieselbe Quelle »Leichter Reiter (ursprünglich Infanterist, der sich auch zu Pferde fortbewegen kann) … Entlehnt aus dem französischen *dragon*, dieses aus lateinisch *draco* … ›Drache‹ aus griechisch *drakon*.« So kommt der »Kluge« über die Dragoner-Reiter auch zur anderen Form des Drachen, nämlich zu einem Reiterzug! Das ist nun ein sehr interessanter Befund, denn damit weicht der Ursprung des Wortes Drache noch weit stärker von einem tierischen Vorbild ab, als das aus der Deutung »Fabeltier als geflügeltes Reptil mit lähmendem Blick« hervorgeht. Den »lähmenden – oder starren? – Blick« sollten wir zusammen mit dem Fliegen und der mehr oder weniger ausgeprägten Schönheit als weitere Eigenschaften des Drachen vormerken, die es zu erklären gilt.

Ziehen wir nun eine kurze Zwischenbilanz. Von den 15 als wichtig angesehenen Merkmalen lassen sich höchstens fünf den Reptilien zuordnen, jedoch alles andere als überzeugend. Zehn passen gar nicht. Keine einzige Eigenschaft träfe auf nur ein Kriechtier zu. Beziehen wir Ursprung und Abwandlungen der Bezeichnung ›Drache‹ in die weiteren Überlegungen mit ein, so wird die Schlussfolgerung geradezu unausweichlich: Drachen können keine Tiere gewesen sein. Es handelt sich bei ihnen also nicht um Fabeltiere, sondern um Fabelwesen, deren »Wesen« nicht auf tierische Vorbilder zurückgeht. Was waren sie dann?

Die Antwort hierauf kommt mir ebenso zwingend vor

wie die Ablehnung der Tiernatur der Drachen: Es waren
Menschen, die sich zu Drachen gemacht hatten. Menschen,
die Gründe hatten, anderen Menschen Angst und Schrecken einzujagen, um sie von ihren Drachenhöhlen fernzuhalten, die aber dennoch von den Menschen der Gegend
mit dem versorgt werden wollten, was sie nötig hatten,
eben weil sie Menschen waren.

Menschengemachte Drachen

Sehen wir uns die einzelnen Eigenschaften nun unter der
Annahme an, dass es Menschen gewesen waren, die sich als
Drachen darstellten. Die Größe (1) bedeutet, dass es nicht
nur ein Mensch oder einige wenige Menschen gewesen sein
können, sondern Gruppen, die – hintereinander gereiht und
in eine »Drachenhaut« gehüllt – den Drachen»wurm« (2)
gebildet hatten. Diese Menschen sollten ein starkes Interesse gehabt haben, unerkannt zu bleiben. Sie bewegten sich
dabei zwangsläufig langsam (3) und unter der Last der
Schutzhülle schwerfällig. Diese war als »Schuppenpanzer«
(4) ausgebildet, bestand also aus Platten aus Metall, das so
hart war, dass die gebräuchlichen Pfeile, Schwerter und
Spieße daran abprallten. Hergestellt wurde diese Panzerung
aus glutflüssig geschmolzener Eisenlegierung, dem »Drachenblut« (5), das unverwundbar machte, außer der Geg-
ner kannte die Position des Schlussstücks. Siegfried, der Ni-
belungenheld, hatte das »Lindenblatt« – die Bezugnahme
auf den Lindwurm drängt sich in dieser Bezeichnung geradezu auf – am Rücken. Das ist eine der üblichen, dem Geg-
ner zugewandten Kampfesweise gemäße Position der ver-
wundbaren Stelle. Sie entspricht der »Achillesferse« der

Flüchtenden, die nur beim Weglaufen tödlich getroffen werden konnte. Punkt (6), das Maul, das Feuer spie, giftigen Atem ausstieß und nach Schwefel stank, stelle ich zurück, um weitere Indizien dafür vorzubringen, dass sich Menschen als Drachen verkleidet hatten. Die Betrachtung der Lebensweise der Drachen wird ganz von selbst zu einer plausiblen Erklärung für dieses Attribut führen. Denn sie lebten (7) in Höhlen, und zwar in Gebirgen, und rumorten darin (8), d. h., sie machten einen bedrohlich anzuhörenden Lärm. Nun wirken bekanntlich Hohlräume ganz allgemein als Schallverstärker, aber wenn aus den Eingängen zu den Drachenhöhlen ein Grollen und Getöse wie bei Vulkanausbrüchen kam, so deutet das auf unterirdische Feuer, Sprengungen oder schwere Schläge hin. Folglich arbeiteten die Drachen in den Bergen. Das Ergebnis ihrer Tätigkeiten waren Schätze (9), nämlich Edelsteine und / oder Gold. Die Schatzsuche verrät das Motiv des Rumorens im Berg und der Arbeit in Höhlen. Dass die Bergleute als Menschen selbstverständlich auf menschengerechte Nahrung (10) angewiesen waren, die von der in der Umgebung lebenden Bevölkerung beigeschafft werden musste, versteht sich ebenso von selbst wie der Bedarf an (Jung)Frauen (11) bei längerer Anwesenheit. Schließlich verließen (12) die »Drachen-Menschen« die Gegend wieder, wenn die Erz- oder Edelsteingänge ausgebeutet waren. Die Reste verrieten der örtlichen Bevölkerung, dass die Drachen in ihren Höhlen Schätze gehortet hatten. Edelmetalle und Edelsteine kommen nur in ganz bestimmten Gebirgen vor, nämlich in solchen aus Urgestein oder mit erdgeschichtlich alter vulkanischer Durchdringung, nicht jedoch in den geologisch jungen, aus Meeresablagerungen entstandenen und aufgefalteten Kalkgebirgen.

Auf Europa bezogen, sollten derartig tätige »Drachen« also im Ural, in den alten Mittelgebirgen Böhmens, Ostbayerns, im Erzgebirge (!) bis nach Schottland und in Teilen Skandinaviens sowie in den Alpen im Bereich des sogenannten Tauernfensters (Urgestein), des steirischen Erzberges und in der Schweiz im zentralalpinen Hochgebirge vorgekommen sein. Also überall dort, wo eben das entsprechende Gestein vorkommt. Die geologischen Gegebenheiten bilden das Grundraster für das einstige Auftreten von Drachen, die sich allerdings in ihrer verselbständigten Form von Drachenerzählungen weiter ausbreiteten und dabei verformten. Je weniger konkret die auf fernliegenden Erfahrungen beruhenden Kenntnisse waren, desto freier konnten die Drachen in alle nur denkbaren Formen mutieren.

Nach diesen Erwägungen verbleiben noch zwei Eigenschaften, die es zu erklären gilt. Die eine der beiden bezieht sich auf den Drachenkopf voller schrecklicher Zähne im riesigen Rachen, der Feuer spie, nach Schwefel stank und giftigen »Atem« von sich gab. Feuer und Schwefel können von keinem lebenden Wesen ausgestoßen werden, auch nicht von den Feuerspeiern und -schluckern unter den Gauklern und Schaustellern auf Jahrmärkten. Diese müssen sich bekanntlich entsprechender Hilfsmittel (brennbarer Flüssigkeiten) bedienen. Betrachten wir den »Atem« als giftige Dämpfe, gibt es Erklärungen, welche den alten Überlieferungen durchaus plausibel entsprechen. Alle drei passen zusammen, wie sich zeigt, wenn im Drachenkopf, der wie ein riesiger Hundekopf mit eisernen Zähnen drohte, Feuer gemacht und nach draußen geblasen werden konnte. Das geht verhältnismäßig leicht mit einer tragbaren Esse und Blasebalg. Wird zusammen mit den Kohlestücken Schwefel verbrannt, der sich in den vulkanischen Regionen beim Bergbau finden ließ, und Salpeter hinzu gemischt, entstehen beißende, giftige Gase, während der Blasebalg Flammen schlägt, die nach draußen züngeln. Einfaches Schwarzpulver besteht aus Kohlepulver und Salpeter. Jahrhundertelang ist es zum Sprengen im Fels und als Pulver für die alten Gewehre benutzt worden. Nach Art von Feuerwerksraketen verpackt und über eine hinreichend lange Zündschnur angezündet, lassen sich »raketengetriebene« Drachen von Berghängen abschießen und über das Tal fliegen. Sie stellten gewiss ein ebenso beeindruckendes, wie furchterregendes Erlebnis für die Bewohner der Täler dar, die keine Ahnung hatten, worum es sich handelte. Den nachgebildeten Drachen späterer Jahrhunderte dichteten sie konsequenterweise die Flügel an. Dass die weit übermenschengroßen Fabelwesen nie und nimmer hätten mit Flügeln fliegen können, spielte keine Rolle mehr, als die Drachen zum Mythos geworden waren.

Eine andere, in der Antike bekannte und dann wieder völlig in Vergessenheit geratene Möglichkeit, Feuer zu »speien«, stammte vom »griechischen Feuer«. Grundlage war Petroleum, das entzündet und ähnlich wie mit Flammenwerfern auf gegnerische Schiffe oder in befestigte Städte hineingeschleudert wurde. Die Griechen waren mit dieser Technik vertraut. Thukydides zufolge, der etwa von 460 bis 400 v. Chr. lebte, benutzten 424 v. Chr. die Böotier im Peloponnesischen Krieg eine Art Flammenwerfer als »Feuermaschine«, als sie Delion belagerten. Jochen Gartz (2007) führt dazu aus und zitiert: Thukydides' »Beschreibung erinnert an einen modernen Flammenwerfer. In einem mit Blasebalg versehenen Bronzekessel tauchte ein eisenbeschlagenes Holzrohr in die Brandmischung ein, das durch Drehung auf beliebige Ziele gerichtet werden konnte: ... als die Bedienungsmannschaft an dem Ort angekommen war, ließ sie den Blasebalg stark spielen und blies in den Kessel. Da nun der Wind in den Kessel ging, in dem sich glühende Kohlen, Schwefel und Erdharz befanden, wurde dadurch eine so gewaltige Flamme entfacht, die gegen die Mauer schlug, dass niemand mehr auf dem Wall bleiben konnte, sondern die Krieger die Flucht ergriffen.«

Weiter stellt Jochen Gartz fest, dass sich »die Anwendung von Brandgemischen unter Zusatz von leicht entflammbaren Substanzen wie Schwefel, Harzen, Ölen oder Erdpech (Asphalt) für Indien und China bis in das 2. Jahrtausend v. Chr. zurückverfolgen lässt«. Wenn Drachen Feuer spien, dann erregte diese Fähigkeit verständlicherweise unter den in den abgeschiedenen Bergregionen Europas lebenden Menschen Angst und Schrecken. Die wahre Natur der Drachen ließ sich hinter dem Feuerspeien bestens verbergen. Die Verkleidung brauchte gar nicht so perfekt sein, weil die Angst keine genaueren, kritischen Blicke zuließ.

Erst im Zuge ihrer Verwandlung zum Fabelwesen vertierlichten die Drachen. Im christlichen Mittelalter bot sich der Drache geradezu ideal dafür an, mit dem Satan gleichgesetzt zu werden, verbrauchte er doch in seinem unterirdischen Leben auch junge Frauen. Die Menschen von der Plage des Drachen befreien konnten besonders edle (= reine) Ritter. Die Schwachstelle der Drachen, ihre Verwundbarkeit von unten her, blieb zwar dem gewöhnlichen Volk verborgen, nicht aber den mit mehr oder weniger ernsthaften, stark formalisierten Kämpfen vertrauten Rittern. Und wiederum nach dem Grundmuster, wie sich alte Sagen fortpflanzen, den Kern dabei dennoch bewahren, wenngleich sie mannigfache Abwandlungen durchmachen, blieb die vage Kunde von der Verletzlichkeit der Drachen erhalten. Sie verdichtete sich in der Figur des Drachentöters. Ritter Georg, der Drachentöter, wurde zum Heiligen erhoben. Denn für das Mittelalter, insbesondere in seiner von gesellschaftlichen und kulturellen Turbulenzen so heimgesuchten Spätzeit, bot sich die Umdeutung der Drachen als Verkörperung des Satans geradezu an. Diese vereinten mit ihrer unterirdischen, den gewöhnlichen Menschen verborgenen Lebensweise, mit dem Anhäufen von Schätzen und der Gier nach jungen Frauen so perfekt die wesentlichsten Eigenschaften des Bösen, dass Satan mit der Figur des Drachen personifiziert und vielfach als solcher dargestellt wurde. Nicht nur der heilige Georg, auch Christus selbst wurde zum Drachentöter stilisiert. Im Drachen hatte das Böse noch überzeugender Gestalt angenommen als in Form der Schlange im biblischen Sündenfall. Doch wie der Teufel durchaus männliche Gestalt nötig hatte, die zu den Menschen passte, weil er sich sonst nicht so leicht in deren Welt hätte einschleichen können, bekam auch der Drache im Lauf der Zeit menschliche Züge. Seine Gestalt ließ sich fast nach Bedarf abwandeln. So beispielsweise auch zum (weiblichen) Hausdrachen. Von seinen ursprünglichen Eigenschaften blieb darin nicht mehr viel übrig. Der Prozess der Mythologisierung führte in die Transformierung. Aus den Bergmännern, die, um ihre Tätigkeit zu verbergen, einst die Drachen ganz real dargestellt hatten, war zunächst ein Tier geworden, das als Vorbild für die volksnahe Darstellung des Bösen diente, sich sodann in den Teufel und seine »Großmutter« aufspaltete und in einer weiteren Ausprägung als nunmehr ganz wirklicher, weil lebendiger Hausdrache Einzug hielt in die schon deutlich aufgeklärtere abendländische Gesellschaft. Unsere Kinder erleben die Drachen nun als mehr oder weniger gelungene Rekonstruktionen der vor Urzeiten ausgestorbenen Dinosaurier.

Was spricht gegen diese Deutung der Drachen? Sicherlich lassen sich psychologische Einwände erheben, die von Archetypen in den Empfindungen der Menschen ausgehen. Ich habe bereits betont, dass wir als Menschen generell extrem anfällig für Übertreibungen sind. Aber dennoch meine ich, dass auch das Übertriebene eine reale Grundlage gehabt haben musste. Nichts wird völlig frei aus dem Nichts erfunden. Nach den beiden Grundprinzipien der evolutionsbiologischen Argumentationsweise gehe ich erstens davon aus, dass die Drachen anfangs »wichtig« gewesen sein müssen; bedeutender als Schlangen oder die praktisch durchwegs harmlosen Echsen. Alle realistischen tierischen Vorbilder geben diese Wichtigkeit nicht her. Sie lassen sich allenfalls nachträglich anhängen, wie etwa der nette kleine Flugdrache (*Draco volans*) der südostasiatischen Regenwälder, der mit einer von abgespreizten Rippen gebildeten Flughaut von Baum zu Baum gleitet. Und zweitens musste ihre Bedeutung lange genug andauern, dass eine Mythologisierung zustande kommen konnte. Denn erst über die Nachwirkung wird verständlich, warum es zur Mutation zum Fabelwesen kam. Der ursprüngliche Zusammenhang durfte dabei nicht schon mit etwas kritischem Nachdenken offenkundig werden, sonst hätte sich eine natürliche Erklärung zu schnell durchgesetzt. Die Umformung zum geheimnisvollen Fabelwesen, die Mythologisierung, musste den Menschen mehr bieten als die Aufklärung darüber, worum es sich eigentlich gehandelt hatte. Das ist beim Drachen mit der Übertragung auf den Teufel und die volkstümliche Sichtbarmachung des Bösen in Form von Drachenbildern und Gleichnissen zweifellos gelungen. Aber müssen es wirklich Bergleute, die nach Gold und Edelsteinen schürften, gewesen sein, die hinter den Drachen steckten? Diesem Einwand ist zu entgegnen, dass jede Deutung grundsätzlich widerlegbar bleiben sollte, damit sie nicht zum Dogma gerät. Wenn eine andere Deutung die zwölf aufgelisteten Eigenschaften des Drachen und die Begleitumstände besser als die hier vorgelegte begründen kann, ist das (selbstverständlich auch von mir) zu akzeptieren. Ein bloßes »es könnte auch anders gewesen sein!« reicht jedoch als Gegenargument nicht aus. Bei den Einwänden seitens der Psychologie oder der mythologischen Forschung wird daher vor allem zu prüfen sein, was eine wie auch immer geartete Grundkenntnis des Drachen als Wesen bereits voraussetzt und in eine nachträgliche (Um)Deutung mit einfließen lässt, und was wirklich (bzw. hinreichend wahrscheinlich) als

Ursprung des Drachenmythos feststeht. Allzu schnell gerät man ansonsten in die Falle der »Henne-und-Ei-Problematik«. Vielleicht erscheint meine Erklärung des Drachen zu banal. Doch kompliziert lässt sich alles machen. Als wahrscheinlichste Lösung gilt jene, die mit der geringsten Zahl von zusätzlichen Annahmen auskommt und kritisch überprüfbar bleibt. Ist die Deutung so strukturiert, dass sie mit besseren Fakten widerlegt werden kann und nicht geglaubt werden muss, erfüllt sie die Grundkriterien einer wissenschaftlichen Hypothese. Ob die »Lösung« den Wunschvorstellungen entgegenkommt oder nicht, bewegt sich auf einer anderen Ebene jenseits der (natur)wissenschaftlichen Erörterung.

Die Motivation

Mit der plausiblen Verknüpfung der typischen Eigenschaften des Drachen mit Menschen, die ihn buchstäblich als Deckmantel benutzten, um ungestört ihre bergmännische Suche nach Edelsteinen und Gold ausführen zu können, erklärt sich die wohl wichtigste Motivation, die hinter dem Drachen stand: Geheimhaltung. Die Bergleute wollten nicht, dass ihr Tun der örtlichen Bevölkerung bekannt wurde. Sie hatten gute Gründe, diese einzuschüchtern und von ihren Höhlen fernzuhalten. Im Film *James Bond – 007 jagt Dr. No* von 1962 dient ein mechanischer, panzerartiger Drache diesem Zweck der Geheimhaltung durch Einschüchterung. Das dröhnende Fahrzeug spuckt Feuer über Flammenwerfer, ist gepanzert und drachenartig gestaltet. Es verängstigt die Menschen jener (fiktiven) Karibikinsel so sehr, dass sie das verbotene Gelände nicht aufzusuchen wagen, auf dem die Rauschgiftpflanzungen angelegt sind. Der edle Ritter im

Dienste Ihrer (britischen) Majestät, der Geheimagent 007, durchschaut den Trug und besiegt schließlich den / das Böse / n. Rauschgift hier, Edelsteine dort; es waren und sind Schätze, die von »Drachen« in den jeweils zeitbedingten Formen geschützt werden. Der Vergleich mit dem James-Bond-Film deckt nun eine Schwäche in meiner bisherigen Erklärung zum Drachen auf. Dr. No ist der große Rauschgiftdealer Mr. Big im Süden der Vereinigten Staaten. Für sein vom Panzerwagen-Drachen auf der Insel geschütztes Produkt gibt es Abnehmer in einem anderen, einem reichen Land. Seine Männer stammen von dort, jedenfalls nicht von der Insel, um die es geht. Auf dieser sind sie Fremde. Ihr Tun hier bringt dort, in den USA, den großen Gewinn. Sie haben wie ihr Anführer Dr. No eine unmittelbare (= proximate) Motivation und ein viel weiter reichendes (= ultimates) Ziel. Die unmittelbare dient dem Schutz des Produkts. Das dazu Nötige verkörpert der Drache. Die eigentliche Zielsetzung steckt im letztendlich zu erwartenden, späteren Gewinn an anderer Stelle. Sie verkörpert die ultimate Motivation. Wenden wir dieses Grundmuster, dem sehr viele Abläufe im evolutionsbiologischen und ökologischen Bereich entsprechen, nun auf das zur Diskussion stehende Fabelwesen Drache an, so fehlt in meiner Deutung das wichtigste Stück, nämlich:

Woher kamen die Schatzsucher?

Wohin gingen sie mit ihren Schätzen?

Weshalb kannten sie die Stellen, an denen die Suche lohnte?

Warum wussten die Einheimischen nichts vom Reichtum, der in ihren Bergen steckte?

Wer waren diese Menschen, die sich der Tarnung des Drachen bedienten?

Die bisher vermeintlich vollständige Erklärung war also im Oberflächlichen (im Proximaten) steckengeblieben. Noch fehlen überzeugende Antworten auf die obigen ultimaten Fragen, um zu einer wirklich umfassenden Deutung der Drachen zu kommen. Die unmittelbare Motivation reicht dazu nicht.

Die Schatzsucher

Die Annahme, dass es sich bei den Drachen um Menschen gehandelt hatte, die sich der Verkleidung bedienten, um ihren Zwecken möglichst ungestört nachgehen zu können, hat zweifellos viel für sich. So vereinigt sie das Schreckliche des Untiers mit der Schönheit des Lindwurms, was sich zunächst widersprochen hatte. Für die Menschen jener Gegenden, die von Drachen heimgesucht wurden, war deren Erscheinen zweifellos etwas Neues. Die Drachen lebten bei ihnen nicht seit jeher in den Höhlen, aber lange genug, um für die regionale Bevölkerung eine Belastung zu werden. Die Drachenfabeln gleichen den Märchen, wenn sie »vor langer Zeit …« beginnen. Einen Anfang gab es jedoch offenbar in jedem Fall. Darauf wird nicht näher eingegangen, wohl weil es die Erzähler für selbstverständlich hielten, dass der / die Drache/n irgendwann von irgendwoher gekommen war/en. Sie zogen sich ja auch wieder zurück, ursprünglich zumindest. Die Drachentötungen fallen in den historisch viel späteren Bereich, als sich im Mittelalter das Christentum der Drachen bereits bemächtigt hatte. Daraus lässt sich, zumindest in grobem Rahmen, die Zeit abschätzen, um die es ging. Die Anzeichen deuten darauf hin, dass die Drachen schon vor der Christianisierung aufgetreten waren und in eine Periode fallen, in der die Völker und Sippen in Bewegung waren. Das ist die Zeit der Völkerwanderung. Sie erstreckt sich über die »finsteren Jahrhunderte« der Geschichtsschreibung. Die

Ordnung des Römischen Imperiums war zusammengebrochen. Es gab, abgesehen vom östlichen Mittelmeerraum, keine festen Reiche mehr. Selbst im Kernbereich des Imperiums der Römer kam es zu heftigsten Turbulenzen, vor allem im Westteil. Ostrom, Byzanz, blieb ein weiteres Jahrtausend lang deutlich stabiler, bis es schließlich 1453 auch fiel. Bei der Einnahme durch die Osmanen hatte es jedoch längst den größten Teil des früheren Einflussbereiches verloren. Im Westen bildeten sich indessen seit dem 8. Jahrhundert mit dem Frankenreich Karls des Großen neue raumgreifende Machtstrukturen aus, die zwar nicht annähernd die Beständigkeit des alten Römischen Reiches erlangten, aber dennoch die wirren Verhältnisse der vorausgegangenen Jahrhunderte wieder weitgehend stabilisierten. Ein Bollwerk gegen Eindringlinge aus dem Osten baute sich mit dem Frankenreich auf. Es hielt nicht allen Angriffen stand, wehrte aber im Großen und Ganzen den Zustrom aus Asien ab, die Hunnen und die Magyaren, die Mongolen und die Türken und mehrere andere, kleinere Invasionsversuche.

Das historisch größte Ereignis in diesem Zusammenhang war der »Mongolensturm« im 14. Jahrhundert unter Dschinghis Khan und seinen Nachfolgern, bei dem für kurze Zeit das größte zusammenhängende Reich überhaupt aufgebaut wurde. Es reichte von China im Fernen Osten über ganz Nord- und Zentralasien bis weit nach Europa hinein und übertraf damit die Sowjetunion der zweiten Hälfte des 20. Jahrhunderts mit etwa der doppelten Fläche. Beide Riesenreiche waren viel zu groß, um sich für eine historisch nennenswerte Zeit halten zu können. Weit wirkungsvoller und bis in die Neuzeit nachwirkender war der Vorstoß der Türken, die sich, geographisch gesehen, als großer Keil in die indoeuropäischen Völker zwischen Persien und den slawisch-griechischen Siedlungsbereich erfolgreich hineinschoben. Wie alle Verschiebungen größerer Völkerschaften lösten sie Kettenreaktionen unter den anderen aus, Völkerwanderungen genannt. Die rund fünf Jahrhunderte nach dem Zusammenbruch des Weströmischen Reiches werden in der europäischen Geschichte als Zeit der Völkerwanderung zusammengefasst. Die Nibelungensage bezieht sich auf diese Zeit. Die Nibelungen zogen als »Burgunder« rheinaufwärts und wollten donauabwärts weiter. Ihre Sage beschreibt den Konflikt mit den Hunnen, deren bekanntester Anführer Attila (= Väterchen) als König Etzel darin auftritt. Der Weg war für die Burgunder nicht ganz so neu, wie es den Anschein erwecken mag, denn die Römer hatten Vorfahren von ihnen aus der Gegend am Niederrhein, von wo sie gekommen waren, ein gutes halbes Jahrtausend vorher bereits am Zusammenfluss von Donau und Inn im heutigen Passau angesiedelt. Der Name Passau bezieht sich auf die niederrheinisch-germanischen ›Bataver‹ in diesem strategisch so wichtigen römischen Lager Castra Batava. Es musste im Jahre 476 n. Chr. von den Römern vollends aufgegeben werden. 453 starb Attila, und das Hunnenreich zerfiel.

Dieser kurze historische Ausflug soll die Verhältnisse charakterisieren, die in der Zeit zwischen dem Zusammenbruch des Römerreiches und dem deutschen Hochmittelalter herrschten. Die Christianisierung der Germanen und Slawen kam schleppend voran, bis sich neue, hinreichend stabile Machtstrukturen gebildet hatten. Die Menschen lebten sehr isoliert voneinander in ihren örtlichen und regionalen Gemeinschaften. Die Völkerwanderung selbst hatte sicherlich ganz erhebliche Verluste an Menschenleben verursacht, so dass es zwischen dem 3. und 8. Jahrhundert wahrscheinlich insgesamt zu einem Bevölkerungsrückgang in weiten Teilen Europas gekommen war. Es lag nicht allein an den vielen Toten, die bei den jahre- und jahrzehntelangen Wanderungen buchstäblich auf der Strecke geblieben waren, und an den kriegerischen Auseinandersetzungen unterwegs, dass die Bevölkerung insgesamt abnahm, sondern auch an der häufig sehr ungünstigen Witterung. Die Klimaverschlechterung in dieser Periode war wohl der Hauptverursacher der großen Verschiebung der Völker. Diese drückten von Osten und Norden nach Süden und Südwesten, also zum günstigeren Klima hin. Erst mit Beginn der mittelalterlichen Warmzeit, die ihre Höhepunkte im Hochmittelalter zwischen 900 und 1200 erreichte, verbesserten – und stabilisierten – sich die Verhältnisse. Die Bevölkerung wuchs, so dass es im zentraleuropäischen Großraum vor Beginn der erneuten Klimaverschlechterung um 1350 und dem ersten großen Seuchenzug der Pest (1347–1352) wahrscheinlich über 70 Millionen Menschen in Mitteleuropa gab. Diese Bevölkerungszunahme erzwang die Ausweitung der landwirtschaftlichen Produktionsflächen. Ermöglicht wurde sie vom dafür günstigen Klima, das auch umfassende Trockenlegungen von Mooren und Sumpfgebieten zuließ. Diese Kultivierungsleistung wurde hauptsächlich von Klöstern erbracht. Die großen, vom Römer Tacitus in seiner *Germania* als »finster« beschriebenen Wälder wurden gerodet, bis nur noch sehr wenig Wald überhaupt übrig war. Zur erneuten Ausbreitung von Wäldern kam es, als die Pest, die bis über ein Viertel der Bevölkerung, örtlich noch größere Anteile davon, dahingerafft hatte, und durch häufige Missernten ausgelöste Hungersnöte über die spätmittelalterliche Gesellschaft hereinbrachen. Zeitgleich rückten in den Alpen die im Hochmittelalter fast verschwundenen Gletscher wieder vor. Ihre Eismassen überdeckten Zeugnisse früheren Bergbaus in großen Höhen, wie in den österreichischen Hohen Tauern. Ich komme darauf zurück.

Das Spätmittelalter und, nach einem knappen Jahrhundert günstigeren Klimas, die frühe Neuzeit waren für große Bereiche Mittel- und Mittelosteuropas schlechte Zeiten, in denen vielfach Hunger und Krankheiten die Menschen heimsuchten und Kriege nicht mehr aufzuhören schienen. An die Stelle des heiteren Minnesangs im Hochmittelalter mit fröhlichen Ritterspielen waren, meisterhaft von Albrecht Dürer dargestellt, »Ritter, Tod und Teufel« (1513) getreten. Die Neue Welt Amerikas blieb zunächst weitgehend den damaligen Westmächten Portugal und Spanien, später den Franzosen und Briten sowie den Holländern in Fernost (Indonesien = Holländisch Indien) vorbehalten. In dieser Zeit des Übergangs vom Mittelalter in die Neuzeit formten sich die Märchen und Legenden, die Sagen und die Fabeln aufs Neue. Aus den mündlichen Überlieferungen, die sich sehr rasch sehr stark verändern konnten, wurden schriftliche mit der Entwicklung des Buchdrucks, in dem nun auch Bilder vervielfältigt werden konnten. Diese Bilder prägten die weiteren Vorstellungen von Fabelwesen, wie den Drachen, viel stärker als die Erzählungen. Denn diese schränkten die Phantasie nicht nur nicht ein wie die gedruckten Bilder, sondern regten die Zuhörer an zu individueller Ausschmückung.

Wenn diese Überlegungen im Großen und Ganzen zutreffen, liegen rund 1000 Jahre zwischen den wirklichen Drachen und ihrer Umformung zu Fabelwesen bzw. zu ihrer Verkörperung des Bösen. Ein Jahrtausend ist eine lange Zeit. Vielleicht ist diese Zeitspanne sogar zu kurz gegriffen und die Drachenzeit reicht noch weiter zurück. Dies besser zu klären ist eine Herausforderung an die historische Wissenschaft. Aber vielleicht gibt es Lösungen auf anderen Wegen. Denn wenn meine Deutung stimmt, dass die Drachen getarnte Schatzsucher gewesen waren, sollten deren Funde noch zu finden und mit modernen physikalischen Methoden nach Herkunft zu bestimmen und nach dem ungefährem Alter zu datieren sein. Damit kommen wir wieder zurück zur Ausgangsfrage, woher die Schatzsucher gekommen waren. Die Völkerwanderungszeit stellt lediglich eine grobe historische Eingrenzung dar. Der Druck kam von Osten und Norden. Die Völker des Nordens waren Germanen. Sie scheiden aus, weil es ja germanische Bevölkerungen gewesen waren, von denen die uns direkt überlieferten Drachengeschichten stammen. Also sollten wir bei den Völkern »des Ostens« ansetzen. Die Serben könnten ein Wegweiser dafür sein. Ihre Bezeichnung hängt mit Silber (serbisch *srebro*) zusammen. Im weiter entfernten Vorderen Orient und in Nordindien gehören Silberschmiede, Goldschmiede und die Verarbeitung von Edelsteinen seit alten Zeiten zu den geschätzten Handwerksberufen. Im antiken Sagenschatz der Hellenen ging es um das Goldene Vlies aus der Landschaft Kolchis am Schwarzen Meer. Und in der *Odyssee* führt Homer einen Drachen an, so groß wie ein Schiff, der das wertvolle Stück bewacht. Es stammte von jenem mythischen Widder *Chrysomeles* (»Goldstück«), in den sich der Götterbote Hermes verwandelt hatte, um zwei von ihrer bösen Stiefmutter verfolgte Königskinder, die Zwillinge Phrixos und Hélle, nach Asien in Sicherheit zu bringen. Das Mädchen Hélle stürzte dabei ins Meer, als der sie tragende Widder von Europa nach Asien übersetzte. Hieraus leitet sich die Bezeichnung Hellespont für die dortige Meerenge ab. Der Knabe Phrixos, dessen Name eine bezeichnende Ähnlichkeit mit dem Goldsticker (lateinisch *phrygio*) hat, kommt heil nach Kolchis (das in etwa dem heutigen Georgien entspricht), wo er gastlich empfangen wird. Zum Dank für die Rettung opfert er Zeus den »Goldstück«-Widder und schenkt dessen Fell, das Goldene Vlies, dem König. Dieser bewahrt es im heiligen Hain auf, der dem Gott Ares geweiht war. Ein großer Drache bewacht es, von dem es heißt, dass er niemals schläft. Im Klartext bedeutet das wohl, dass das Gold bzw. die Goldquelle rund um die Uhr abwechselnd von entsprechend gerüsteten Soldaten bewacht worden war und der König selbst keinen so rechten

Zugriff dazu hatte. Denn er will Jason das Fell nur dann überlassen, wenn es ihm gelingt, den Drachen zu töten. Dazu verhilft ihm Medea, die zauberkundige Tochter des Königs, die sich heftig in den schönen Griechen Jason verliebte und ihm dann als Frau zurück nach Griechenland folgt. Tatsächlich bestätigten Funde im 19. Jahrhundert den besonderen Goldreichtum der Kolcher. Es gab Stoffe, die aus feinen Goldfäden gewirkt waren. Schaffelle, die in die Goldstaub führenden Flüsse gelegt wurden, hielten diesen Staub zurück, wenn oberhalb der Auswaschungsstelle der Feinsand aufgewirbelt und mit der Strömung über das Fell getragen wurde. Dem Geschichtsschreiber Strabon zufolge blühte die Kunst der Goldverarbeitung vor allem vom 6. bis zum 4. vorchristlichen Jahrhundert auf, also vor zweieinhalbtausend Jahren. Strabon selbst deutete die Fahrt der Argonauten als Raubzug nach Gold. Dass das Gold in den Bächen und Flüssen von irgendwo oben aus den Bergen kommen musste, war wohl auch damals schon den Goldsuchern klar. Das Wasser wies mit seinem Weg talwärts die richtige Richtung nach oben zu den Quellen des Goldes. Wie reich die Goldvorkommen in jenen Zeiten gewesen waren, belegt unter vielen anderen Funden insbesondere das Gold der Skythen, eines Reitervolkes aus den südrussischen Steppen. Die jüngsten Ausstellungen ihrer Goldschätze, die sicherlich nur einen winzigen Ausschnitt des tatsächlichen Bestandes darstellen, unterstreicht die Kunstfertigkeit, mit der damals das edelste der Metalle bereits verarbeitet wurde. So großartige Techniken entstehen nicht, wenn die Grundsubstanz nur äußerst selten zur Verfügung steht. Gold hatte bereits in der Antike hohen Wert. Die Goldquellen geheim zu halten war sicherlich genauso höchstes Gebot wie heute unter den Goldsuchern in Amazonien. Umso bezeichnender ist es, dass ein »Drache, so groß wie ein Schiff« (der damaligen Zeit selbstverständlich) das Goldene Vlies bewachte. Drachen können sich nur die entsprechend Mächtigen leisten, damals wie heute. Die Spur nach (Süd-)Osten sieht somit erfolgversprechend aus. Menschen, die das Handwerk der Gold- und Silberschmiede sowie das Schleifen und Fassen von Edelsteinen beherrschten, lebten und leben dort. In der Geschichte sind Goldschätze und Goldquellen niedergeschrieben. Die Alten Ägypter kannten die Goldländer im Süden: Nubien, das Königreich Saba im Süden der Arabischen Halbinsel und das legendäre Goldland Punt, das wohl noch tiefer in Afrika lag. Die Goldsuche hat also eine lange Tradition. Vieles spricht dafür, dass die seltenen Edelmetalle Gold und Silber am Anfang der Nutzung von Metallen standen und das profane Eisen als Massenprodukt zuletzt kam, so wie nach Ovid in den *Metamorphosen* am Anfang der Zeiten das »Goldene Zeitalter« stand. Auf dieses folgte das Silberne und dann das Eiserne, das Zeitalter der Kämpfe und Kriege, der Rüstungen und Verwüstungen. Die Kenntnis der Goldquellen und die Kunst der Goldverarbeitung stammen aus dem Orient. Sie gelangten erst mit erheblicher Verspätung in den keltisch-germanischen Raum in der Mitte, im Norden und Westen Europas. Das Reich des Drachen erstreckt sich über all diese frühen Goldländer. Aber nur die Unkundigen, die nichts von der wahren Natur der Drachen wussten, beeindruckten diese Gebilde der Fabel.

Das Land des Drachen

Dem »Woher« haben wir uns nun wohl einigermaßen plausibel genähert. Aber versuchen wir noch weiter auszugreifen. Dazu verhelfen die Drachen selbst. Denn jenseits des

gewaltigsten Gebirges der Erde im Ostteil Asiens stellen die
Drachen keine bedrohlichen Gebilde dar. Sie waren und sind
dort Glücksbringer. Bizarre, hundekopfartige und meist
recht bunt gestaltete Masken formen den Kopf, der genau
den alten Schilderungen des Drachenkopfes entspricht. Anstelle von Feuer und giftigen Gasen zeigt er nach Hundeart
eine baumelnde Zunge. Unter einer Decke schließen sich
nun mehrere bis viele Menschen an, die den Drachen zum
sich windenden, lang gezogenen Gebilde werden lassen, das
dem Volk vorgeführt werden kann; ein schöner Wurm, ein
Lindwurm also. Er symbolisiert Reichtum. Man kann sich
leicht vorstellen, dass in alten Zeiten die erfolgreichen Bergleute mit ihren Schätzen zurückkamen und sich in Form ihres Drachenzuges der Allgemeinheit präsentierten. Das ist
genau das Prinzip des »Umzugs«, wie es auch in religiösen
Prozessionen praktiziert wird.

China, das Reich der Mitte und Sitz des »Drachenthrons«,
hat die Natur nur an den Rändern mit Edelmetallen und
Edelsteinen gesegnet. Die ferne Bergwelt im Westen bildete
aus chinesischer Sicht die Quellregion des Goldes. Und dort,
im Innern Asiens, ragt auch der Erz-Altai, das Gold-Gebirge
im Altai-Gebirge, empor. Es gehört zur erdgeschichtlich alten, zur sogenannten variszischen Faltung aus der Spätzeit
des Erdaltertums (vor 300 bis 400 Millionen Jahren). Im
viel jüngeren Tertiär als vor gut 30 Millionen Jahren die Alpen vollends aufgefaltet worden waren, wurden die alten
Gebirge unter dem ausgreifenden Druck dieser Faltung zer-
brochen. Gold führende Gänge gelangten dadurch an die
Oberfläche und wurden »zugänglich«. Zusammen mit dem
Ural bildet das Altai-Gebirge das Kernstück alter, an Edelmetallen reicher Gebirge Eurasiens, zu denen weiter westlich in Europa auch die deutschen Mittelgebirge und das
Schottische Hochland gehören. Aus dem Vorfeld des ural-
altaiischen Gebirges stammen zentralasiatische Kernvölker,

die mit der Sammelbezeichnung Ural-Altaier versehen worden sind. Aus einem ihrer Zweige entstanden die Indoeuropäer. Andere Abkömmlinge der Ural-Altaier hatten sich südostwärts gewandt und in heutigen westchinesischen Territorien niedergelassen, als die Gobi noch nicht so wüst und unwirtlich war. Auch im Uralgebirge herrschte in der warmen Nacheiszeit mehrere Jahrtausende lang weit günstigeres Klima als in der Gegenwart. Die ural-altaischen Völker kamen in Bewegung als sich vor etwa 6500 Jahren ziemlich plötzlich das Klima massiv verschlechterte und die nach Süden und Südwesten gerichtete Ausbreitung der Indoeuropäer auslöste. Die heutigen klimatischen Verhältnisse vermitteln einen anderen, für die früheren Zeiten unzutreffenden Eindruck. Jedenfalls ist davon auszugehen, dass an den Verwerfungszonen dieser Gebirge, die aus dem Erdaltertum stammen, die ersten Erfahrungen mit Gold und mit Erzgängen gemacht worden waren. Von dort verbreiteten sich die Kenntnisse. Hauptabnehmer der Schätze waren für die Altairegion aus naheliegenden Gründen China und für die weiter westlich davon gelegenen Fundstellen die Hochkulturen des Vorderen Orients.

Die Gesteine der alten Gebirge lassen sich verhältnismäßig leicht vom Kalkstein der jungen Faltengebirge und vom einförmigen, unverkennbaren Granit unterscheiden. Dieser enthält zwar im Gegensatz zum Kalkstein »Katzengold« (Glimmerschiefer), aber wie es die Bezeichnung ausdrückt eben solches, das nur glänzt und doch kein Gold ist. Die »Goldleute« konnten sich anhand des Geschiebes, das die Bäche und Flüsse führten, und an der Zusammensetzung des Sandes orientieren, welches Gestein die Berge bildete, aus denen das Wasser kam. Voraussetzung war, dass sie die entsprechende Erfahrung mitbrachten. Dies ist ein Punkt in der Argumentation, aus dem zu folgern ist, dass die Schatzsucher, die sich der Drachenattrappen bedienten, aus solchen

Bergregionen stammten. Zudem mussten sie die Technik des Schmelzens beherrscht haben. Als schließlich Schwarzpulver zur Verfügung stand, das wahrscheinlich die Chinesen lange vor den Europäern erfunden hatten, und die Herstellung von Eisenwerkzeugen möglich geworden war, ließ sich der entscheidende Vorstoß zu den Erzgängen hinein in den Berg realisieren. Vorher half nur das Goldwaschen. Wir treten damit ein in die hier nicht weiter auszubreitende, aber umfangreich beschriebene Geschichte des Bergbaus. Anscheinend ist dieser Aspekt bisher im Hinblick auf die Drachen nicht näher betrachtet worden.

Zurück zum chinesischen Drachen. Mit Schwarzpulverantrieb entstanden die Vorstufen der Feuerwerkskunst. Papierdrachen ließ man in China schon vor über einem Jahrtausend an dünnen Schnüren in die Luft steigen. Die Chinesischen Lenkdrachen und andere Formen von fliegenden Drachen sind mit der Zeit auch in Europa bekannt geworden. Drachen waren in Ostasien Glücksbringer und dienten auch zur Belustigung des Volkes. Nur dort, wo die Schatzsucher unerkannt bleiben wollen, um ungestört im Berg rumoren und die Schätze heben zu können, verbreiten sie mit Hilfe ihrer feuerspeienden Drachenfiguren Angst und Schrecken. Mit der Einbeziehung der chinesischen Seite vervollständigt sich somit das Bild des Drachen. Die Fragen zu den Hintergründen können nun folgendermaßen beantwortet werden:

Die Schatzsucher kamen aus dem Osten. Dorthin gingen sie auch wieder zurück mit ihren Schätzen. Sie kannten die Stellen, an denen die Suche lohnte, weil sie aus erdgeschichtlich und geologisch ähnlichen bzw. gleichartigen Gebirgen gekommen waren und ihre Erfahrungen gesammelt hatten. Die Einheimischen ahnten nichts vom Reichtum, der in ihren Bergen steckte, weil sich die Kenntnisse zum Aufspüren von Gold- und Edelsteingängen noch nicht bis in ihre rückständige Welt ausgebreitet hatten. Vielleicht waren es ursprünglich Ural-Altaier, die sich des Drachen bedienten, ihn von der chinesischen Glücksbringerrolle im Osten zum bedrohlichen Ungeheuer im Westen umformten und Feuer speien ließen. Verstärkende Hinweise ergeben sich wiederum aus der Sagenwelt der Alten Griechen mit Prometheus, der (den Göttern) das Feuer stahl, und Hephaistos, dem Schmied in der Unterwelt, die vom Höllenhund Zerberus bewacht wurde. Konkret kommt, wie schon ausgeführt, das »Griechische Feuer« in Frage, dessen Herkunft unbekannt ist. Vielleicht brachten die sogenannten Seevölker die Kenntnisse dazu bereits aus dem Osten nach Griechenland. Fest steht, dass der Hauptbrennstoff dabei, das Petroleum, in der Antike bereits bekannt und genutzt worden war. Die Funde stammten aus derselben Region, die auch in unserer Zeit die Hauptquelle von Erdöl darstellt. Nördlich der Alpen war es unbekannt. Umso mehr Eindruck machte so ein Feuer, wenn es zum Einsatz kam. Eineinhalb Jahrtausende nach der Antike, deren naturkundliches Wissen weitgehend verloren gegangen war oder verschlossen und nur für wenige zugänglich in den Bibliotheken der Klöster ruhte, entstanden in Mitteleuropa die Märchen, in denen Zwerge »unter Tage« tagsüber arbeiten und nachts zurückkommen. Wahrscheinlich stammen sie aus der Region der (erzreichen) Mittelgebirge und den Zentralalpen mit Edelstein- und Goldvorkommen. Die Märchen erzählten von »Bergmännlein« und Berggeistern. Kleinwüchsige Kreter kamen in jener Zeit als Gastarbeiter in die Alpen, von venezianischen Schiffen transportiert, deren Namen (französisch) zu Kretin (krummwüchsiger Zwerg) verballhornt wurde. Der Großvenediger in den österreichischen Hohen Tauern nahe dem Großglocknermassiv weist auf diese spätmittelalterliche Verbindung mit dem Bergbau hin, wie auch der »Goldberg« in der Sonnblick-Gruppe der Tauern. Die »Zwerge« holen in den Märchen Schätze aus dem Berg. Sie tragen Lampen und Mützen. Ein weiteres knappes halbes Jahrtausend später tauchen sie wieder auf: als Gartenzwerge. All das ist genug Stoff, um meine neue Deutung der Drachen zu stützen. Viele weitere Einzelheiten werden sich zum hier konstruierten Gerüst hinzufügen lassen. Sie wird sich dem Härtetest der Kritik stellen müssen wie jede Theorie. Aus der vielfach aufgefächerten Betrachtungsweise geht hervor, dass bisher vieles in vermutlich viel zu begrenztem Rahmen betrachtet worden ist. Die (europäische) Antike war nach heutigem Wissen weit weniger auf den europäischen Südosten und den Vorderen Orient beschränkt als die beiden folgenden Jahrtausende. Unser Geschichtsbild ist viel zu eurozentrisch. Diese zu enge Sicht schränkt die Deutungen ein. Ohne Berücksichtigung der chinesischen werden sich die europäischen Drachen nicht verstehen lassen. Ohne Bezug auf Zentralasien die Nutzung und Verarbeitung von Gold und Edelsteinen auch nicht. Nur ausnahmsweise verweist ein Naturprodukt direkt auf seine Herkunft. Einer dieser seltenen Fälle ist der Bernstein von den Küsten der Ostsee. Im griechischen Altertum war er als ›Elektron‹ bekannt und als Schmuck geschätzt. Die physikalische Methode der Massenspektrographie bietet nunmehr die Möglichkeit, auch bei Gold und Edelsteinen nach ihrer genauen Herkunft zu forschen. Überraschungen wird es dabei sicherlich geben. Vielleicht sind unsere Drachen, die Glücksbringer-Drachen der Chinesen und jene, die man an langen Schnüren im Wind segeln lässt, gleichen Ursprungs. Die Zeit hat sie getrennt, verändert und als Fabelwesen nahezu unkenntlich gemacht.

Nachgedanken

Eine für mich spannende Reise in eine Welt, die über die Tierkunde hinausgreift, liegt nun für Phönix, Einhorn, Drache und ein paar weitere Fabelwesen hinter uns. Angefangen hatte sie für mich, ohne dass ich das bemerkte, mit den Wolpertingern. Ich hatte sie, wie geschildert, als Unfug abgetan, ohne die Frage zu stellen, weshalb man darauf kam, solch bizarre Mischprodukte zu fertigen. Es waren auch, wie mich meine Erinnerung an den Besuch bei einem Tierpräparator an abgelegenem Ort im niederbayerischen Hügelland lehrte, keineswegs neumodische Marotten für Touristen, denen irgendein Zeug angedreht werden soll, die zum Wolpertinger führten, vielmehr steckte eine alte Tradition dahinter. Wie alt sie ist, bekam ich nicht heraus. Doch selbst wenn sie nur zwei oder drei Jahrhunderte zurückreichen sollte, genügt das, um Verbindungen mit alten Gebräuchen herzustellen. Meine Nachforschungen, die ich für dieses Buch anstellte, weisen auf einen Zusammenhang mit dem insbesondere in Tirol noch recht lebendigen Brauch des Perchtenlaufens hin. Als Perchten verkleiden sich zumeist junge Männer mit Tierfellen und Masken, die Hörner von Ziegen oder Schafen, schaurig anzusehende Grimassen und oft auch drohende Zähne tragen. Ähnliche Formen gibt es im Alemannischen in der Fasnacht. Zur Entstehung der Bezeichnung »Perchten« wird eine Verbindung mit den lateinischen Ausdrücken *pertica* für Stange und Stock (Träger), *perturbatio* Unordnung,

Leidenschaft und Unanständigkeit und der davon abgeleiteten Verwirrung angenommen. Es ist unklar, erscheint aber durchaus möglich, dass sich der Ausdruck Wol-pertinger von den Per(ch)tingern ableitet, denen das gutturale tirolerische »ch« hinzugefügt worden ist. Der Vorsatz »Wol-« deutet eine (zustimmend und verniedlichend gemeinte) Veränderung an. Doch auch das gleichfalls lateinische *vultuosus* würde mit seiner Bedeutung ›grimassenhaft, verzerrt‹ als Ursprung für Wolpertinger passen. Ob nun die Herkunft des Ausdrucks Wolpertinger auf diese Weise geklärt ist oder nicht, so bleibt dennoch die – stark verkleinerte, puppenhafte – Veränderung der großen Perchten zum nur noch hasengroßen Mischwesen namens Wolpertinger als augenfällige Übereinstimmung bestehen. Was immer die zutreffende Erklärung für das Zustandekommen dieser so lächerlich aussehenden Produkte sein mag, ich hätte die Wolpertinger nicht einfach als Unsinn abtun sollen. Auch sie haben Ursprung und Geschichte. Davon bin ich inzwischen überzeugt.

Die bei den Fabeltieren benutzte Vorgehensweise, für jedes dieser Wesen ein konkretes Vorbild zu suchen, erwies sich erfolgreicher als eine rein wortgeschichtliche Analyse. Damit ließ sich in für mich überzeugender Weise auch die besondere Bedeutung der jeweiligen Vorbilder für die Verhältnisse in den Zeiten, in denen sie als Fabelwesen ihren Ursprung hatten, darlegen. Die wortgeschichtliche (etymologische) Klärung des Namens des Einhorns könnte nicht begründen, dass die Arabische Oryx Urbild des Einhorns war und zudem das ideale Tier für Hirtennomaden gewesen wäre, deren Hauptprobleme darin bestanden, Wasser für ihre Herden zu finden und die Angriffe von Raubtieren abzuwehren. Vielleicht scheiterte die Domestikation der Oryx, weil sie zu unabhängig ist und sich nicht mit Wasser »erpressen lässt«; eine Erklärung, die mir Karl Reißmann in einer Zuschrift angeboten hat. Ziegen, Schafe und Rinder brauchen Wasser, Pferde auch. Der Ursprungsmythos des Einhorns fällt in die Zeit vor etwa 4000 Jahren, in der sich die Sahara und auch die Arabische Wüste rasch ausbreiteten. Das zunehmend niederschlagsärmere Klima traf die Hirtennomaden zunächst mehr als die Ackerbauern, die ihre Kulturen gewässernah anlegten. Am besten bekannt ist das von den sogenannten Flussoasen von Nil, Euphrat und Tigris, Indus und den großen Flüssen Chinas. Auch bei uns in Mittel- und Osteuropa entstanden die bedeutendsten Ansiedlungen von Menschen an den Flüssen. Das wasserärmere Hinterland reichte vielfach nur für eine dünne Besiedlung. So ist es im Rückblick auch plausibel, dass das Urbild des Phönix ein Vogel gewesen war, Benu von den Altägyptern genannt, der mit besonderen Niederschlägen an den unteren Nil kam und oft sehr lange Zeit weg war. Als Benu schließlich ausblieb, weil die Wüste zu breit geworden war, rückten die Flamingos an seine Stelle und nährten den Mythos von der Selbstauferstehung aus der Asche. Die geographische Ausbreitung des Phönix deckte sich in der Zeit vor der christlichen Vereinnahmung durch die Auferstehungsallegorie mit den flachen, durch besondere ergiebige Regenfälle als Brutstätten für Flamingos tauglich gewordenen Gewässer von Unterägypten bis tief nach Zentralasien hinein mit Ausläufern bis Ostasien. Auch diese Verknüpfung hat mit dem zunehmend rareren und entsprechend immer wichtigeren Gut (trinkbares) Wasser zu tun. Wir kennen inzwischen die globalen Niederschlagszyklen, ohne sie aber besser vorhersagen zu können als die Völker der Antike. Als weiteres Beispiel konnten auch die Prüfungen des Herakles auf das in seiner Zeit Wichtige bezogen werden: Vieh, Viehzucht und das Problem der Sterblichkeit der Menschen.

Schließlich misslang der Versuch, auch dem Drachen ein natürliches Tier als Vorläufer zuzuordnen, weil sich die Suche zunächst, wie bisher üblich, auf ein Reptil konzentrierte.

Doch selbst bei großzügigster Auslegung der Kriechtiereigenschaften halte ich es für unmöglich, die Drachen mit der Herkunft aus dieser Tiergruppe zu erklären. Im Gegensatz zu Einhorn und Phönix, deren tierische Eigenschaften umso deutlicher wurden, je mehr man sich ihren ursprünglichen Fassungen näherte, verliert sich das Reptilienhafte beim Drachen in der Rückschau. Die neueren Versionen sind »tierischer« als seine alten. Die Deutung, dass es Menschen gewesen waren, die Drachen bildeten, um sich und ihre Vorhaben zu tarnen, mag gewagt und gewöhnungsbedürftig erscheinen. Doch sie hat, meine ich, in doppelter Weise Stärken, nämlich einerseits über die enge Verbindung mit Gold und Edelsteinen und andererseits über die Verknüpfung mit der ostasiatischen Version des Drachen, der Stärke, Reichtum und Glück bringt. Im chinesischen Drachenthron drückt sich diese besondere Wertschätzung aus. So fällt denn meine neue Interpretation des Drachen eigentlich nur scheinbar aus dem Rahmen, denn mit den Bergleuten ließ sich das lebendige Vorbild nachvollziehbar ermitteln und mit der Umdeutung des Drachen im Spätmittelalter zum Symbol des Bösen zugleich auch dessen besondere Eignung für diese veränderte Rolle begründen. In jedem Fabelwesen steckt somit etwas, das sie unter der vorhandenen Vielzahl anderer Lebewesen auszeichnet und geradezu prädestiniert für die Mythologisierung.

So ist abschließend ganz allgemein festzuhalten, dass die Fabelwesen, zumal die »bedeutenden« unter ihnen, keineswegs eine mehr oder weniger zufällige Auswahl aus möglichen Vorbildern darstellen. Sie waren von Anfang an etwas Besonderes, das Bedeutung hatte für die Menschen ihrer Zeit und ihrer Regionen. Dass ihre Wandlungen mehr als nur oberflächliche Anklänge an die biologische Evolution ausdrücken, mag als Indiz dafür gewertet werden, dass grundsätzlich ähnliche Vorgänge auch im kulturellen Be reich wirksam sind. Kultur und Kulturgeschichte lassen sich nicht so kategorisch von Natur und Naturgeschichte trennen, wie das aufgrund der herkömmlichen (universitären) »Fächertrennung« den Anschein erweckt. Insofern bilden die Fabelwesen auch eine fabelhafte Brücke.

Dank

Zu den Fabelwesen existiert eine unüberschaubare Fülle an Literatur. Vieles ist in ganz unterschiedlichen Sprachen veröffentlicht worden und allein aus diesem Grund kaum oder gar nicht zugänglich. Deshalb wird es leicht sein, mir Mängel in der Auswertung von Literatur nachzuweisen. Dem möchte ich entgegenhalten, dass es mir nicht um die Kulturgeschichte von Fabeltieren ging, sondern darum, zu verstehen, wie sie zustande kamen. Die Auswahl folgt diesem Ziel. Ob sich an meinen Deutungen grundsätzlich etwas ändern würde, wenn ich noch mehr und speziellere Literatur berücksichtigt hätte, muss ich den darauf Spezialisierten überlassen. Dass ich mehr Literatur zur Verfügung hatte als üblicherweise in zoologischen Bibliotheken zu finden ist, verdanke ich der Findigkeit von Eva Maria Anna Karl. Sie hat mir nicht nur zoologische Werke ganz nach Wunsch und Bedarf beschafft, sondern auch »alles über Drachen und Einhörner«. Wichtige Hinweise auf den Phönix und die Drachen in China erhielt ich von Yue Sun und Claus Jung. Immer wieder kamen neue Befunde und Aspekte zum bereits Ausgearbeiteten hinzu. Besonders zu danken habe ich daher für das so wohlwollend-nachsichtige Entgegenkommen des S. Fischer Verlags. Meine Lektorin Ulrike Holler und Dr. Peter Sillem hatten mehr als nur Geduld mit mir. Das Wichtigste, die

Zeit und die Atmosphäre dazu, dieses Buch über die Fabelwesen zu schreiben, schenkte mir meine Frau Miki Sakamoto.

Josef H. Reichholf, Oktober 2011

Literaturhinweise

Veröffentlichungen über Fabelwesen gibt es in unüberschaubar großer Zahl. Die hier zusammengestellten Angaben stellen zwangsläufig eine persönliche Auswahl dar, die sicherlich beträchtlich davon
beeinflusst worden ist, worauf ich bei meiner Literatursuche aufmerksam wurde. Vollständigkeit war und ist nicht anzustreben, da
schlicht unmöglich. Die Mythologie bildet allein schon einen sehr
umfangreichen, sich mit anderen Gebieten mehr oder weniger stark
überlappenden Forschungsbereich, der für sich eigenständig genug
ist. Doch da es mir auf Querverbindungen ankam, die mir gemäß
der Vorgehensweise wichtig erschienen, kam zwangsläufig eine Auswahl zustande. Mit diesem Hinweis sollen sicherlich vorhandene
Lücken keineswegs entschuldigt, sondern lediglich als wahrscheinlich begründet werden. Das gilt insbesondere für die rein kulturhis-
torische Darstellung, aber auch für die mythologische Betrachtung
sowie für die psychologischen Deutungen. Diese will ich in ihrer
Bedeutung nicht schmälern. Sie behandeln anderes. Mir ging es um
die Grundlegung, um das Zustandekommen von Mythen aus konkreten Anfängen heraus. Doch genau dazu war in der Literatur wenig zu finden. Schließlich soll die Übersicht auch zeigen, wie die
gegenwärtigen Vorstellungen zu Fabeltieren aussehen, die in der allgemein verfügbaren, meinungsbildenden und von den Fachleuten
zumeist als Trivialliteratur abqualifizierten Literatur enthalten sind.
Diese, vor allem aber auch die Internetangaben erfordern für ihre
Verwertung einen kritischen Geist.

Arens, P. (2003): Sturm über Europa. Die Völkerwanderung. Ull-
stein, Düsseldorf.
Arnott, W. G. (2007): Birds in the Ancient World from A to Z.
Routledge, London.

Arntz, W. E. & Fahrbach, E. (1991): El Niño. Klimaexperiment der Natur. Birkhäuser, Basel.

Badcock, C. (1999): Psycho-Darwinismus. C. Hanser, München.

Bandini, D. & G. (2002): Das Drachenbuch. dtv, München.

Bauer, W., Klapp, E. & Rosenbohm, A. (2000): Der Fliegenpilz. Traumkultur, Märchenzauber, Mythenrausch. AT Vlg., Aarau.

Beer, R. R. (1972): Das Einhorn. Fabelwelt und Wirklichkeit. Callwey, München.

Bellinger, G. J. (1989): Knaurs Lexikon der Mythologie. Droemer Knaur, München.

Benecke, N. (1994): Der Mensch und seine Haustiere. Theiss, Stuttgart.

Bischof, N. (1998): Das Kraftfeld der Mythen. Signale aus der Zeit, in der wir die Welt erschaffen haben. Piper, München.

Boessneck, J. (1988): Die Tierwelt des alten Ägyptens. C. H. Beck, München.

Böhner, I. (Hg.) (1995): Das Drachenbuch. Bollmann, Mannheim.

Brown, L. (Hg.) (1959): The mystery of the flamingos. Country Life, London.

Camp, J. & Fisher, E. (2003): Götter. Helden. Philosophen. Geschichte und Kultur der alten Griechen. Theiss, Stuttgart.

Cavendish, R. & Ling, T. O. (Hg.) (o. J.): Mythologie. Komet, Frechen.

Clutton-Brock, J. (1981): Domesticated animals from early times. British Museum (Natural History), London.

Dal Lago Veneri, B. (1999): Der Traum der Vernunft. Von Einhörnern, Hippogryphen, Basilisken, Monstern und Sirenen. Folio, Wien.

Daniel, G. (1980): Enzyklopädie der Archäologie. Lübbe, Bergisch Gladbach.

Daston, L. (2001): Eine kurze Geschichte der wissenschaftlichen Aufmerksamkeit. C. F. v. Siemens Stiftung, München.

Davy, M.-M. (1994): Geschöpfe der Sehnsucht. Die Symbolik des Vogels. Walter, Düsseldorf.

Eliade, M. (1964/2002): Die Schöpfungsmythen. Benzinger/Patmos, Düsseldorf.

Ders. (1992): Schmiede und Alchemisten. Herder, Freiburg.

Ellis, R. (1997): Seeungeheuer. Mythen, Fabeln und Fakten. Birkhäuser, Basel.

Endres, K.-P. & Schad, W. (1997): Biologie des Mondes. Mond-periodik und Lebensrhythmen. Hirzel, Stuttgart.

Fink, G. (1993): Who's who in der antiken Mythologie. dtv, München.

Flashar, H. (Hg.) (1987): Griechisches Lesebuch. Insel, Frankfurt.

Gartz, J. (2007): Vom griechischen Feuer zum Dynamit. Eine Kulturgeschichte der Explosivstoffe. Mittler & Sohn, Hamburg.

Gerlach, G. v. (1998): Phönix. Symbol der unsterblichen Seele in Mythen und Legenden. Param, Ahlerstedt.

Golowin, S. (1994): Drache, Einhorn, Oster-Hase. Sphinx, Basel.

Göpel, K. (2002): Tiere des Himmels. Hugendubel, München.

Graichen, G. (2002): Goldfieber. Von den Minen der Skythen zu den Schätzen Timbuktus. Econ, Düsseldorf.

Haarmann, H. (2005): Geschichte der Sintflut. C. H. Beck, München.

Hägermann, D. (Hg.) (2001): Das Mittelalter. Tosa, Wien.

Harris, M (1974): Fauler Zauber. Unsere Sehnsucht nach der anderen Welt. Klett-Cotta, Stuttgart.

Hemmer, H. (1983): Domestikation. Vieweg, Braunschweig.

Herm, G. (1973): Die Phönizier. Das Purpurreich der Antike. Econ, Düsseldorf.

Hirschberg, W. (1988): Frosch und Kröte in Mythos und Brauch. Böhlau, Wien.

Houlihan, P. F. (1986): The Birds of Ancient Egypt. Aris & Phillips, Warminster, England.

Hsü, K. J. (2001): Klima macht Geschichte. Orell Füssli, Zürich.

Ders. (1984): Das Mittelalter war eine Wüste. Harnack, München.

Humphreys, C. J. (2007): Und der Dornbusch brannte doch. Ein Naturwissenschaftler erklärt die Wunderberichte der Bibel. Gütersloher Verlagshaus, Gütersloh.

Jacobi, L. (1981): Schöpfungs- und Entstehungsmythen. Novalis, Schaffhausen.

Jettmar, K. (1964): Die frühen Steppenvölker. Holle, Baden-Baden.

Joger, U. & Luckhardt, J. (Hg.) (2007): Schlangen und Drachen. Staatliches Naturhistorisches Museum Braunschweig.

Keller, O. (1909): Antike Tierwelt. Erster Band: Säugetiere. W. Engelmann, Leipzig.

Kingdon, J. (1990): Arabian Mammals. A natural history. Academic Press, London.

Klatt, B. (1948): Haustier und Mensch. Hermes, Hamburg.

Koenig, O. (1983): Klaubauf-Krampus-Nikolaus. Tusch, Wien.

Koenigswald, W. v. & Hahn, J. (1981): Jagdtiere und Jäger der Eiszeit. Theiss, Stuttgart.

Konitzky, G. A. (1959): Bisonjäger. Kosmos, Stuttgart.

Kreuzer, F. (1985): Tiergötter – Götzentiere. Franz Kreuzer im Gespräch mit Eike-Meinrad Winkler, Rudolf Hernegger und Otto Koenig. Deuticke, Wien.

Kröll, U. (1996): Schmiede und Schamanen. Von Meteoriten, Bergleuten und Zauberschmieden. Waldkircher Vlg., Waldkirch.

Kromer, K. (1987): Die ersten Europäer. Prisma, Gütersloh.

Kruta, V. (2000): Die Kelten. Aufstieg und Niedergang einer Kultur. Herder Spektrum, Freiburg.

Lecouteux, C. (2001): Die Geschichte der Vampire. Metamorphose eines Mythos. Patmos, Düsseldorf.

Matreier Gespräche (1981): Maske – Mode – Kleingruppe. Institut für Vergleichende Verhaltensforschung der Österreichischen Akademie der Wissenschaften, Wien.

McGowan, C. (1991): Dinosaurs, Spitfires, and Sea Dragons. Harvard Univ. Press, Cambridge, Mass.

Messadié, G. (1995): Teufel, Satan, Luzifer. Universalgeschichte des Bösen. Eichborn, Frankfurt.

Meurer, H. & Richarz, K. (2005): Von Werwölfen und Vampiren. Tiere zwischen Mythos und Wirklichkeit. Kosmos, Stuttgart.

Minois, G. (1994): Die Hölle. Diederichs, München.

Minton, S. A. Jr. & M. R. (1973): Giant Reptiles. C. Scribners, New York.

Mode, H. (2005): Fabeltiere und Dämonen. Die Welt der phantastischen Wesen. Koehler & Amelang, Leipzig.

Nussbaum, S. & Darius, F. (2008): Die Wüste lebte. Spektrum der Wissenschaft 5/2008: S. 79–81.

Orlock, C. (1995): Die innere Uhr. Trias, Thieme, Stuttgart.

Paglia, C. (1992): Die Masken der Sexualität. Byblos, Berlin.

Pfeffer, P. (1965): Auf den Inseln des Drachen. Schwabenverlag, Stuttgart.

Pohlke, A. & R. (2002): Im Labyrinth des Minotauros. Fabelwesen der Antike. Patmos, Düsseldorf.

Reichholf, J. H. (1990/2004): Das Rätsel der Menschwerdung. Die Entstehung des Menschen im Wechselspiel mit der Natur. DVA/dtv, Stuttgart/München.

Ders. (2007): Eine kurze Naturgeschichte des letzten Jahrtausends. S. Fischer, Frankfurt am Main.

Ders. (2008): Warum die Menschen sesshaft wurden. Das größte Rätsel unserer Geschichte. S. Fischer, Frankfurt am Main.

Roberts, J. M. (1986): Der Triumph des Abendlandes. Eine Deutung der Weltgeschichte. Econ, Düsseldorf.

Roberts, N. (1989): The Holocene. An Environmental History. Basil Blackwell, Oxford.

Röcken, H. (1969): Das Arbeitstier. Wie es begann und was daraus wurde. R. S. Schulz, Percha.

Schenda, R. (1995): Das ABC der Tiere. Märchen, Mythen und Geschichten. C. H. Beck, München.

Schmidt, K. (2008): Sie bauten die ersten Tempel. Das rätselhafte Heiligtum der Steinzeitjäger. dtv, München.

Schraud, P. (1973): Vom Tier, das es nicht gibt. Das Phänomen Einhorn. Westermann Monatsmagazin 6/73: S. 74–83.

Schumacher, G.-H. (1996): Monster und Dämonen. Unfälle der Natur. Eine Kulturgeschichte. Edition q, Berlin.

Schumacher, Y. (2001): Tiermythen und Fabeltiere. Edition animalia, Bern.

Shepard, P. (1997): The Others. How Animals Made Us Human. Island Press, Washington D. C.

Shuker, K. (2006): Drachen. Mythologie – Symbolik – Geschichte. Taschen, Köln.

Stoll, H. W. (1990): Mythologie der Griechen und Römer. Athenaion, Kettwig.

Suolahti, H. (1909): Die deutschen Vogelnamen. Eine wortgeschichtliche Untersuchung. Trübner, Straßburg.

Tresidder, J. (2000): Symbole und ihre Bedeutung. Droemer Knaur, München.

Vidal-Naquet, P. (2006): Atlantis. Geschichte eines Traums. C. H. Beck, München.

Vogel, C. (2000): Anthropologische Spuren. Zur Natur des Menschen. Hirzel, Stuttgart.

Walbank, F. W. (1983): Die hellenistische Welt. dtv, München.

Wedgewood, V. (1989): Die ersten 5000 Jahre. Eine Weltgeschichte der Menschheit von den Anfängen bis ins 16. Jahrhundert. dtv, München.

White, K. & Mattingly, D. J. (2006): Versunkene Seen in der Sahara. Spektrum der Wissenschaft 9/2006: S. 46–53.

Whitehouse, D. & R. (1990): Archäologischer Weltatlas. Corvus, Köln.

Winfree, A. T. (1988): Biologische Uhren. Zeitstruktur des Lebendigen. Spektrum, Heidelberg.

Wulf, C. (2009): Anthropologie. Geschichte, Kultur, Philosophie. Anaconda, Köln.

Personen- und Sachregister